内蔵助、蜩の構え

内蔵助《くらのすけ》、蜩《ひぐらし》の構《かま》え

津名道代

海鳴社

目次

目次

[京・山科・近江]

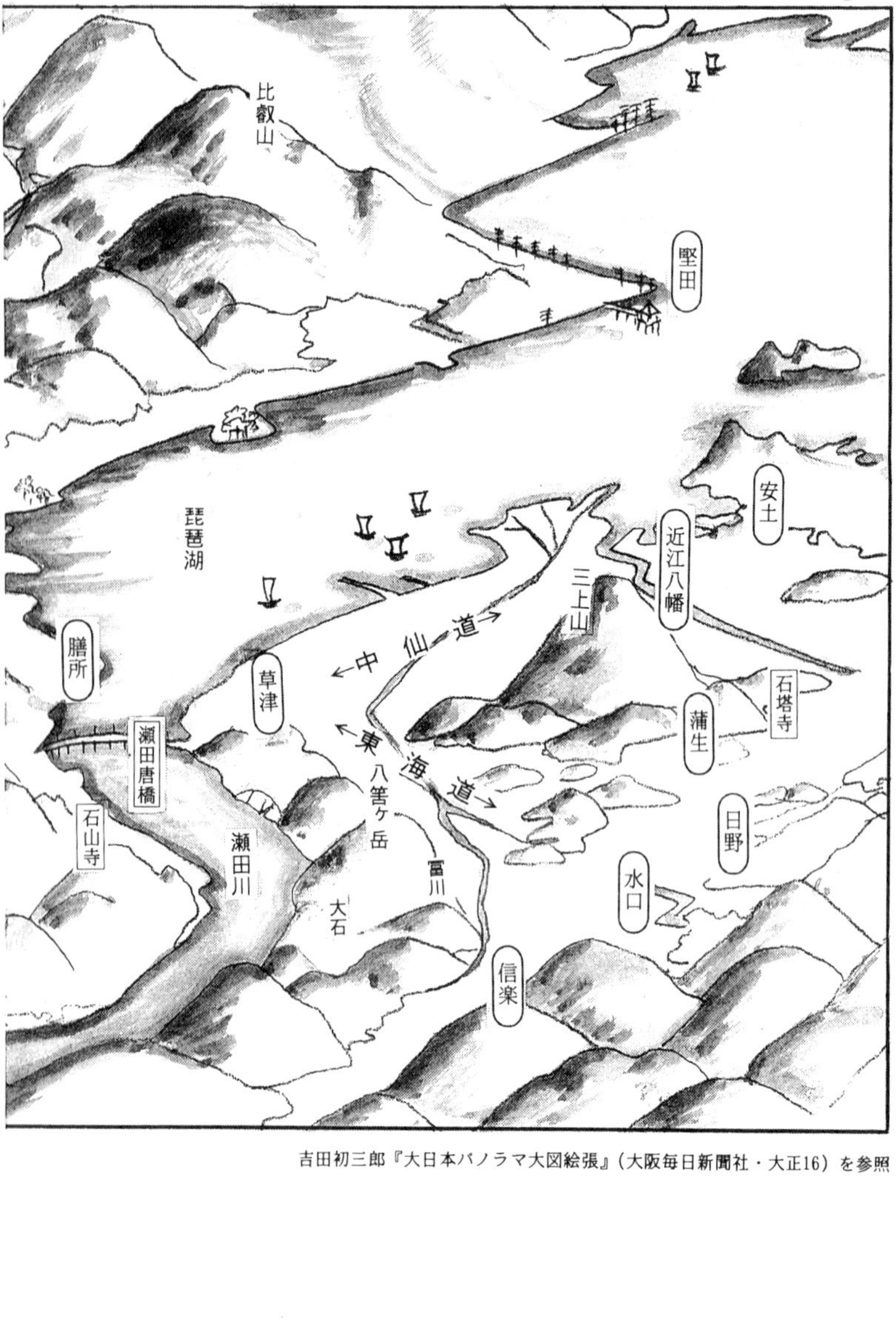

吉田初三郎『大日本パノラマ大図絵張』(大阪毎日新聞社・大正16)を参照

鞍馬寺
高雄山
京
御所
三条大橋
鴨川
祇園
桂川
淀
淀川
男山八幡宮
巨椋ノ池
木津川
伏見
←東海道→
東山丘陵
西野山
稲荷山
岩屋寺
大石寓居
勧修寺
日ノ岡
御陵
四ノ宮
竹鼻
山科
椥辻
追分
白石神社
岩屋神社
三井寺
逢坂
大津
音羽山
宇治川

[山科略図]

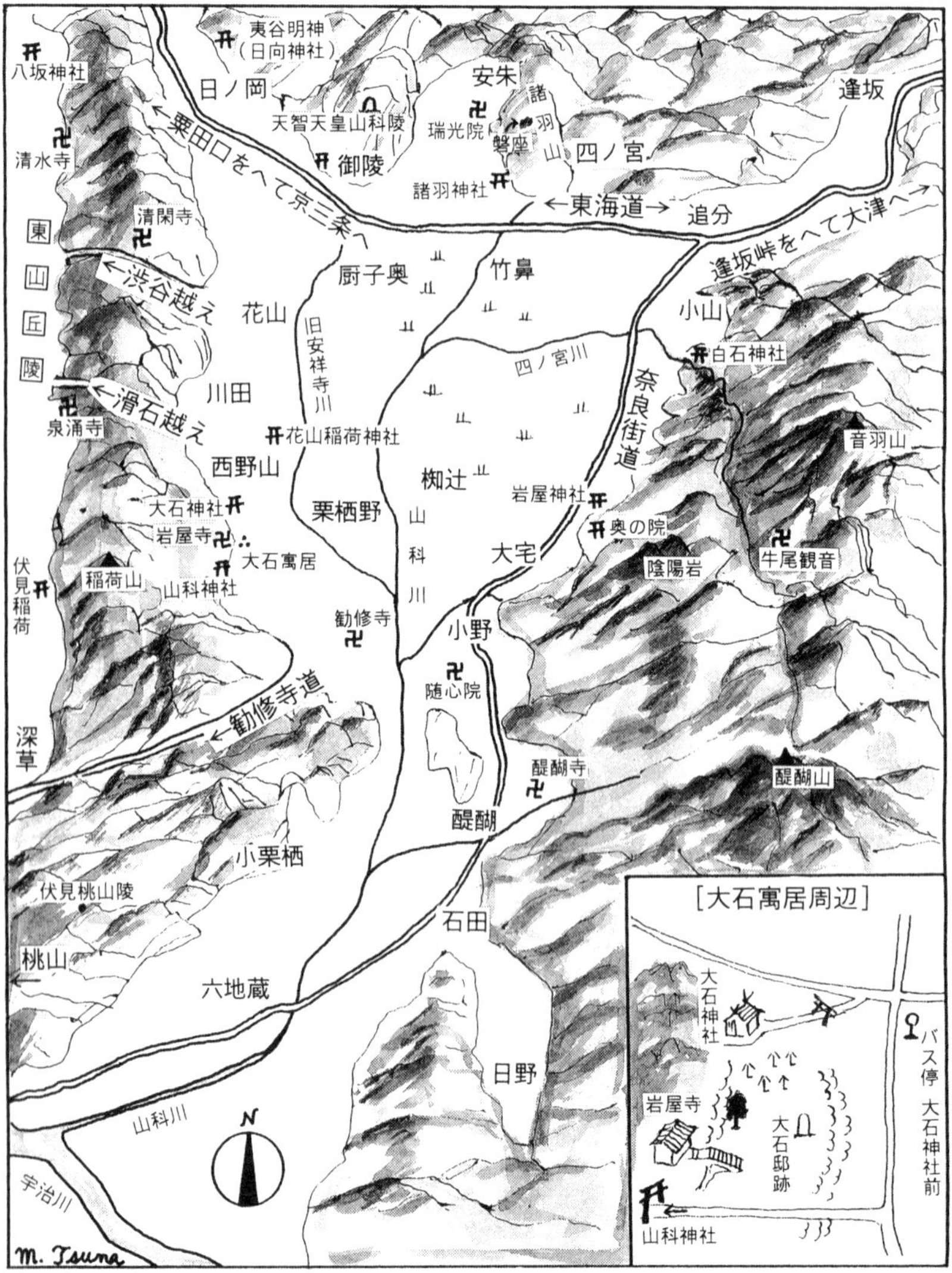
八坂神社
夷谷明神
（日向神社）
日ノ岡
天智天皇山科陵
安朱
瑞光院
諸羽山
磐座
四ノ宮
逢坂
清水寺
御陵
諸羽神社
←粟田口をへて京三条へ
←東海道→
追分
清閑寺
東山丘陵
逢坂峠をへて大津へ→
←渋谷越え
厨子奥
竹鼻
花山
旧安祥寺川
小山
白石神社
四ノ宮川
川田
←滑石越え
奈良街道
泉涌寺
花山稲荷神社
音羽山
西野山
椥辻
岩屋神社
大石神社
栗栖野
山科川
岩屋寺
奥の院
大石寓居
大宅
伏見稲荷
稲荷山
山科神社
陰陽岩
牛尾観音
勧修寺
小野
随心院
←勧修寺道
深草
醍醐寺
醍醐山
醍醐
小栗栖
伏見桃山陵
石田
桃山
六地蔵
日野
山科川
宇治川
N
M. Tsuna
[大石寓居周辺]
大石神社
バス停 大石神社前
岩屋寺
大石邸跡
山科神社

1　山科《やましな》

大石内蔵助《くらのすけ》良雄《よしたか》が洛外山科の岩屋寺《いわやでら》下に田畑を買い新居を構えたのは元禄《げんろく》十四年六月末。同年三月十四日江戸城内松《まつ》ノお廊下《ろうか》で、主君・浅野《あさの》内匠頭《たくみのかみ》長矩《ながのり》が吉良《きら》上野介《こうずけのすけ》義央《よしひさ》に斬りつけ、即日切腹・お家断絶となってから、三ヶ月余、赤穂《あこう》城明け渡しから二ヶ月のちのことであった。それから翌元禄十五年十月、吉良邸討入《うちい》りのため江戸に下《くだ》るまでの、閏《うるう》八月を含めておよそ一年三、四ヶ月が、いわゆる「大石の山科閑居《かんきょ》」とよばれる時期である。

山科は、当時の山城《やましろ》国宇治《うじ》郡山科郷（ほぼ現在の京都市山科区）。京都から東山丘陵一つを東へ越えた、小盆地である。東西五キロ、南北六キロ。穏やかな稜線の丘陵にかこまれ、おのずから、こっぽりと独立の一天地をなしている。

北から南へわずかに下傾し、三方の山なみから幾すじもの水流を集めてくだる山科川が、盆地南端で丘陵の戸を開き、醍醐《だいご》・伏見《ふしみ》・宇治へと平地をのばしてゆく。盆地は（北を上にしていえば）ふっくらした逆立ち三角形で、北辺を昔の東海道が東西に通り、京の三条大橋へ六キロ、近江の大津へも六キロ。篭《こ》もりつつ外界へ開く、孕《はら》みの地相といえようか。

岩屋寺は、盆地の西南隅、西野山《にしのやま》にあって、山腹の緑にはめ込まれたようにたたずむ、ちいさな禅宗尼寺である。本尊は秘仏不動尊で、近畿三十六不動霊場の第二十四番札所だそうだが、本堂や毘沙門《びしゃもん》堂には、赤穂四十七士の位牌や木像・遺品が納められており、寺域に大石良雄ゆかりの可笑庵《かしょうあん》という茶亭も再建されていて、通称「大石寺《おおいしでら》」ともよばれている。

可笑庵の脇に一本の古梅がある。直径四十センチもあろう幹は、ほとんど空洞になっている。庵の前、弁財天《べんざいてん》をまつる祠《ほこら》のまわりの池には清水が湧いて、手すすぎの筧《かけい》の音がシタシタとしている。

水も空気も、樹々のみどりに染まるような深閑とした時間の中で、庫裏《くり》の上がり框《かまち》の座ぶとんの上に、住職の尼御前《あまごぜん》の飼犬なのか、白いスピッツがうっとりと眼をつむっている……そんな寺である。

すぐ南隣りは山科神社（西岩屋神社）で、岩屋寺も、古くはこの神社に付属した神宮寺《じんぐうじ》だったらしい。平安から鎌倉時代にかけては比叡山三千坊の一つとして栄えたそうだが、織田信長の兵火に遭《あ》ってからはすっかり荒《さ》びれ、瓦もずり落ちた小堂一つになっていたという。

大石内蔵助が播州赤穂を立ち去いてここに隠棲したころも、ほぼそんな有りさまだったろう。折から旧暦七月、晩夏だから、西野《の》山の破れ寺一帯、蜩《ひぐらし》の声が夕映えの天地にカナ〳〵と透《とお》っていたかと思われる。

浪人となった大石がこの地に定住の居を求めたには、いささかのわけがあった。

内蔵助の妻リクの姉は、同じ赤穂浅野藩の鉄砲物頭《ものがしら》・進藤源四郎《しんどうげんしろう》に嫁いでいる。かれは重臣のなかではあの「討入り」に加わらなかった、最終段階での「脱落組」の一人だが、もともと本貫《ほんがん》（一族の出身地）はこの山科なのである。つまり進藤家は古くからこの山科西野山土着の豪族で、それが父の代から赤穂藩に仕官していたわけだ。土地などを此処に持ったままの、いわば出働《でばたら》きである。源四郎は藩崩壊後すぐこの故郷へ帰住していた。内蔵助が山科閑居にあたり購入した宅地・田畑も、この義兄の世話であった。

そのさい、来住する大石のため、源四郎が身柄を保証した次のような文書も、今にのこっている。

一、この度《たび》、播州赤穂浪人大石内蔵助儀は、我等親類にて御座候に付、我等方へ亡人《ぼうじん》に被《な》成《られ》、引越申候。此者慥《たしか》成る者にて御座候。

万一内蔵助儀に付、何様の六ヵ敷《むずかしき》儀出来候共、我等罷出《まかりいで》急度《きっと》埒明《らちあけ》、中《なか》へ少《すこし》も御苦労に掛り申間敷《もうすまじく》候。尤《もっとも》おこりたる儀為改《あらためて》申間敷候。

宗旨の儀は禅宗、則《すなわち》寺請状《てらうけじょう》此方に取置申候。依《よっ》て為後日請書如件《ごじつのためうけしょくだんのごとし》。

元禄十四年辛巳《かのえみ》七月　　進藤源四郎　印

庄屋年寄衆

（以下、西野山村の庄屋・年寄　六人の名が列記、略）

村の庄屋たちに提出した請書で、進藤備教《しんどうとものり》家がいまも所蔵されている。
大意は――

大石内蔵助は、親類の縁故で私のもとへ亡命来住することになりましたが、たしかな人物です。万一かれに何かむずかしい問題が起きましても、私が出向いてきちんと処理いたし、村中《むらなか》の皆さんには決してご苦労をかけることはいたしません。もっとも、何か起こっても改めてご通知はしません。

かれの宗旨は禅宗です。寺の檀家証明書（当時の浪人や農・工・商はこれが「住民登録」）は私方で作ってもらい保管しています。

というもの。「万一何かむずかしい問題が起きても」云々も、こういう書式の常套《じょうとう》句だが、続く「もっとも、…」以下の一文は、なかなか含みをもたせてあるともとれる。

新居は、岩屋寺本堂から正面二十数段の石段をくだったところに、現在「大石邸址」の碑や「内蔵助遺髪塚」のある平坦な空き地がそれで、さらに崖下の柿畑などへつづいている。平野部の径《みち》からはかなりの急坂をながく登らねばならず、かれの住まいは樹々や竹藪に木隠《こがく》れつつ、山科盆地ぜんたいが、ほどよく眺めおろせる位置にあった。

このように内蔵助の山科来住は、直接には、義兄・進藤源四郎の周旋《しゅうせん》であった。

だが、それだけではない。

大石家は、播州《ばんしゅう》（播磨国、いま兵庫県）赤穂藩主・浅野家の筆頭家老（千五百石）ではあったが、これも縁は良雄の曽祖父からで、もともと本貫はこの山科に遠からぬ地であった。

山科盆地の東、音羽《おとば》山系一つを越えると、近江の国へでる。――琵琶湖の南端から流れでた水は、瀬田川となってしばらく南下し、急に直角に西へ曲がり景勝・宇治川ラインをかたちづくるが、その曲がりっぱなの山間盆地に今も「大石中《おおいしなか》」という在所があり、このあたり一帯、昔は栗太郡《くりもと》「大石ノ庄《しょう》」であった（地元では、大石をオイセと呼びならわしている）。ここが大石家の故郷なのだった。

内蔵助・山科閑居の地から、約十三キロ東南、今の滋賀県大津市の南端・大石地区である。

近江は古代、大陸半島から渡来した人々が多く定住した地だが、この大石一帯もそのような伝承をもち、遠いく応神天皇の世とやらに、阿智使主《あちのおみ》に随《したが》い来てここに住みついた一派が「大石ノ村主《すぐり》」という姓《かばね》を与えられたという。あるいはまた平安時代に、湖東にそびえる近江富士（三上山《みかみやま》）にとぐろ巻く大むかでを瀬田《せた》ノ唐橋《からはし》の上から剛弓で退治たという伝説のぬし、田原藤太《たわらのとうた》（下野《しもつけ》国押領使《おうりょうし》・藤原秀郷《ひでさと》）も、ここ大石の一在所・小田原《おだわら》の出ともいう。

まあ、伝承はさておき……

とにかく一族はふえ、中世には「大石党」という土豪武士団となって、この辺り・さらには田原藤太ゆかりの東国―武蔵・下野《しもつけ》にまで点々と根を張っていたが、信長・秀吉の天下統一期には、ここ近江大石庄の人々も、つぎつぎと故郷を出て、諸大名に仕《つか》えた。

［大石氏　系図］

進藤筑後守長治《ながはる》
┆
与四郎 俊順《としまさ》　赤穂浅野藩 組頭五百石
＝ 三女

久右衛門 良信 ＝ 志茂《しも》　進藤筑後守長治の娘

内蔵助 **良勝** ＝ 妻（名は不明）

三女

内蔵助 **良欽**《よしたか》　赤穂浅野藩・筆頭家老 千五百石
＝ せん　水戸徳川藩・鳥居左近（千石）の娘

源四郎 **俊式**《としもと》　赤穂浅野藩・先手鉄砲物頭 四百石
＝ 後添え さあ（？）（良雄の妻リクの姉）

通（つう）＝ 俊式

権内 **良昭**《よしあき》 ＝ くま（玖麻）　備前岡山藩・家老、池田出羽由成（三万三千石）の娘

良速《よしとし》（＝小山《おやま》孫六）　安芸浅野藩・先手弓頭 三百五十五石

良師《よしもろ》（＝小山《おやま》源五左（右）衛門）＊　赤穂浅野藩・先手鉄砲方 三百石

長（なが）　赤穂藩・軍学者頭 近藤源八（千石）の妻

平内 良治（大石良次の養子）　讃岐高松松平藩

内蔵助 **良雄**《よしたか》 ＝ リク（理玖）　伯馬豊岡・京極藩家老 石束源五兵衛毎公《つねとも》（千二百石）の娘

大西坊専貞　男山（石清水）八幡の住職 元禄十一年没

良房　早逝

主税 **良金**《よしかね》（幼名 松之丞）　元禄十六年二月四日切腹 十六歳

くう　十五歳で没

吉之進（吉千代）　元禄十五年十月剃髪 祖錬元快 十九歳で没

りよ（妾腹）四歳で没

るり　のち安芸浅野藩主の一族・浅野監物直道に嫁す

大三郎（良恭《よしやす》）　正徳三年、十二歳、安芸浅野藩に召しかかえられる 千五百石

覚運　養子　男山八幡宮の大西坊の僧 良雄の叔父小山孫六（一説に小山源五左衛門）の末子

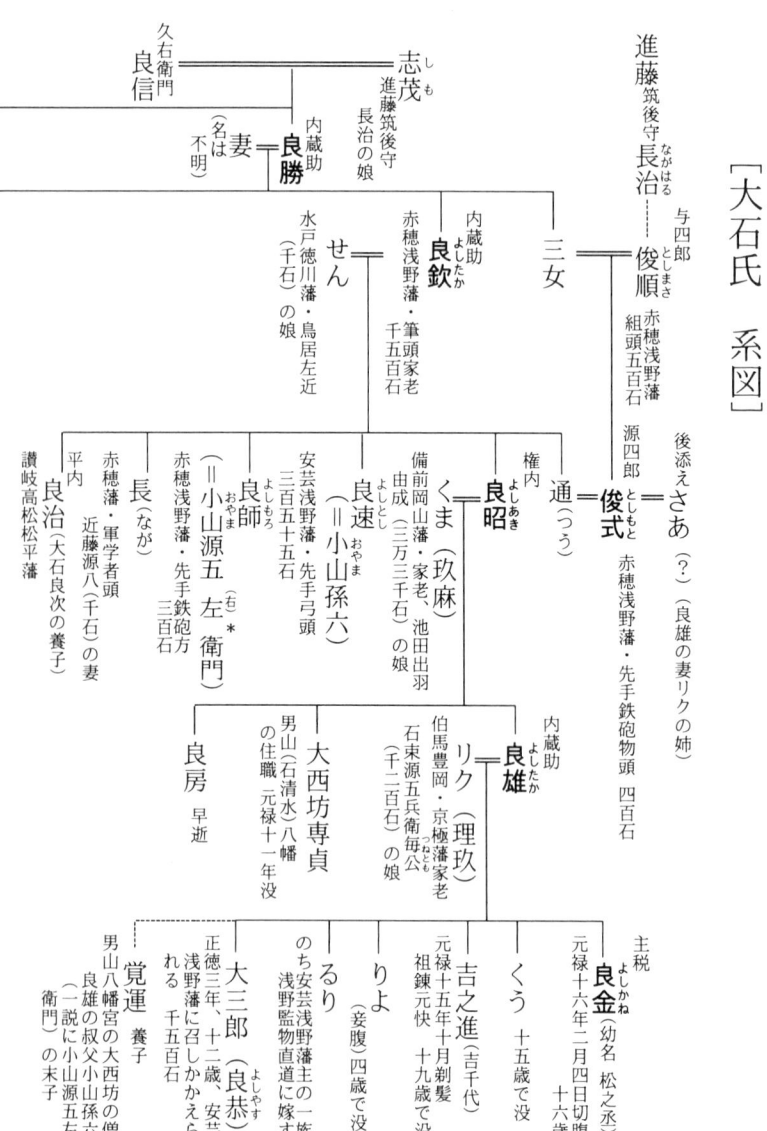

- 信云《のぶこれ》 八郎兵衛
  - 良重《よししげ》 頼母 赤穂浅野藩 江戸家老 千三百石
    ＝ 鶴姫（梶子） 赤穂浅野藩主 浅野長直の娘
    - 浅野 美濃守 のち壹岐守 長恒 藩主・浅野長直の養末男となり、分家を構成、三千石 寄合旗本
    - 浅野左兵衛長武 浅野内記長賢の養子となり、藩主の分家を構成 三千石 寄合旗本
  - 知興（＝奥村蔵人） 富山藩 千五百石
  - 良秀（＝小山喜左衛門） 赤穂浅野藩 物頭 三百石
    - 良師（養子、大石良欽の三男）（＝小山源五左衛門*）
  - 良次 讃岐高松松平藩 三百石
    - 良治（養子、大石良欽の四男）
  - 良総《よしふさ》 五左衛門 赤穂浅野藩 四百五十石（のち出奔、号・無人）
    - 良麿**（荘司） 津軽藩 四百石
    - 良穀《よしかた》（三平）（のち高松藩 二百五十石）
  - 信澄 八郎兵衛 赤穂浅野藩 四百五十石
    - 信豊 孫四郎 赤穂浅野藩 三百石
    - 信清 瀬左衛門 赤穂浅野藩 百五十石（四十七士の一人）

*【注】
小山源五左衛門の名については、同時資料の「堀部武庸筆記」からすでに「左衛門」「右衛門」の混乱両用がみられる。今ともかく内蔵助山科来住のさい奉行に届け出た親類書《がき》、および、本人の「脱盟状」署名に拠って、源五左衛門を採っておく。

**【注】
良麿はのちに『大石系図正纂』『大石家外戚枝葉伝』を編した。

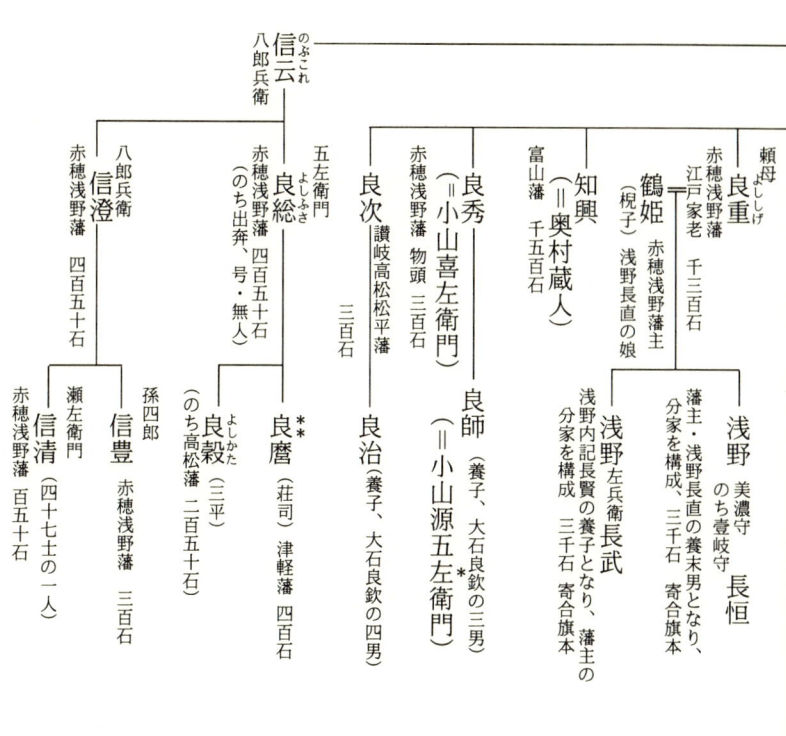

内蔵助の家系では、玄祖父・久右衛門良信が一時、近江八幡《はちまん》城主・豊臣秀次に仕えたが、大坂夏ノ陣には曾祖父・内蔵助良勝《よしかつ》が、大津城主・浅野長政の、三男・長重《ながしげ》の旗下で軍功をたてた。（長男・幸長《よしなが》の家系はのちの安芸《あき》国広島藩主である。）長重の浅野家の封地が常陸《ひたち》国笠間《かさま》にあったとき、良勝は藩の家老となった。

のち播磨《はりま》国赤穂へ転封となってから五十数年の間、

藩主浅野　長直《ながなお》―長友《ながとも》―長矩《ながのり》の三代に、

大石家は　良欽《よしたか》―良昭《よしあき》―良雄《よしたか》の三代にわたり、

筆頭家老（国家老）家として仕えた。さらに良欽の弟・良重《よししげ》も江戸家老として藩を堅めた。（但し筆頭家老職についていえば、正確には二代となる。良昭は三十四歳で早世し、そのとき良欽は六十歳でまだ現職家老だったから、家老職は、良欽から孫の良雄へ継がれたので…。良雄は十九歳から四十三歳まで二十五年の在職だった。）赤穂浅野藩の創育から終焉《しゅうえん》までをみとった、いわゆる社稷《しゃしょく》の臣である。

さて、山科の進藤家とは、大石良雄が妻たちをつうじての義兄弟だったばかりではない。曾祖父・良勝の母は進藤一族の本家の娘であったし、源四郎の母は良勝の娘、さらに源四郎の亡き先妻も祖父・良欽の娘（内蔵助の叔母）であった（その亡きあと、内蔵助の妻リクの姉が後妻に入ったというわけだ）。ああもう頭が混《こん》がらかるややこしさだが、その辺は「大石系図」にゆずるとして……つまり大石・進藤の両家はもともと、数代にわたって、やったり・もらったりの、きわめて濃い姻戚であった。――それは古くから京の公家・近衛《このえ》家をめぐる関係にもよったろう。

進藤の本家はずっと、摂政関白家・近衛家の諸大夫《しょだゆう》（家老）であったし、中世、近江の大石庄は近衛家の庄園で、大石家は地元でその庄園管理にたずさわる下司職《げすしょく》をつとめていたからだ。

近世になって、大石・進藤の両家には、浅野の本家・安芸《あき》国広島藩に仕官している者も多かった。進藤源四郎の父が赤穂藩につとめたのも、大石家の縁によったとおもわれる。

――死に近いけだものはふるさとをめざす、

ということばがある。ともかく、赤穂藩元家老・大石内蔵助良雄が、一藩崩壊・赤穂退去ののち、私人として定めた隠棲《いんせい》の地が、ひろく云って、かれの血につながるふるさとであったことは、ちょっと注意してよいだろう。

むろん山科は京洛の郊外ともいえる地だし、その京にも彼は青年の頃から縁がふかい。――家老になってからも公務で京にのぼったさい、しばしば伊藤仁斎《じんさい》の塾・古義堂《こぎどう》（京の堀川東詰にあった）へ、熱心に講義を聴きにかよったと伝え、しかもしばしばここちよげに居眠りをしたとの逸話までのこした。（このあたりがちょっとユニークだ。）

というのも、そのころ赤穂藩では、ちょうどそれに先立つ十年間、江戸の儒学者・山鹿《やまが》素行《そこう》（軍学者でもあった）を国許《くにもと》赤穂で預かっていた。素行の学説が幕府からとがめられ、配流・蟄居《ちっきょ》になったのだ。赤穂藩ではこれを活かし、禄一千石を供して十年にわたって藩士の学問と武士道の涵養《かんよう》につとめたといわれる。――蟄居の宅は大叔父・大石良重（江戸家老）の国許屋敷であったし、しかも内蔵助良雄の八歳から十七歳の時期にあたる。かなり骨の髄をつくったとみられるのが普通だろう。(…だからのちに忠臣蔵《ちゅうしんぐら》の芝居では内蔵助に「山鹿流陣太鼓《やまがりゅう》」をドン〳〵と打たせるし、赤穂義士といえば「山鹿流軍学」となっている。) しかし仁斎塾の件などからみると、彼のばあい、かならずしもそれ一点張りでもなかったようなのがおもしろい。

素行も、仁斎も、幕府の官学「朱子学《しゅしがく》」とは少しはずれた、「古学《こがく》」とよばれるものであった。──後世の朱子が開いた儒学の固い新体系よりも、論語や孟子といった古代の経書を直接に学んで、人間の基礎をつくろうというのである。その点では両者共、同じい。けれども……、この内蔵助良雄という人、どうやら、同じ古学の系統でも、なんとなく伊藤仁斎のほうが、肌に合ったのかも知れない。学風にもおのずから揺らぐ柔軟な奥行き……いわば素行(甲斐《かい》武田の軍学の流れをひく)にない、上方《かみがた》の、淘《よな》げられたつやといったものだったろうか。この人の裃《かみしも》の下には、そんな、ゆるやかな気流がかよっているようにもおもわれる。

だいたいが仁斎自身、鶴屋七右衛門といって、先祖は堺の出身の、商人だったし、塾に集う人々も、京の高級商人・高級医者、それに公卿がおもで、武士は例外的存在だった。堀川一つを挟《はさ》んで向かい側には、朱子学で門弟三千人といわれた山崎闇斎塾もあったのだが、仁斎塾の方へ足が向いたところが、同じ赤穂藩の京都留守居役・小野寺十内《じゅうない》秀和の誘いがあったにしても、少々、武士としては変っているといえるだろう。(小野寺はのち「討入り」のさい、内蔵助の心を最も深く知る副将格であった。)

一藩を預かる筆頭家老のたしなみとして、剣も讃岐《さぬき》の奥村無我に付き東軍流免許皆伝ではあったらしいが、絵もまた京の狩野《かのう》派に学び、花鳥画など素人離れの域に達していた。むろん上京時、色里《いろざと》遊びもしただろう。

とにかく内蔵助にとって、京洛周辺は、私的気分からいえば、いわゆる水ごころ知ったくつろげる地であったらしい。

さらに京は、赤穂からも、まして江戸からも遠く離れている。しかも諸国の情報は多く集まる。そして山科に東海道は通っているとはいえ、西野山は一里《いちり》ばかりはずれた目立たない山裾だ。

こういう地点にかれは居を卜《ぼく》したのである。

田畑を買い、住居も新築した。おいおい庭も整え、好きな牡丹《ぼたん》作りも始まった。

「家族ともども、末ながく隠栖する」――そう行動で宣言したも同然だった。

妻や子らは、赤穂開城のさい、自家の家来《けらい》のつてで城外・尾崎村にしばらく仮り住まいさせていたが、ほどなく山科へ迎えている。

元禄十四年の六月末に来てから数ヵ月、彼は全く動きをみせていない。

十一月三日、忽然《こつぜん》と江戸に姿を現わした。同十日、同志らとひそかに会議。十四日の亡君命日は、その遺体の埋葬されている高輪《たかなわ》の泉岳寺へ墓参。このとき亡君の未亡人・瑶泉院《ようぜいいん》にも会っている。（芝居で有名な「南部坂雪《なんぶざか》の別れ」は、翌年討入り直前のこととされているが、史実ではあのさい内蔵助は瑶泉院を訪れてはいない。おそらくは、事の真近いを世間にさとられまい配慮からだろう。）
彼はすぐに山科へもどった。それからちょうど一年後、再びかえらぬ江戸下りをするまで、彼はまた、ここ西野山の四季の中から動かなかった。

この大石内蔵助「山科閑居」の日々については、二つのことがよく知られている。一つはいうまでもなく、ここを根城《ねじろ》に同志らとひそかに「討入りの計画」を練ったこと。もう一つは、世の注目を韜晦《とうかい》するためにか、伏見撞木《しゅもく》町や京の島原《しまばら》を中心に、人々の目をひくほど派手《はで》な「色里遊び」の日々を送ったことだ。

しかしじつは内蔵助は、この期間、この地で、もう一つ、第三の（というのもヘンだが）或る、この世への発信――それは彼ひとりの内心に萌《きざ》した、秘められた発願といったほうがふさわしい性質のものだが――を育てていた、そしてそれを、あの、「討入り」という行動をつうじて、さりげなくこの世に遺《のこ》していった……と私はかんがえている。（後世にむかって、といってもいい。）

じっさいあの赤穂事件の後半部（討入り）は、後《あと》からみれば、よくぞ成功したといえるほどの、薄氷を踏むようなものだ。内には、じょじょに生計《たつき》に窮してもゆく浪士たちの、さまざまな意見の違いがあり・暴発の危機があり、それをまとめる苦労がある。外には、亡君の弟の処分を宙ぶらりんにして牽制する、天下さま（大公儀幕府《おおこうぎ》）の手練手管の圧力がある。――すでに前年春の事件前半部にしてからが、当事者にしてみれば、こんな現実が地上にあったか、と、息も止まる「松ノ廊下」のハプニングであり、一藩滅亡であった。一ヵ月間の事後処理ののち、内蔵助は腕に重い腫れもの（癰《よう》）も生じ、高熱もつづいて身も心も衰え、じゅうぶんに癒えぬまま、舟で赤穂をあとにしたのだった。

これが、若い日には「昼行灯《ひるあんどん》」と渾名《あだな》されたこの人に、突如、天降《あまくだ》った現実であった。

ひきつづく今、ひそかに天下国家を相手に命《いのち》を懸《か》けて雪崩《なだれ》かかろうとする、一人のかぼそい首領の内部で、夜ごと山科音羽山《おとばやま》にのぼる月影を仰いで崖《がけ》なす心の襞《ひだ》々は、わたしなどには想像もつかない。よほどなにか遠く遥かな「願《がん》」とでもよぶべきものを、おのれ孤《ひと》りのこころの底に、見えざる挺子《てこ》として抱《いだ》かずには身の内外《うちそと》にバランスが取れないのではあるまいか……。

内蔵助が四十五年の生涯における最期の一年数ヵ月を置いた、地相おのずから繭《まゆ》なすここ山科の四季の底で、痛覚と憤りの底から急速に目覚めさせられ・育っていったものがあるとすれば、それはどんなものだったろう？　つまりかれが「討入り」に込めた最も奥の本心―内発的動因とは何だったのだろう？　これがじつはこの稿の主題なのだが……。

とはいっても……

ひとの心の中だ。そのとき何々が動いた、と外から見えるものではない。

だが、痕跡はないわけでない。事件から三百年経《た》とうとする今尚《なお》、わたしども民衆のこころに底《そこ》流れる「忠臣蔵《ちゅうしんぐら》」人気こそ、最大の痕跡だろう。

もとはといえば、表面はたかが、喧嘩《けんか》（私事《わたくしごと》）に発する事件である。人騒がせな。それがどうしてこの列島の民衆にこんなにも根づよい共感を呼びつづけてきたのか。

その源《みなもと》になにがあるのか？　おそらくそれは腐葉土の堆積の下に埋もれた地底の流れのように、見えない。

だが……ひょっとして内蔵助は、この遥かな「地底の瀬音」に気付いたのではないか？　そこからかれの悲願と発信が、あのようなかたちで発せられたのでは？

とすれば、あるいはのちの世の私たちも、微《かす》かにでも聴けるかもしれない。歴史の底の、隠され蔽《おお》われた声々にこころをはこぶ耳——史耳《しじ》をもってすれば……。

あられもない誘惑だった。発端はといえば、昭和五十五年の晩秋の或る日、ただその山麓の鄙《ひな》びた粧彩《よそおい》に引かれて何度目かに西野山界隈《かいわい》を訪れた私に、ふ、とよぎった一瞬の推想にすぎなかった。

が、そこにこころ到ったとき、大石内蔵助良雄というこの余りに有名な一人物について、これまでさほど人間的関心をもつことのなかった私の前に、彼は初めて、岩屋寺の石段に散り敷く落葉を踏みつつ降りて来た。

2　発想源第三層

人が世に栖《す》むにあたって、行動の発想源にどうやら三つの層があるようにおもわれる。

つまり、人は、人間とも呼ばれるように、本質的に人と人との間《あいだ》で、それぞれの位置・立場を自他共に認め合いながら、関係を結んで生きる社会的動物だけれど、日々の行動を起こすに際し、知らず知らず、この一つのからだのうち、表層から順に三層の発想源のどれかから発想しているように思うのだ。

もっとも、誰でも、いつでも、三層構造になっているとは限らない。人により生涯、第一層しか使わずにおわる場合もあるし、また、ひょんな風の吹き廻しから、一人のからだの中で、急に第二層、稀に第三層がうごめき出し、それが第一層までを包み込んでしまう場合もある。

各層はそれぞれ意味と用をもち、どれが上等・下等というものでもない。

以下ちょっと、個々の層について、見よう。

「史談」と題しながら、のっけからヘンな屁理屈をこねるようだが、大石内蔵助《くらのすけ》の「討入り」へのいきさつと、あの山科《やましな》閑居のあいだにかれの内部にやどり・生い立ったものの軌跡をたどるためには、避けて通れぬウォーミング・アップのように思えるから……。

まず「第一層」だが、これは世に栖む人間である以上、基本的なもので、誰でも保有《も》っている。

これは自分でわざわざ作らなくてよい。つまりいつの時代でも、どんな処でも、その時その場に在る者の執《と》るべき最大公約数――社会通念――というものが気流として周《まわ》りに醸《かも》されていて、それをキャッチする皮膚感覚で行動すればよいわけだ（むろんその上にたって自分の判断を下すのだが……）。それとて人により上手《じょうず》も下手《へた》もある。いわゆる生きるのが上手な人というのはこの皮膚感覚が発達している人だろう。

私ども日本人は大体において、この第一層を磨《みが》くのが好きであり、上手でもある。ほとんどこれに「殉じる」ばかりに、己れをむなしくしてこの皮膚感覚を磨く傾向がある。現在でも国際的にみて、日本民族は、個人プレーとしてより、集団でその能力を発揮する、といわれるのも、この習性が作用するためでもあろう。（そのかわり、慣れない気流の中へひとりで放りだされると、途端にショボクレる。）

とにかくこの第一層は、世に栖むかぎり人間として基本的で、（第二層や第三層の有無と関係なく）、この層を発達させている人はそれだけで、いわゆる仕事も出来るし、他人《ひと》の心の流れも読め、集団の的確な舵取りもできる有能人たり得る。（もっとも、あまり磨きすぎて鏡のようにピカピカになったのを、自分のためだけに活用すると、明哲保身家などといわれて周りからきらわれる場合もある。）が、逆に、この層をあまり大きく欠いていると、それだけでどうも集団社会人としては不適合になるようだ。家代々の名主職《なぬし》をどうしてもうまく勤められなかった山本栄蔵（のちの良寛禅師）などはその一例だろう。

次に「第二層」――。

これは第一層の奥にある層で、行動の底に、行動そのものを意味づけする個としての独自の考えをもっているのである。人によりギラギラ露《あら》わに見える場合も、とんぼり沈んでいる場合もある。

社会が大きく変質しつつある最中《さなか》などでは、いわゆる社会通念が足元から揺れるから、第二層がそとからも比較的みえやすくなる。最初それはみな個人の考えだが、やがてそれらが新しい世に栖む行動を支える一つの心構えとして人々に受け入れられ始め、第一層の社会通念の中へ根をおろしてゆく場合もある。

われわれ日本人はこれを自分でつくりだすのはおおむね得手《えて》ではないが、誰かがつくってくれたものが小集団の中で育ちはじめると、ワッとそれに参加するのは好きである。そしてこれを「道《みち》」と名付けて尊重し、集団で磨きをかけることに、世に栖む人間としての充足感を最も感じるようなフシがある。

日本人の「道好《この》み」がこれで、それは実生活のあらゆる面にわたる。華道・茶道・武士道、あげくは色道《しき》というのさえあって、みなこういう成立のいきさつをもっているようだ。察するに神州清潔の民の意識はこの「道」をいつもお掃除しているにあるかとすら見え、道にはずれることを恐怖的に嫌悪・排斥する傾向も、自他双方へむかって働く。

この「道」が社会に一応の市民権を得ながら、まだ生き生きと柔らかく息づいている間は、それこそ花だ。が、物事すべて、餅の例と同じく、固くなるもので、そうなると食べられなくなるから、時に焼き直したり、また新しく搗《つ》く必要もでてくる。

武士道とて例外でない。もともと戦国武士の気風の中から生まれたそれは、根に荒々しい闊達《かったつ》さをもっていた。しかし、それが徳川幕藩体制下の武士階級の心構えたる「道」に整えられた時は、残念ながら社会そのものがすでに大きく変質してしまっていたのだ。

世は「武断」の時代から「文治」の時代へはっきり移行していた。したがって武士階級の理念たるべき「武士道」も、名は錯覚されやすいが、じつは「吏士道《りし》」でなければならぬはずだった。なぜなら、江戸時代の武士階級こそ、日本史上はじめて大量に成立した「世襲サラリーマン」階級であったからだ。（「藩」にはじつは領国を治めるものとしての行政体＝地方自治体と、それ自体一つの企業体である両面があって、藩士は公務員兼会社員のようである。）

しかも徳川将軍家の文治的実権力が最も伸張したのが、元禄を中心とする五代綱吉の時代といえる。戦雲おさまってざっと八十年。一方まだ幕府・諸藩の財政破綻も顕著でなく、大規模な百姓一揆なども起きていない。米生産はじめ諸産業もいちじるしく伸びていた。だいいち、この列島で一部の人々が一日三度の御飯をたべはじめたのが、この元禄時代だったというのだから……。それに伴なって、人間の精神生活・心のゆとりも、おそらく日本史上最高の豊かさに達していたことは、今に残るこの時期の諸芸能や文学から想像しても明らかだろう。

まことに「文治の花」というべきこの時点で、皮肉にも、「武士道」を問われる事件が起きた。

――それがあの「赤穂の一件」である。

武士道とは何か――そこから行動を決めねばならなかった浪士たち。ところが彼らの依り処たるその「道」は、いま第一層の社会通念となっているとはいえ（いやまさにその事において）本質的に前時代の固い餅だった。

四十七士のほとんどは、この固い餅を「道」であるというその事において、己れをそれに殉じさせるみちを選んだのだ。つまり発想源そのものは第一層にあった、といえよう。

しかし、大石内蔵助は少し違ったように私には見える。おいおい詳しく見てゆくつもりだが、彼は第二層から発想している。――彼の依ったのは「旧い武士道」ではない。彼は明らかに、この文治の世における「新しい士道」を手作りする意識があった、と私には見える。

同じ行動・結果でも、このように人は、第一層からも第二層からも発想する。


次に「第三層」だ。

第一層が社会通念からの発想、第二層が行動そのものを意味づけする自己の発想、であった。

じつは、人間《じんかん》＝人の世　に栖むには、この二種で充分だし、社会も生々展開しうるだろう。

だが稀に、もう一つ奥の発想源から発する行動もある。それは、世そのもの・自分そのもの

(の意味)をゆさぶって自問するところから発する発想だ。

詩人や宗教人は本来ここから発想する人種だけれど、真贋《しんがん》はなかなかつきにくい。行動そのものが第一層や第二層からのそれと異なり、社会現象としては外からすっきり形や結果が見えにくいからでもあろう。また、註釈がきかない。さらにまた、第一・第二層が共に対人・対社会に直結するという点で同一線上に在り得るのに対し、この第三層はちょっと異質だ。

例えば――、二千三百年ほど昔の中国で、荘子《そうじ》という人が昼寝をしていて蝶になった夢をみた。私どもだって虎になった夢を見ることもできるだろう。ここまでは五十歩百歩だ。しかし、目覚めて彼が考えたような、(ひょっとしたら自分は本来は蝶で、蝶が人間になった夢を見ているのがオレの今の人生なんじゃなかろうか)――という発想との間には、画《かく》然たる深淵を飛び超えねばならぬのだ。

また、同じく荘子が、(天があんなに青々と深い色をしているのは本当に青いのだろうか、無限に遠いためにあんなふうに見えるんじゃなかろうか。もし、あの無限の高みからこの世界を見おろしたら、やっぱりあんなふうに何一つ無くただ青々としているだろう)と考えた。彼のこの発想に、二千年後ロケットが開発され宇宙飛行士が「地球は青かった」と報告したからといって、荘子の発想の本質の「註釈」にはならないのだ。

第三層の発想とは、ざっとこんなふうだ。

もっと分かりやすい人間像を例にとってみよう。

幕末の志士のうち、例えば吉田松陰などは、徹底して第二層の発想源を磨き抜いた人だ。かれは第一層は天性音痴《おんち》めいていたが、それだけに、集中した第二層からの純潔の火箭《ひや》が、弟子たちをつうじて維新回天を呼ぶ烽火《のろし》となった。彼のばあいは、よく見える。それゆえ松陰の生涯は結晶体のごとく鮮明なのだろう。

松陰に比べると、西郷隆盛などはよほど見えにくい。薩摩人の常として彼はすぐれた政治感覚の持主だった。第一層がきわめて豊かに備わっていた。その上、第二層も底光って持っていた。（これが、世に栖む人としての彼の巨きさであり、敵味方を問わず衆の信頼の出処だろう。）その彼にして、ときどき、行動に何ともいえぬ不可解なところがある。僧月照《げっしょう》と海へ抱合心中を実行したり、政治をほっぽりだしてフイと深い山へ猟に入って帰らなかったり、一体、彼の志への連続する行動としては不可解なところが少なくない。

坂本龍馬が「西郷は小さく叩けば小さく鳴り、大きく叩けば大きく鳴る。その馬鹿さの底がしれぬ」と名批評したそうだが、どうやら西郷の不可解さは、彼が、余人には註釈できぬ彼流の第三層発想源を持っていたせいではないか——と私には思えるフシがある。

そしてこの第三層だけは、どうやら、本人が意思してつくることも、磨くことも、追出すことも不可能らしいのだ。なぜなら、いわば野分《のわき》が世のとばりをサッと捲きあげ舞台うらが覗けるようなこの視座は、時あって、むこうから不意に人の心の中核へ「やどる」ものであり、人のがわからは（いわば不本意にも）「とらえられ・居据わられる」のだから……。

第一層・第二層が「実《じつ》」の視座とすれば、これは「虚《きょ》」の視座だ。（ひょっとしたら自分は本当は蝶であって、それが人間になった夢を見ているんじゃあるまいか）という視座だ。

「一期《いちご》は夢」と見る視座はじつは日本人好みでもある。けれど多くの場合それは、末期《まつご》の感慨として出る。「なにはのことも夢のまた夢」と辞世した秀吉などその代表だろう。

しかし、第一層第二層で運用すべき立場で世に処しながら、いつも第三層を体内ふかくかかえている種類の人間には、自分にも得体の知れぬかなしいものがあり、世と生そのものを遊びのように観じているフシもあり、そこから生じる或る種の「もの憂《う》さ」がつきまとうようだ。西郷などもその一人だったろう。

このように、人の行動の発想源には、第一層から第三層まであるみたいだが、この総てをかなりの分量で一身に保有し、使う人間は、案外少ないといっていいように思われる。

さて……、大石内蔵助はどうだったのだろう？

3　かるみ

大石内蔵助良雄《よしたか》。―この人も当時の教養ある武士の通例として、茶や詩歌を日常身辺事とする生活の中にあり、いくつかの雅号をもっていた。「可笑《かしょう》」「うき」など。

「可笑」は嗜《たしな》む絵画や、ときに俳句などのサインに使ったものだ。彼はとりわけて俳諧に深入りしたわけではない。四十七士のひとり大高源五などは、「子葉《しよう》」と号し、これはれっきとした、水間沾徳《みずませんとく》門下の、若き俳人であったが……。内蔵助のばあいは、まあ、句らしきものが生まれたさいの、かるい、いわば戯号である。彼はまた音曲のたしなみもあって、三味線など爪弾き、小唄も自作するくだけた面のあった人だが、そういうさいの作者名は「うき」とした。

――「右記《うき》」か「浮《う》き」か「憂《う》き」か……これまたとぼけた戯《ざ》れ名《な》めいている。

これらを、例えば、発想源第二層の人であり、それを一点の曇りなきまで極度に磨いた人として前回挙げた、吉田松陰の号――「義卿《ぎけい》」や「二十一回猛士」と比べてみるとよい。(二十一回猛士とは、二十一回己れの生命を賭けて、至誠を天に人に、通じさせようとの発願から自称したもの。)そのきわだった異質性はあまりにも明らかだろう。

そこが「元禄武士」だ、といってしまえばそれまでだが、その太平元禄の世(将軍綱吉や芭蕉・

西鶴・紀伊国屋文左衛門らと同時代）でも、これほど可笑《おか》しみと軽みある号ばかり自称した武士は少ないのではないか……。

どうも、この大石内蔵助という瀬戸内沿いの一小藩の中年城代《じょうだい》家老は、天性か、世や自分というものを数間《けん》先の中空にぽっと浮かべてみ、遠めがねの筒っぽを伸ばしたり縮めたりして、その像がぼけたり・ひずんだり・二重になったりするさまを、可笑《おか》しみやあわれさを感じながら眺め遊ぶ――そういったところのあった人のように思われる。

それは、ただ己れや社会を客観視するというのと、どこかちがう。余裕といっても、どこかものうさの伴う余裕だ。戯《たわぶ》れ心、それに、万物へのそこはかとない惻隠《そくいん》の情をともなう余裕だ。おそらく天性、彼は発想源第三層の素質をもっていた証拠と、私には見える。

しかし又、これも前回、同じ第三層発想源の持主であるとした良寛や西郷隆盛などと比べても、いちぢるしい特色がある。――それは、上級武士としてはかなりくだけた三味線趣味や、根っからのにぎやか好き、そして「1章」で触れた、上方《かみがた》ふうのさばけたところにもみられるだろう。

これらをひっくるめ、大石内蔵助という人は、わが身をも人世をも（つまり生《せい》というものを）、腰のひさごの如く、ときにかるく揺さぶってみることのできる、いわば人間として一種、つやのある男だったように思われる。

彼が日ごろ「昼行灯《あんどん》」と渾名《あだな》されていたのは、おそらくこういう個性の、他《ひと》からは見えがたさ、把《つか》みにくさをも示しているだろう。（じつは、前記した良寛禅師も、在俗当時の渾名が「名主の昼行灯」であったのも、おもしろい。)

昼あんどん。――しかしこの渾名の起きたゆえんには、もう一つ、藩内で若き日の彼が置かれていた現実の事情もあった、とおもわれる。それは次のようないきさつだ。(以下さきに「1章」で簡略にふれたところを、赤穂浅野藩の歴史をまじえてやや詳しくみておこう。)

良雄は代々赤穂《あこう》浅野藩筆頭家老の家に生まれた。世襲制度の世では、当然成人ののちは父のあとを承《う》けこれを継ぐべく予定されていた。家老職にも一代限り新規取立ての例もある。しかし代々家老の家に生まれた嫡子は、家職としてその職を継ぐのが原則であった。良雄が生まれたとき(万治元年、一六五八年)、祖父・二代内蔵助良欽《よしたか》が現職家老であった。

赤穂の浅野家は、広島藩四十二万石のあるじ浅野本家の、分家である。大石家と主君浅野家との縁は、初代藩主長重《ながしげ》に初代内蔵助良勝《よしかつ》(良雄の曽祖父)が千五百石の家老として常陸国笠間藩で仕えたに始まることはすでにみた。

二代藩主長直《ながなお》のとき(正保二年、一六四五年)、同じく五万三千五百石の封禄で、この播磨国赤穂へ転封《ところがえ》の命を幕府から受けて移って来た。そのころの赤穂は、千種《ちぐさ》川デルタに赤い穂の蓼《たで》が一面に繁る、まだ城もない辺鄙なわびしい町だったという。(前の藩=池田支藩は、城をもっていなかった。)

新しい殿さま浅野長直と家老二代内蔵助良欽は、力を合わせて新領土の経営に取組んだ。新たに新田開発四千石、地場産業としての塩田開発五千石。製塩法の改良による品質向上から「赤穂塩」の名が天下に高まりだしたのもこの頃で、「赤穂は五万石そこそこの小藩だが内情はなかなか裕福らしい」といわれるに至った。築城に十三年かけた城も、石高《こくだか》に比して立派なもので、城下町もおいおい整った。

殊にも、この治世に城下の隅々各戸にまで供給された上水道は、じつに二百五十年後の昭和三十年代まで、市民生活に使われていたほどの技術であったという。当時、このような上水道設備を整えていた城下は、江戸・赤穂・備後《びんご》福山の三つにすぎなかった。

赤穂浅野藩の基盤は、この二代目同士の名コンビの治政中にまったく備わったといえる。

さらに、良欽の弟に大石頼母《たのも》良重《よししげ》がいて、兄に劣らぬ材幹で長直の信頼篤く、新知千二百石で家老に列し、主君と兄を扶《たす》けた。多く江戸にあって幕府中枢部や他藩との折衝に当り、赤穂藩の地位を堅めた。功を多とした藩主長直は自分の娘を良重の妻に与え、その夫婦の長男・次男に、浅野長恒《ながつね》・長武《ながたけ》を名のらせ、それぞれ藩主の分家を形成させた。（幕府の直臣だから、寄合旗本である。）


このように、赤穂藩主・浅野家と家老・大石家とは、身分こそ主従だが、一門縁戚であり、共に一つの藩という行政体・企業体を創業育成して来た、いわば一心同体の一族といってよい。

だが、赤穂浅野藩創立から二十五年、名君二代長直が江戸で倒れた頃から、この藩に悲運の影は相次いでしのび寄った。三代を継いだ病身の長友《ながとも》も治世わずか五年で病死する。

四代目を継いだのが、のちに吉良《きら》上野介《こうずけのすけ》に斬りつける内匠頭長矩《たくみのかみながのり》で、この時まだ九歳の幼君だった。

あいつぐ藩主の代替りと、幼君を支え、藩の重責は老齢の筆頭家老・大石良欽の肩にかかっていた。隠居したくとも、じつは彼自身の嫡子・権内良昭《ごんないよしあき》が、三年前、三十四歳の若さで病死してしまっている事情もあった。家の相続は当時、父子相承《あいう》けるという規定があり、祖父から孫へは出来ない。良欽は嫡孫・良雄を自身の養子としたが、まだ十七歳で、この多難のさい家老職をゆずるわけにゆかなかった。良欽は老骨に鞭打って藩政に最後の力をふりしぼったが、やがて六十歳で没した。

この時（延宝五年、一六七七年）、良雄、十九歳。内蔵助の名称と家老職を継いだが、形ばかりである。

祖父の弟・良重もほどなく没する。良雄が筆頭家老として実際に藩政に連らなりだすのは五年ほどのちからだが、それでもまだ若いこの人は、いわば「出る幕」がなかった。

一般的に言っても、こういう「三代目」というのはおっとりできているものだ。

大坂冬夏の陣に戦場を馳せその武功によって家老となった初代の曽祖父から、八十年の歳月が流れている。その武勇伝は、現在の私どもが日露戦争の話を昔話と聞くのと同じだけの歳月のへだたりがあるのだ。以来、世は泰平である。武断から文治へ——。祖父・良欽や大叔父・良重は産業開発で一藩の基礎を築いた。

そして今、藩政を実際に動かしているのは、祖父らの下で育成され腕をあげてきた新時代の吏才たち——計数に長《た》けた仕置《しおき》家老・大野九郎兵衛ら壮年重臣たちである。貨幣経済がようやく浸透し、町人が勃興して来た世の流れの中では、藩の運営も財政感覚のある能吏に主導権が握られるのも、成行き上必要でもあった。殊にも赤穂藩は、小なりといえどもその点、当時として先端をゆく新産業（塩の生産と販売）立国藩であってみれば、なおさらのこと。

そんな中で、若い筆頭家老・大石内蔵助良雄が「昼あんどん」と軽んじられていたのも、無理からぬことであったろう。彼はただ、代々の家柄というだけでその職についた、ポッと出のお坊ちゃんに過ぎなかったのだから。

彼を評して同時代の史家や学者らが、「良雄、爲人《ひととなり》、温寛ニシテ度《と》アリ。齷齪《あくせく》トシテ自ヲ用イルコトヲ爲《な》サズ」（栗山潜峰「忠義碑」）とか、「良雄、爲人、和易簡樸、矯飾ヲ喜バズ。…国老ニ任ズトイエドモ事ニ預ルコト鮮《すくな》シ。而シテ内実ハ剛潔、忠慨ヲ存シ、最モ族人ニ厚シ」（三宅歓瀾「烈士報讐録」）などと記したのも、良雄があの「事件」で世に顕れてのちだからこそ言えたことで、若年の彼を身近に見ている同藩中の者にとっては、「温寛」さも、育ちの良い、それだけにやや茫洋とした、毒にも薬にもならぬ凡庸な人物、と映ったであろう。「事ニ預ルコト鮮《すくな》シ」も何も、右のような藩の現状では、彼に出る幕はなかったのである。

ただ、目立たず、間の抜けた「昼あんどん」めいてはいても、人にどこかとんぼりした可笑《おか》しみとくつろぎを与える温かい落着きがあり、つまり、決して不快感を与えることはなかっただろう、と想像される。

そして、軽視されても別段それで萎縮したり、早く自分を人に認めさせようと齷齪することも一向になく恬淡《てんたん》と（じつは、これは仲々できぬことだが）、自邸では好きな牡丹づくりなどを楽しみ、昼あんどんとは巧く言ったものヨ、とひとり笑いなどしている、そんな、文人派の若いご家老だったろう。

自分より十ほども若い少年君主・長矩には、同じく父を幼くして失って重責を担う者への、いたわりと温かさで接するところがあったかと思われる。

二十年後、もしあの「一件」が起きなければ、大石内蔵助良雄は、いずれそれなりに経験も積み、播州《ばんしゅう》人特有のひろやかな人柄に重さを加え、上方《かみがた》ぶりのつやもほどよく枯れて、「うきつとめ」などと口ずさみつつも、重臣たちをそれぞれ処を得させて動かしながら、若い藩士らからもそこそこに信頼を得て、まずは赤穂藩を安泰に舵取る——目立たぬながらそれこそ泰平の世に隠然たる一種の軽い名家老として、無事平穏にすうーっと世から消えていったであろう。

この世を支える多くの人々はそういうものであり、そういう生き方こそ、あるいは人間のほんとうの理想であるかも知れないのだ。しかし……

しかし、この人を後の世から見るとき、やはり天というものは在り、しかもそれは人間ひとりひとりを将棋の駒のごとく操って、或る時・或る場・或る一事のためにその駒を使うべく、一手もおろそかにせぬ布石を、その駒の生涯をつうじ準備しているのではないか?——そんな一種慄然《りつぜん》たる思いすらせぬでない。

なぜなら、この大石内蔵助良雄という辺地の一つの駒が、大げさにいえば日本民衆史という一棋譜の中で、忘れがたい大きな手として使われるのが「あの一件」だが、まるでそのために焦点を絞《しぼ》る予行演習のごとく、天は、「昼あんどん」とよばれたこの人の無為の二十年間に、唯一つ、この上ない実地体験を、かの事件の七年前、三十六歳の彼に与えているのを、私どもは知るからだ。

それが次に述べる「備中《びっちゅう》松山藩受け取り事件」である。

4　天の演習

まるで七年後のあの「一件」（赤穂城明け渡し）のために、天が予行演習として大石内蔵助《くらのすけ》良雄《よしたか》に与えたかとすら見える、備中《びっちゅう》松山城受け取り事件。——元禄七年二月のことであった。

のっけから脱線するが、筆者、この連載、かなり書きにくい。——というのも、第一回（二月号分）の原稿を花泉社にお届けしたのは、昨昭和五十六年秋十一月上旬。その時、翌年のNHKテレビ日曜大河ドラマが「峠の群像」といって赤穂浪士を主軸とした内容だとは、うかつにも全く知らなかった。今（二月下旬）、ペンを執っているこの稿は四月号分だから、読者の皆さまのお手元に届くころには、もう松山城受け取り事件の放映はたぶん済んでいるだろう。そして、大石内蔵助対鶴見内蔵助という、同名の両家老の一種の対決も、テレビドラマの最初の山《やま》として、茶の間の皆さまを愉しませおわっているだろう。

山といったが、ゆらい私ども日本人はこういう見せ場を好む。苦衷《くちゅう》を秘めなおかつ堂々と潔い敗者・勝ってておごらず人情いたわりある勝者——そこに日本流のロマンと美的感覚を愉しむものらしい。

乃木大将とステッセル将軍の「水師営《すいしえい》会見」が人気のあるゆえんであり、山下将軍とパーシバル将軍の「シンガポール会見」が人気のないゆえんである。——後者については当時でさえ、「イエスか、ノーか」傲《ごう》然と一喝する山下将軍の前に目を伏せ「イエス」と小さく肩を落とすパーシバル英軍司令長官のさまをニュース映画で見て、「世がくだれば日本武士道もかく堕《お》ちるものか」と書いた新聞があったそうだ。昭和陸軍への皮肉ともいえようが、日本美学をあの場合にまで押拡げたのは、山下将軍個人にとってはちょっと酷でもあろう。水師営のようにもはや戦い終っての儀式ではないのである。しかし、現代の新聞記者でさえペンが横滑《すべ》るほど、こういう見せ場についての私ども日本人の情感美学は根強いという一例ではあろうか。

さて、松山城受け取りのことである。

舞台は、まぎらわしいが愛媛県松山市ではなく、現在の岡山県高梁《たかはし》市（伯備線で瀬戸内から北上し日本海側へ向かう中国山地の中程にある）。そこに、水谷《みずのや》藩五万石があった。

前年十月、藩主水谷出羽守勝美《かつよし》が急死し、さらに十一月、その養嗣子勝晴十三歳までが疱瘡《ほうそう》で病死した。藩からは、出羽守の弟の主水《もんど》勝時を跡目に立て家督相続を、と幕府に願い出た。が、幕府の法では、当主没後の養子は認めていない。聞き届けられず、十二月、水谷家は断絶、松山藩五万石は領地没収、と決定されたのである。

ふつう「お家取潰《とりつぶ》し」は、藩に何らかの重大罪過あったさいか、または、藩主に嗣子のない場合だが、主家の滅亡だけでなく、藩士とその家族全員が即座に生活の糧と住家を失うのだから、事は小さくない。戦国の世ならまだしも、泰平秩序安定の時代、浪人の再就職もなかなか容易でなかった。

水谷藩の場合、一ヵ月後に嗣子までが、まだ相続のため将軍にお目見えする間もなく流行病《はやりやまい》で死んだのは、まことに不運というほかなかった。

この特殊事情を何とか汲みとって、形式的末期養子《まつご》を認め藩を存続させてほしい、これまで大公儀（幕府）への忠誠に何ら落度はなかったのだから。――というのが、水谷藩士一同の切実な願いであったろう。それが聞き入れられなかったのだ。

「この上は籠城して城を枕に討死を――」

そういう雰囲気にまで突き進んでいったのも、武士の意地とは言い条、つまりは幕府の処置に承服しがたしとする、人情的反応があったからなのは言うまでもない。

こういう「お取潰し」が最も多かったのは、将軍の代でいうと三代家光と五代綱吉の治世であった。徳川将軍の威光が最も伸張した時期である。幕府としては、封建制（多くの諸侯が土地を領有し、各自領内の政治の全権をにぎる国家組織）とはいえ、じりじりと中央集権・絶対君主制へと――つまり幕府へ権力権限を集中させる方針であり、諸国の大名（＝諸侯）の配置にも、大きな外様《とざま》大名の周囲を、徳川家の息のかかった譜代《ふだい》や血縁の中小藩領としてクサビを打つ、こんな布石を巧妙に進めていた。綱吉一代三十年間で、大名の改易・取潰しは四十七家に及んでいる。これは、その後幕末まで百五十年間の累計四十家を上回る数である。

水谷藩もその犠牲の一つであった。

一方、「お取潰し」が決定すると、城は明け渡され、藩中一同、浪々の身をみずから口に糊する手段を求めて、家族を抱え四散する。城は、たとえその藩が手づから築いたものであっても、将軍に返納となるのだった。各地の殿様とその武士団の象徴のごとき「城」も、平たくいえば、領地つき借家にすぎない。

この「城受け取り」業務は、幕府から派遣の目付《めつけ》が立会いのもと、その領地に近い、しかも石高《こくだか》のほぼ同等の大名が「収城使」役を請負わされ、この時ばかりは軍事行動としての体制を組み、占領軍としてその任に当る習慣であった。

城が穏便に明け渡されればまだしも、そこはやはり一悶著《もんちゃく》あるやも知れぬ。この松山城のときまでにそんな例は、じつは一件も起っていず、考えればその方が不思議なくらい幕府に従順だが、ともかくこの泰平の世に、武士が武士らしく装い、一藩あげて軍陣仕立てで他領（当時の観念では「他国」となる）へ出陣するのは、こういう「城受け取り」のさいに限られていた。

しかも、軍勢の人数たるや、三万石役《やく》とか一万五千石役とか決められる（これは藩の禄高ではない。軍勢の規模だ）。百石に十人の割で動員せねばならぬ。松山城受け取りは「三万五千石の役高をもって用意これあるべし」と命ぜられたから、三千五百人の動員となる。

ところが、当時の各藩の士卒は、現在の私どもが想像するより遥かに少人数なのだ。赤穂藩の場合、天和年間（この元禄七年より十年余前）の分限帳《ぶんげんちょう》に、士《し》（正規の石《こく》取り藩士）と卒《そつ》（足軽・仲間《ちゅうげん》などの小者《こもの》）に医師などまで併せて三百六十七名という記録がある。正味の家臣団としては二百七十人前後だ。（じつは、これでも同じ五万石級の藩では、きわだって大世帯なのだ。）

それが三千五百人の軍勢を整え出陣するには、膨大な人夫を臨時に雇わねばならぬ。馬など赤穂の領地に全部で二十五頭(!)しかいなかった記録がある。鉄砲なども使いものにならぬ旧式のが殆んど。内蔵助の義兄・進藤源四郎などは、職名は鉄砲物頭《ものがしら》（足軽鉄砲隊を率いる大隊長）なのだが……。（なお、この松山城受け取りのさい、大砲三門を、大八車《だいはちぐるま》のようにガラガラ引いていって威嚇したが、これ、じつは、城下の町人の私物骨董品を借りたのだそうだ。）

まことに、武将とはいえ、元禄泰平の頃の各大名のお家の内情は、これほどの「武装解除」ぶりだったのである。

こうして、無事「明け渡し」が済めば、次の領主が決まるまで、受け取りに行った藩は一部の人員を「在番《ざいばん》」（駐屯軍）として留め、城と領地を管理し、幕府のために領民から年貢徴収などに当る。ふつう一年ないし三年に及ぶ。

そうして、右の一連の行動費用一切は、幕府から出ず、指名された藩の自弁であった。

ましてや万一、籠城抗戦などされて「受け取り」が長びけば長びくほど、自藩の体面にミソをつけるし、藩財政は圧迫される。軍勢一日の糧食だけでも大きいのだ。

だから、このような役目を申渡されるのは名誉とはされていたけれども、本音としては随分な有難迷惑であった。

とにかく幕命は「備中水谷家の城受け取り、播磨赤穂の浅野内匠頭長矩《たくみのかみながのり》に命ず」と来た。

江戸の築地鉄砲洲にある浅野藩邸から、早駕籠《かご》を打って届けられたこの報らせを、赤穂城内

大書院に並んで受けた重臣たちの心は重かったにちがいない。ましてや彼らのうち、

「あの水谷家《みずのや》が――」

と、心に響いた者が何人いたであろう？　重なる因縁といわねばならない。

（テレビではこんなことに触れないだろうから、ちょっと次に記しておこう。）

――事はこの元禄七年から五十年昔に遡る。

この赤穂へ現在の浅野家が常陸《ひたち》笠間《かさま》から転封され移って来たのは、ちょうど四十九年前の正保二年だが、それは、前の領主池田家の「お家取潰し」のあとを受けたものだった。赤穂池田藩は、備前岡山池田家の一族で、本家から領土を分与された支藩である。当主池田輝興が突然発狂、妻を斬殺するという悲劇があり、直ちに「取潰し」となったのだ。

この時、赤穂の領地「受け取り」の任に当ったのが、備中松山城主・水谷勝隆《かつたか》であった。（赤穂池田藩にはまだ城はなく、館だけだった。）

後釜《あとがま》の領主は浅野長直《ながなお》と決まった。前にみたような幕府の大名配置策から、山陽道の真中にデンと腰を据える外様《とざま》大名・岡山三十一万五千石の池田本家を牽制《けんせい》する目的で、池田一族に代え、徳川家康の外孫《そとまご》待遇の浅野長直（彼の母が、家康の異父妹のムコの娘である）を、播州の塩田地帯・瀬戸内海沿いにクサビとして投入したのだといわれる。

「在番」役として一時預った赤穂を、新領主・浅野長直（長矩の祖父）、家老・大石内蔵助良欽《よしたか》（良雄の祖父）に引継いだのが、備中水谷家の先祖だったわけだ。

その水谷家が、今、悲運のうちに廃絶となり、遺臣たちが籠城抗戦か城明け渡しかでモメて

いるという。そこへ「受け取り」に乗込んでゆくのが、奇しくも、赤穂浅野の三代目なのだった。

「誰が先陣をつとめるぞ?」

「何とぞ、在番役ともども、この私奴《め》に」

藩主長矩の問いに、いつになくキッパリとこう両手をついた昼行灯《ひるあんどん》――三十六歳の若き累代筆頭家老・内蔵助良雄の脳裏に、右についての感慨がなかったかどうか……。

幕府の公文書に、この松山城受け取りのさい、元禄七年二月二十一日、大石内蔵助の率いる先陣五百三十人が松山藩の国境鹿田村に到着した夜、大石の提案で、水谷家の家老・鶴見内蔵助と大石が二人だけで「会談」をもったことを特に記している。これは、これまでの「収城」業務としては異例だったことを示していよう。

この「会談」の結果、水谷藩遺臣は籠城を止め、開城にふみきるのだ。

立会いの幕府目付さえあきれる中を、扇子一本無刀で唯一人、武装物々しく篝《かがり》火もえる松山城内へ乗込み、口頭「外交」でもって敵軍を翻意させた「昼行灯」氏の姿は、まことに日本人好みではある……。

だが、彼は、これだけをやったのではない。それまでに、ひそかに横目《よこめ》(検察吏)など自藩の軽身分の者たちを潜入させ松山藩の内情を調べると共に、収城使浅野の軍勢の強大さを(うしろに広島の浅野本家五万の大軍が、いつでも出陣できるよう控えているなど)吹聴する情報流しを手はじめに、いわゆる諜報戦術をふんだんに使った根まわしを怠たっていなかったのである。

これらは、いずれの時代のこういう場合もそうなのであって、あの幕末の江戸無血開城にしたって、勝海舟と西郷隆盛の「わずか一回の会見」のうらには、目にみえぬ水面下の策謀死闘があってのことだった（例えば、勝海舟お得意の、江戸中の町の顔役動員による、治安・人心収得まで含めて……）。

軍《いくさ》はチャンバラではない。かかる外交の総力戦であり、「会見」は最後の仕上げの一滴、人の器《うつわ》と器の儀式（あるいは腹芸）といえようか。

備中松山城はこうして無事「明け渡され」、赤穂藩も最小の出費で済んだ。

一ヶ月ほどのち、元水谷藩家老・鶴見内蔵助はすべての残務を終え、他国へ落ちていった。その日、在番役に残った大石とは、一私人（もはや友人というべき仲であった）として、国境の茶店で会う約束である。

山国の春は遅い。うしろの藪で、鶯が鳴いている。

二人の内蔵助は微笑のうちに一本の酒を互いにくみ交わすのみで淡々と別れた。

しかし、七年後の同じ季節、「赤穂開城」、そしてその翌年暮、江戸での「浪士討入り」をどこかで風の便りに聞いた鶴見内蔵助は、この茶店での大石の無言の温貌と共に、あの松山城中「会見」のさいの彼のことば――その肉声を、今ここにその人あるがごとく、思い出したかもしれない。

「武士は相身互いでござる。のう内蔵助どの」

5　やま里

東も西も畳《たた》なわる吉備《きび》高原の山々である。

その中を切り裂くように一筋、北から南へ高梁《たかはし》川がくだる。稲田の刈入れがすむと、城をいただく盆地には急ぎ足で冬が来る。

城は、盆地の東端臥牛山《がぎゅうさん》の南峯、小松山《こまつやま》頂上にある。

大石内蔵助《くらのすけ》良雄《よしたか》は、その麓の館《やかた》の一画にいた。御根《おね》小屋とよばれ、もと、城主の居館兼政庁とされていたところだ。

備中松山水谷《みずのや》藩お家断絶にともなう「松山城接収」ののち、配下の赤穂藩士七十余人、足軽・仲間《ちゅうげん》・人夫らを含めた三百七十人ほどと共にここに居残り、「在番《ざいばん》」役の諸務にたずさわり出してから、八ヵ月が経っていた。

仕事は結構忙しい。その上なぜか彼は、赤穂でとはうって変り、頬《ほう》かむりして百姓のような装《なり》で遠方の村々までほっつき歩いたりしている。

もっとも、四季折々、思いがけぬ眼の馳走もある――いま、山国特有のみごとな紅葉が、ながい冬寸前の山々渓谷を、絢爛と彩《いろ》どっている。この辺り、殊に黄櫨《はぜ》もみじの美しさは何といおうか。あまりの壮厳に、深い空の色まで琴のごとく鳴り出さんばかりだ。

しかし、夜が来る。山里の夜の静寂は、海辺や平野育ちには、怖しいほど沁みる。

今宵、十二日の月影が東天たかく冴え、山上の天守閣を照らしている。

天守閣はまだ新しい。このたび廃絶の原因となった、病死した藩主・水谷勝美《かつよし》の先代、左京《さきょうの》亮勝宗《すけかつむね》が、大修理して完成させたものだ。十年そこそこしか経っていない。

漆黒の森の中から、月光を浴びて、白亜《はくあ》三重二層、みるからに強固な構えのそれは、くっきりと、山頂に聳え立っている。

主《あるじ》はいない。

こういう夜の山城ほど、人にものおもわせるものはないだろう。

内蔵助も黙然と、おもっている。眺めることがそのまま、おもうということであるようなかたちで……。

彼は、城明け渡しのすぐあと、天守を仰ぐ麓の林間でだまって腹を切った一人の若い水谷藩士のあったことを、思い出していた。

同時に、藩断絶と決まると、二人抜け、三人抜け、大詰めでは雪崩《なだ》れるように姿を消し、城受け取りの日には、藩士数十人ほどしか残っていなかったさまをも、昨日のことのように思い出していた。（人のこころははかりがたいものでござる——そう目を伏せた、あの会見の日の鶴見内蔵助のことばと共に……。）

「城」——一藩家臣団統合の象徴である城は、或る者にとっては生命を共にし殉じうる愛着の対象であり、また或る者には、事情によってはその愛着と呪縛から苦もなく解き放たれうる対象のようでもあった。

明け渡しまで残った者も今はみな、去った。

無人の城が月光の中に在る。

内蔵助は思い出したように傍らの盃を取り上げた。

（武士とは何であろうか、そして、藩とは……）

高梁川中流に臨む天然の要害であるこの松山城の歴史は古い。中世以来、中国地方の覇《は》をめぐって、ここで幾多の武将が激しい抗争を繰返した。

水谷氏が城主となって五十年だが、徳川幕府からみれば小さな外様《とざま》藩であるこの藩三代の領国経営には、なかなか優《すぐ》れたものがあった。

備南《びなん》地方（高梁川下流沿岸）の新田開発は有名であり、現在ものこる玉島新田三百六十三町歩は、この水谷氏時代に成った。さらに、玉島新田開発に伴う、高瀬通しといわれる運河の開鑿《さく》がある。おどろくべきことに全長九キロのこの運河は、二十世紀はじめに開鑿されたパナマ運河と同じ「閘門《こうもん》式」であった。（運河両端の水位が高低ある時、途中に幾つかの開門扉をつけ、船を閘室に入れ、水位を調節しつつ、運航させる。）

また、瀬戸内海沿岸では勇崎浜の塩田開発もある。

さらに、高梁川上流備北《びほく》地方での、薪炭・煙草・和紙など山間部地場産業の育成もあった。

殊に、同地方に産する砂鉄に着目し、採鉄・燃料用木炭製造・製鉄鑪《ろ》・運送・製鉄販売――その全行程をふくむ「鉄山総合開発」があった。時代を先駆ける製鉄工業藩である。

そうして、これらを支えるすぐれた土木技術で、高梁川水運と、瀬戸内海に開く玉島港の拡張がなされていた。堤防や貯水池の技術は、昭和の現在まで「水谷普請」の名で範とされ、流域を守りつゞける程のものであった。

こう見てくると、備中松山城主・水谷家三代五十年の治績は、五万石の小藩とはいえ、当時の諸国の藩の中でも、第一級のすぐれた民政能力であったことがわかる。

備中松山藩は富んでいた。

「在番」役のあいだ、大石内蔵助は、これらをつぶさに自分の眼と足で見廻ったはずだ。

その藩が、あっけなく崩壊した。いや、正確には、あっけなく、幕府によりお取潰しになった、というべきだろう。

内蔵助にとっていま一つ身につまされたのは、この秋の刈入れ時に示された、領民――百姓たちの反応であった。

領国支配の基本財源はいうまでもなく稲作年貢だ。毎年、藩役人が毛見《けみ》（一部の試し刈り）をして、その年の豊作不作度に応じて年貢高を決める。自藩のばあい、物々しく厳しい。藩役人と百姓代表（＝庄屋）との丁々発止のかけひきとなる。

藩が廃絶となったあと、年貢は幕府へ収められる。他藩から「在番」中の役人は、へタに厳しい毛見をして百姓たちから一揆《いっき》や紛争が起こっては、自分の主家に迷惑がかかるから、かなり甘くするのが通例であった。

大石内蔵助もそうした。「備中界隈《かいわい》長雨のため不作」と彼は幕府への報告書に認《したた》めた。去年より二割減の年貢としたのである。

百姓たちは、それを見越していたかのように明るい顔であった。庄屋の中には、水谷家の苛《か》斂誅求《れんちゅうきゅう》を匂わせ、「在番」の公平な有難さを揉手《もみて》して言う者すらあった。

藩家老としての眼をもつ内蔵助の心は複雑であった。――水谷家五十年のあの産業開発・土木事業は、なるほど領民の労役をかなり要したであろう。だが、長い眼でみれば、それらによって領民の生活が益されることは、誰の目にも明らかと思われた。しかし、意外にも、百姓たちには、そんな観点は全くないかのようだった。今年一回きりであろう年貢の軽減（それもごくわずかな）という唯一点のために、五十年続いた自分たちの殿様の家の断絶を悲しむはおろか、むしろ喜んでいる気配が、ごく自然にその表情挙動からアリアリと覗えるのだ。

――「お取潰し」を聞いた時、赤飯で祝った城下の町人や村々があったという噂《うわさ》もマコトだったか？　それほどに民百姓の生活はギリギリのものなのか……。領主とは、民百姓からみれば、そのようなウトマシイ存在なのか？

内蔵助の心の底に、澱《おり》のようなものが、重く冷たく沈んでいく……。

「治者」とは、民百姓のために無私であらねばならぬ。士とはその大目的のために命がけの覚悟で粉骨するゆえに、「被治者」たる農工商の上に立ち、且つ尊ばれるべき者——その考えは、改めて言う必要もないほど、「士」という階層の存在をあらしめている大前提であった。さまざまな士がいた、考え方も得手とするところも少しずつ違う。しかし、この大前提は、語らずのうちに誰の体内にも血の如く流れていた。士が辱《はずか》しめられたさい死を以て抗議するのは、この内的誇りと不可分に結びついているゆえであったろう。

ところが……。今、一藩の家老の立場から外《そと》に出、領国というもの全体を第三者的立場から見はるかし得るこの「在番」役になってみて、どうやら右の考えが崩れはじめて来るのを彼は感じていた。

——治者と被治者との関係とは何であろう？　支配する者とされる者、収奪者と被収奪者、……物をめぐっての算勘かけ引き、征圧闘争のみなのだろうか……。士の為《し》ていることは、民百姓のためでなく、つまるところ自ら生産にたずさわらぬ自分たちの集団の、生活確保のためにすぎぬのだろうか……。そして「忠」とは、そのような一身保全の美辞にすぎぬのであろうか？

士という者が急にはかなくおもわれた。

――散って行った水谷藩士たちはどうなったであろう？　殊に身分の軽い者は……。百姓をするといっても、明日から使いものになる肥えた田畑を誰が分けてくれるものでもない。鋤鍬の扱いも知らぬ、ましてこれまで士分をひけらかした他者《よそもの》にとって、村者《むらもの》のいびりがどれほど陰険か……。つまるところ、禄を離れた浪人家族の落ちゆく先は町々の吹きだまり、せっぱ詰まれば妻や娘も肉をひさぐすべしかないであろう……。

この列島で最後のところ強いのは、いつの世にも変らず、いささか自分の田畑を自作している者――土に根を張った本百姓たちらしかった。その鈍重・卑屈な面《つら》の皮の裏がわの、しぶといまでの自信に対し、士《さむらい》というもののはかなさ・軽さを、内蔵助はやるせなく感じはじめていた。

――彼らは藩主の断絶をむしろ喜んでいた。おそらく、赤穂領民とて心底は同様であろうか……。

夜気がしんしんと冷えてきた。内蔵助は中身の残り少ない銚子を傾けた。

――余談になるが、松山藩領年貢のその後をついでに記しておこう。

内蔵助が年貢徴収に当ったのはこの元禄七年秋一回切りである。翌八年八月に彼らは「在番役」を了え、赤穂へ引揚げたからだ。その年、幕府は旧水谷領内の「検地」を行った。その結果示された石高は「十一万六百十九石八斗一升二勺」というものであった。旧水谷藩時代は五万石（じつは元禄六年には内高八万六千石になっていたが、これも水谷家の開発の成果であった）。――この幕府直《じき》々の検地が如何に苛酷なものであったかがわかる。狼に代って、虎が来た。以後、松山藩領の百姓は、困窮と疲弊を子孫に伝えることになった。

幕府財政の破綻を、取り潰した藩の検地による出高で救おうとしたことは明らかであった。同時に、水谷藩時代の砂鉄産出地域は、次の藩主が決まったさいには松山藩領から除かれ、幕府直轄となった。

一つの小藩廃絶の裏には、幕府と大名とのこのような関係があったのである。

大石内蔵助は、そのような世の政治力学のなかに居る。

松山城の夜はふけてゆく。にぎやか好きの彼はふと三味線を執りたく思ったが、なかった。在番になってから一度、身の廻り品を赤穂から取寄せるさい、手紙で家へ言ったのだが、妻リクはあきれて、「なりませぬ」と言ってよこした。彼にとって今、いささかの慰めは、同じく此処に駐留している下士（下級藩士）たちと膝を交じえ、とりとめのない話に興ずることだった。赤穂では筆頭家老の身で出来もせぬことだった。彼らも赤穂では不可能なものおもいの日々をもっているのであろう。そして、いつとなく内蔵助に心服しはじめていた。

――のちの「四十七士」のうち、下士のほとんどはこの「在番」を共にした者たちから出ている。

備中やま里、月は中天に小さく、孤城を照らしている。

百二十年前、ついそこの高梁川の渡しで、尼子《あまご》の闘将・山中鹿之助は討たれ、三日月の影を水面に散らした。水谷藩経倫《けいりん》の跡も今見るとおりだ。歴史は人々の想いの中を流れ、人々もまた歴史の中を泡沫《うたかた》のごとく流れる。

今宵、元禄七年十月十二日。この同じ月光のもと、大坂で俳諧師・松尾芭蕉が客死していた。彼は遺書の一つを、門人・中川濁子《じょくし》＝岐阜大垣藩重臣・中川甚五兵衛に宛てていた。――この時から七年後、浅野家断絶・赤穂城明け渡しの重責を一身に負うこととなった大石内蔵助が、みずからこの中川甚五兵衛宛てに、親戚藩として取成しを願う切々《せつ》の筆を執ることになろうとは、もちろん知る由もない。

6　武士と百姓

大石内蔵助《くらのすけ》が備中松山城「在番」中にみたのは、暮らしということについて、一見弱い立場にある百姓や職人の底知れぬ根づよさであり、逆に、武士のはかなさであった。

それは、直接ズンと身にこたえる、生きものとしての種《しゆ》の違い、逞しい相手から受ける圧迫感のようなものだった。

――いや、治める者と治められる者……そんな尺度そのものが、武士が勝手に作りだし、勝手に百姓や職人に押しつけているだけではないか？　たしかにそれは彼らにとって外《そと》から加えられる一種の力であり束縛だ。彼らはいつも受身である。亀のように頭を引っ込める。しかし、参っているわけではない。外界の様子を全身の感覚で覗いつつ、本能的な知恵であらゆる空隙に吸根をさし伸ばし、平然としぶとく日々の暮らしをつづけてゆく。

内蔵助は、少年のころ母から毎朝素読させられたシナの古謡を思い出した。

日出でて耕し　日入りて憩ふ
帝徳いづこにありや……

日本なら神代にも当る太古、伝説の聖天子堯《ぎょう》の世にも、田舎の老いた農夫たちは畑でこう唄っていたという。

――だが果たしてそれは、聖天子ゆえの「鼓腹撃壌《こふくげきじょう》」であろうか？　ものを生みだす・作りだすという働きを生業にしている種類の人間には、政治の良し悪しとは別に、日々の営みそのものの中に、確かな手ごたえ＝いのちの充実感があるのではなかろうか。

おそらく無意識のうちに彼らはそのことを知っており、その自信が、あの一見武士に対してとる屈した物腰の底に、隠しようもなく覗《のぞ》けるしたたかさのゆえんではなかろうか？帝徳いづこにありや、殿様なにするものぞ……と。

それに比べ、武士は如何にも儚《はかな》かった。

水谷《みずのや》藩のあっけない崩壊。――藩士たちは食禄と住まいを一瞬に根こそぎ失ったのみか、日頃、お家のため――、身を捨つる忠こそ武士の道、と口にも言い精励もしていた者が、一旦主家お取潰しと決するや、累代恩顧の上士まで雪崩《なだれ》のごとく城を捨て逐電したのである。

一藩家臣団のことを「家中《かちゅう》」と呼ぶ。

備中水谷家中、赤穂浅野家中といった具合に。——それは殿様を中心に、一心同体、家族の如くまとまって、領国支配という治務にたずさわる、選ばれた集団を象徴する呼び名であった。

大昔からこの日本列島に住む人間たちの諸々《もろ》の集団を束ねてきたのは、この家族主義——正確には擬制《ぎせい》家族主義——である。大は皇室を中心とするまつりごとの分野から、諸芸能の流派、武士団、信仰集団、いわゆるやくざの一家に至るまで、およそこの島国の人間の諸活動のあらゆる分野に、千年以上も張りめぐらされて来た、結合の根本方式であった。

擬《ぎ》とは、或る事柄を、元となる或る事柄に「見《み》たてる」ことである。私ども日本人はこの「見立て」ということを根っから好む。

庭にささやかな石を置き、ちょろちょろ水を引いて深山幽谷に見立てる。瓶に三本の花枝を挿して天・地・人に見立てる。円い鏡や餅を作って太陽に見立てる。家長ならざる天子や将軍や大名、教主や親分を、肉親の家長に見立て、その擬制の中で家族の一員としてまとまろうとする。第一、これら擬制のなかに、親分・親方・家元・親さま（＝教祖）、子分・寄子・店子《たなこ》（借家人）、また御家人《ごけにん》（幕府直属の家臣）など、そのものズバリ、擬似家族用語がなんと多いことだろう。（見たては、また、擬似＝もどき、でもあるのだ。）

一藩「家中《かちゅう》」もその一つだった。

家族というものは平和の日々には内で争うこともある。しかし一旦外患迫るときは結束する。それが血の本能というものだ。また「家」の理念がそれを正義とし、族員に強要しもする。「死なば諸共《もろとも》、一億玉砕《ぎょくさい》」――そんなスローガンが叫ばれたのも、この、人間集団理念としては最も原始的な「家族擬制」の然らしむるところで、同じ二十世紀の国際的視野からは集団発狂と見られても、私ども日本人の体質にはこの古い家族主義がなお存分に息づいていた証拠にほかならない。

しかし、擬制が擬制である限り、ほころびはいつも、ある。

大石内蔵助が、備中松山藩崩壊のさいに見たのは、この「家中」なるものの脆《もろ》さ・儚《はかな》さだった。「お家」にこれ以上なき危急存亡の時、家中がたちまちタガを断たれた桶《おけ》のごとく、バラバラと潰《つぶ》れ去るのを彼は眼《ま》のあたりにしたのである。

「我ら家中一同、幾世にも共にあらんと誓うておりました。この松山の城と水谷《みずのや》のお家なくては生きまじく、一旦緩急《かんきゅう》のさいは共に死に花を咲かさんと……。それが……」

あの「会見」の夜、すでに藩士の半数以上が抜け落ち人気《ひとけ》の少ない山城の一室で、水谷藩家老・鶴見内蔵助はうなだれた。

(弱いものでござるのう、お互いに……) そのとき自分の心にふつふつと湧いたやるせなさを、大石内蔵助は忘れていない。

しかし、同じく人間のもつ「弱さ」が、百姓においては、武士と違ってむしろ一種の「強さ」となっている――その奇妙さにも内蔵助は気づいていた。

松山城受け取り後、一年半の在番中、彼は赤穂でと異なり顔を知られていないのを幸い、しばしば領民のような装《な》りをして釣竿にビクなど提《さ》げて山間の村々をめぐったが、とある小さな溜池に糸を垂れつつ、傍らの隣合った二つの段々畑で、中年農夫たちが時々軽口などたたきあいながら鍬をふるっているのを、半ば背中越しに視野に入れていたことがある。

それは土に働く者たちの、のどかな、うらやましい風景と感じられた。やがて一方の男は、お先に、と帰っていった。と――、驚いたことに、残った男は、隣人がたった今去ったあとの畑から、隅の堆肥や土を、さりげなく自分の畑へ盗み移し始めたのだった。

内蔵助は釣糸を垂れたまま、ぼんやり背中で考えた……

（いや、武士とて……。幕府も大名も、つまりは大規模な形で互いの地盗《つちと》りをしているのかも知れぬ……）。

畑の男はやがて一仕事おえた者のごく自然な後姿で、鍬と籠を肩にあぜ径から向こうへ消えていった。

百姓が日々こういうささやかな行為もしているとしても、彼らは一方で天地の化育を身一杯に感受する中で働いていることも確かであった。多分そのことが、暮らしのギリギリ生命線を保つための小さな汚れの堆積に全身を蝕《むしば》まれることから、彼らを中和し護ってくれているのであろう。自分の利を謀る視点しかもたずとも、天地自然の恵みの中でモノを生み作る暮らしの充実は、それなりに在るのだろう。

（土に根ざさぬ武士は、はかない）

だが同時に

（自分は到底百姓にはなれぬ！）

そうも思ったのはなぜだろう？　武士である自分を彼はこの時、目覚めるごとく意識した。はかなくもある武士というものへの、鮮烈ないとおしみを伴った感覚だった。

——逆方向から言えば、この時、天は、かれ内蔵助のうちなる「第三層発想源」を、鋭く照射した、といえようか。

泰平の世、武士が日々行なっている実務とは平凡な事務にすぎず、つまるところ治者として、治められる百姓たちから絞りあげ、忠の名において「家中」集団の利を追求する存在かも知れなかった。すでに自利を謀る集団である以上、その行為の個々のなし方において、命がけ・利抜きの無償の心ばえこそ武士の面目、とは申しかねる。

しかし、水谷藩士らが鉄山・新田開発や土木工事に賭けた創意と情熱はむなしいものだろうか？　領民はお家断絶に赤飯を炊いて祝ったという。報いられぬ努力だ。だが……。

たとえ大地に根ざさぬ儚《はかな》いものであっても、世に在《あ》らしめられている者すべてには、その者独自の存在意味があり、擬《もど》きでない生の充実があるはずなことを、彼は疑っていなかった。

ただ、武士なるものにとってそれが何であるのか、如何なる事のうちに宿るのか——擬きでない武士の「道」なるものが、彼にはまだくっきりと像を結ぶに至らなかった。おそらくそれは眼にみえぬ、利とはくいちがうところに一瞬の閃光として吹き抜ける、無償の或る手ごたえとの予感はありつつも……。

赤穂へ帰藩して久しぶりに家族の中に身を置いてからも、この思いは彼の心の片隅にうっすらと空洞をひろげていた。妻リクは朝から晩まで長男松之丞《まつのじょう》、長女くう、次男吉千代、三女るり、（二女は妾腹であったが、すでに夭折《ようせつ》していた）――十四歳から三歳までの四人の子らに声を張りあげ通し、くるくると屋敷中を動いている。晴れた日は洗濯物がよく乾くと鬼の首をとったように満悦の態だ。女・子供、下僕や婢まで、迎える一日々々がビックリ箱のように珍しく新しく、その日の仕事や遊びに身一杯いきいきと充ち足りてみえる。

（武士だけがやっぱりみょうに儚い……）

内蔵助はときどき心の中で、武士という存在を腰のひさごのごとくゆすってみる。しかし、とりたてて新しい音色は聞こえない。縁側の柱にもたれたまま、彼は独り微苦笑を洩らす。

「何でございます？　ヘンなお方」

仏壇に作りたての草餅を供えに来たリクが横目にみながら、そそくさと、少し汚れた足袋裏をみせて台所へもどる。その背中へ、

「おや、また餅か？　先月も搗いたばかりではないか。よくよく餅の好きなおなごじゃのう」

「あれはあなたさまの後厄除《あとやくよ》け。今日のは雛祭りの草だんごでございますよ」

リクは振向きもせずどなっている。

元禄十四年三月。初旬の陽ざしが縁先にあたたかい。

松山城受け取りから早くも七年がたっている。昼行灯といわれた大石内蔵助も、筆頭家老二

十年のキャリアを積み、四十三歳になった。

赤穂藩の運営はまずまず順調だ。ここ二年つづきの不作と、慢性の物価騰貴で、どの藩も多かれ少なかれ台所は苦しい。しかし「塩」という特産は、他藩にくらべ強味があった。

塩は人間の生存に不可欠のものだ。しかも岩塩を殆ど産しない日本にあって、海水から採る良質塩の大量生産・企業化は、一年に三百日も日照日《にっしょうび》をもつ瀬戸内海沿岸の平浜という、気象地形条件に恵まれた数ヵ処にかぎられる。……例えば、幕府高家《こうけ》筆頭・吉良上野介《きらこうずけのすけ》の領地、三河の饗庭《あえば》産の塩では、商品としてとうてい品質も量も赤穂に太刀打ちできないのだった。

その赤穂塩。——浅野家がここに入封して五十年、次々と拡張あるいは新田開発した塩田は、加里屋《かりや》村・尾崎村・御崎新浜村・塩屋村その他あわせて今や二百二十七町歩余、五千六百余石。燃料のための植林や製塩技法の改良と共に、元禄に入ってからは大阪の塩問屋を基地に販売組織（問屋・上荷《あげに》船・値師や容量規格・取引方法など）も確立し、全国的に赤穂塩の信用は高まっている。

まずは順調な藩政・企業運営ぶりといえた。

主君・浅野内匠頭長矩《たくみのかみながのり》は、昨夏から江戸在府だ。参勤交代は隔年毎《かくねんごと》。近年、藩の江戸諸費用はうなぎのぼりだが、余り緊《し》めるのも如何がなものか。ともあれ、この十四日には、殿《との》の「勅使饗応《きょうおう》」のお役も無事済もう。儀式にうるさい朝廷を相手の気の張る役目であり、物要《い》りでもあるが、十八年前にも一度勤められたことだ。江戸詰《づめ》家臣らも万端ぬかりはあるまい。——ほんに殿《との》も三十五歳の男盛りとなられたことよ。六月にはお国入り。播磨灘の潮の香と共にくつろいでいただかねば……。

百五十五里離れた江戸へと思いを馳せながら、内蔵助は縁先で大きく伸びをした。目の前の深々とした黒土に、丹精の牡丹《ぼたん》が紅紫のつぼみをつけている。青空に鳶《とび》が舞っている。永遠につづきそうな、のどかな春の午後である。

一切が、まことに一切が崩壊したのは、この時からわずか数日後のことであった。

7　堪《た》えの果ての情念暴発

ならぬ堪忍《かんにん》するが堪忍——ということわざもあるように、私どもこの日本列島の住人は、がまんできないところをじっとがまんするのを、美徳と考えてきたフシがある。

これを地理環境からみれば、細長くけわしい山島《やましま》のごく一部におおぜいの人間が犇《ひし》めいている以上、重なるエネルギーの軋轢《あつれき》は内部で何とか収めねばならず、長い歴史の碾臼《ひきうす》のもと、下積みの大多数者が行きついた果ての処世術がこれであったろうか。そういえばついこの間まで、この国の男たちの眼に最もアピールする女の美しさというのも、この、堪えている姿、であったようである。

ガマンも堪え切ってしまえれば、それはそれで一応無事落着《らくちゃく》だけれど、人間の生理としていつもそううまくゆくとは限らないから、時にその人間限《げん》のブレーキが吹っとんで、爆発することがあるのも又、止むを得ない。

ひとりの人間の場合も、集団の場合も、隠忍の果てのこの激発、じつはもう、勝算なき最後の物理的暴発といってよく、結果は悲惨におわるのが普通である。かなわぬ恋の心中《しんじゅう》もそうなら、百姓一揆もそう。一揆でもその中心人物は磔《はりつけ》の刑をまぬがれなかった。

しかも、そこにこそ私どもこの島国の民衆の心は、最も奥底を揺さぶられ、もっともだ、無理もない〜〜、ようやった、と共感の涙を流し、さらには悲劇美にまで仕立ててしまう。

現代となっても、千年以上にもわたり醸《かも》されつづけたこの民族の癖《くせ》は、ちょっとやそっとで変るものでないらしく、今から四十年ほど前にも、もやもやの果てに国全体がこういう暴発をして、世界中を相手に戦い、国土いちめん焼野原と化し完膚《かんぷ》なきまでに叩きのめされた。

それでもなお、私どもの心性は変らず、その証拠に、終戦の御詔勅は
「堪えがたきを堪え、忍びがたきを忍び、以て万世に泰平を開かんと欲す」

というものであったし、その言葉の前に、十一歳の少女だった筆者《わたくし》も、周りのおとな達に触発されて涙を流したのだった。

しかもこの心性の抜きがたい持続は、私ども庶民大衆のみかと思いきや、かのギリシャ的明晰を骨の髄まで身につけたかと見えた三島由紀夫という作家にしてからが、戦後四半世紀たってあの不可思議な事件を起こしたさいの辞世は
「益荒男《ますらを》がたばさむ太刀の鞘《さや》鳴りに　幾とせ耐へて今日の初霜」

というのだったから、この民族心性、かなり広汎に病膏肓《こうこう》といわねばならぬ。

ともあれ、現在の私どもの心性の平均的嗜好を集約する一つが、茶の間で安直に観劇できるテレビの一年連続大河ドラマとするならば、それが始まって以来十九年間に「赤穂浪士」「元禄太平記」「峠の群像」と三回も登場する忠臣蔵。――この浅野内匠頭《たくみのかみ》の刃傷《にんしょう》事件と浪士たちの忍苦遂志《すいし》に寄せる、私ども大衆の綿々たる思い入れも、頭ではどうにもならぬ、この島国の民の

心の底まで浸み込んだ「堪えに堪えた果ての激発」に代償的浄化作用《カタルシス》をかんじる心的構造と、よほど深いかかわりがあるにちがいない。

今年も私たち庶民は、鬱々たる日々の暴発を防ぐため、日曜の夜ごと「峠の群像」を見ることで、ささやかに自分の堪忍袋の空気抜きをしているのかも知れないし、そんなドラマを数年おきに繰返し提供することが、世のおえら方の民心操縦術というものかも知れない。


この稿を書いている今（昭和五十七年）を去る二百八十一年前、元禄十四年三月十四日（旧暦。新暦四月三十日）朝九時半ごろ
「この間よりの遺恨《いこん》、覚えたか！」

叫びざま、三十五歳の浅野内匠頭長矩《たくみのかみながのり》は腰の小刀を抜き放ち、六十一歳の吉良《きら》上野介義央《こうずけのすけよしひさ》に斬りつけた。

処《ところ》は江戸城本丸《ほんまる》、目抜き通りの「松ノ大廊下《おおろうか》」、徳川幕府が京から勅使を迎えての大事な行事の最終日。しかも浅野は、諸国大名の中から選ばれた勅使饗応《きょうおう》役。吉良は幕府の高家《こうけ》として、この儀式の総監督である。

一体、何が彼を、時もあろうに・処もあろうに・自分の役目もあろうに、この暴発に及ばせたのか？　遺恨とは何なのか？

平たくいえば、吉良の「いびり」に堪えに堪えた浅野の堪忍袋の緒が、惜しい哉、ここに来て遂に「切れた」のだ——というのが昔から変らぬ私ども日本大衆の理解だ。アアやっぱり切

れたか、気の毒に、むりもない……と。

これが「赤穂事件」のそもそもの発端である。

さてその「いびり」の原因について。幾つかの説が世におこなわれている。

まず第一は「塩」をめぐってだ。

赤穂浅野領の赤穂塩と、三河《みかわ》吉良領の饗庭《あえば》塩との販売競争。――元来、領国特産品はその藩の経済を支えるものだから「御禁制」品といわれ、製法は他国へ厳重に秘密だった。製法洩れを防ぐ陰湿な手段（創案者殺しなど）や、それを盗もうとする隠密《おんみつ》の暗躍（今でいえば産業スパイ）も伝えられている。吉良上野介も自分の役職にものをいわせ浅野内匠頭に技術的助言を乞うたが断られたのを手始めに、販売段階でも徐々に良質の赤穂塩に圧迫されてきたのを根にもっていた、というもの。

第二は、幕府の政治機構の中における、吉良の「高家《こうけ》」という役職と、一般大名との関係に原因があるとする説。

――高家とは高貴の家筋という意味で、徳川幕府は、室町時代以来の名家の子孫で領国を失っている者を「旗本《はたもと》」に取立て、官位を高くして、京の朝廷との交渉や諸儀式・典礼のことを掌《つかさど》らせた。十数家があり、室町時代の将軍・足利家の一族である吉良はその筆頭だった。

室町時代、将軍職について、足利嫡流《ちゃくりゅう》に嗣子《しし》無きさいは、一族の吉良より入りてこれを継ぎ、吉良にも無きさいは今川が継ぐ――という内規があった、というほどの家である。同じ三河の出である徳川家は、家康の祖父の代に吉良家に助けられた来歴もあった。しかも家康自身は戦国期の若き日に、吉良氏の拠る「東条《とうじょう》城」（現、幡豆《はず》郡吉良町横須賀）を攻め滅ぼしていた。——それでこのように遇していたのである。

徳川幕府の直臣支配はじつに巧妙で、彼らが名実伴って力を伸ばすのを徹底して避けた。権《けん》・禄《ろく》・官《かん》の分散と、互いの噛み合わせだ。——幕閣で権を掌らせる者には高い禄を与えず、高禄者には権を執らせない。老中・用人・若年寄などの幕府重職につき幕府政治に参加するのは、大体、十万石以下の小大名。大禄の大大名は重職につかせない。また、高い官位を与える者には、権も禄も与えない。高家衆がその例で、筆頭の吉良家は、「従四位上左近衛《さこんえ》権少将《ごんのしょうしょう》」と官位はうんと高いが、禄高はわずか四千二百石、一万石以下の直臣だから大名でなく旗本だ。陪臣でも大きな藩の家老などなら、この禄高はザラにいる。げんに、大石内蔵助の母の実家は、備前岡山藩の家老だが、知行三万三千石、一つの城を預かっていた。

だから、高家衆は、大名たちからの贈物（いわゆる「袖の下」だ）という副収入に依存して、財源と体面を保つ。大名たちはそれによって故実典礼の指導を受けるのみか、幕府当局への種々周旋を期待し、自家の安泰をはかる。

まっ正直な浅野（いや、赤穂藩江戸家老の政治性の無さ）は、吉良に対するそれが薄かった。そのことが「塩」の怨みも重なって、勅使饗応役のさいの「いびり」につながった——という説である。

人間の本性や政治のからくりも、いつの世とてそう違いはなかろうし、右の第一も第二も、何程かは有りうることだ。

しかし、それだけではまだ「刃傷事件」は生じない。——そこを堪えに堪え、柳に風とやりすごすところに、家中《かちゅう》全体のいのちと生活を預る藩主たる者の責任《つとめ》があろうではないか、という論も十分成り立つ。

そんなこと百も承知のはずの浅野長矩が、なぜ暴発してしまったのか？

じつは、彼の「生理」に一因を求める、いわば第三の説が最近、心理学の方からある。——ある種の気質をもった、キマジメな・融通のきかない・癇《かん》の強いと同時に抑制も強いタイプの人間は、心労の極度の積重なりの果てに暴発する傾向がある、というのだ。ここに「気質」というのは、体質の精神的側面のことで、だれでも生まれつきもっている、いわば遺伝的な、性格の芯だ。

長矩にとって不幸なことに、この元禄十四年三月十四日の朝は、さまざまな人為的・気象的悪条件が重なりすぎた。——そうでなければ、普段の彼は几帳面で責任感強い、そして人の気持も過敏なほど思いやれる人物だった。またその正義感や実直な行動力は、処《ところ》さえ得ればしばしば良く発揮された。元禄十一年九月の江戸大火（「勅額火事」の名で後世に呼ばれる）の際、「大名火消役」の任にあった彼の見事な陣頭采配ぶりが、巷間庶民の語り草となった一例でもわかる。

三月十四日の江戸は朝からどんより雲が垂れこめ暗鬱な日よりだったという。ここ数日薬湯人《じん》で抑えていた持病の癪《しゃく》（胸や腹のさしこみ）も殊にひどかった。それを押して、彼には不得手な人間《かん》虚々実々を伴う接待のお役大事と、吉良のいびりの中で懸命に勤めてきたものの、心身緊張と疲労の極にあった彼の生理は、この朝、儀式直前、いわば不快指数が許容限界を超える一瞬に遭遇し、その一瞬の無意識のうちに、遂に、ブレーキが吹っ飛んだ——というのである。

くりかえせば、これは「人間」の気質類型の問題である。しかも冒頭にふれたように、われわれ日本人ぜんたいが、民族として多分に色濃くもっている気質のようなのだ。

天孫民族をモジって「緊張《テンション》民族」と表現した人があったくらいに。

キマジメ・過敏・緊張・想念固執・強度の自己抑圧、そしてさいごに堪忍袋が爆発する民族性……。

浅野長矩の血の中には、そのような日本人気質の一面が濃厚に流れていたのかも知れない。気質である以上、多分に遺伝体質として。

——というのは、彼の肉親の伯父も、じつは同じような刃傷事件を起こしているからだ。

長矩の母の兄に、志摩《しま》（現、三重県）の鳥羽《とば》城主・内藤和泉守《いずみのかみ》忠勝という人がいた。この忠勝が延宝八年（この元禄十四年からちょうど二十年前だ）、江戸増上寺で、四代将軍家綱の死去後四十九日の大法要の席上、永井信濃守尚長（丹後宮津の城主）を斬殺した。

永井も内藤も、この法要のため幕府から命ぜられた「勤番」大名だった。原因は老中からの奉書を永井だけが見て内藤には見せなかったことにあるらしく、それまでにも二人の間には確執が重なっていた果てのことという。

何だか浅野・吉良の場合と酷似しているが、内藤忠勝は「乱心でござらぬ」と主張しつつ、翌日切腹、内藤藩は「お取潰し」となった。ただ、浅野の場合とちがうのは、ケンカ両成敗の原則により、対手の永井藩も取潰された点だ。のち、減封ところがえでわずかに再興はみたが。浅野長矩は九歳で父・長友の死に遭《あ》い、幼い藩主となっていたが、この事件は彼が十五歳の時のこと。多感な思春期を衝撃した伯父の事件だけに、彼の潜在意識に深い影をおとさずにいなかったろう。

長矩の母は、兄のこの事件で、実家を失い、翌年、三十八歳で死んでいる。――彼女は生前、少年の長矩に向かって、「伯父上は乱心なされたのではありませぬ。武士には命《いのち》にかえてもゆるせぬことがあるものです」、そう淋しげに語りきかせたという。

孤児となった赤穂の少年藩主は、重責を負う者の自己抑制を重ねたにちがいない。しかもその果てに、まるで見えない運命の糸にたぐりよせられるかのように、伯父そっくりの生涯を画いて去ることになった。……

浅野内匠頭長矩の「刃傷事件」について、「塩」と「袖の下」に発する吉良との確執はいわば直接の外因。この「生理・気質」は内因といえるだろう。

不幸にもこれらに代表される要因が、ガッキリ焦点を結んでしまった時点で、あの事件が起きた。――これまでの諸説を総合するとそういうことになる。

だが、筆者《わたくし》には、それらの底にもう一つ、言わく言いがたい重要な要因が潜在したのではないか、と思われる。

それはもはや「史」の表層からは証拠としてみえなくなってしまっている或る種の差別構造のことだ。士農工商といった当時の表て向きの身分構造の中からは決して見えてこない、「士」相互のうちにさえあった、およそ不可思議なものだ。

もともとこの日本列島の社会構造はきわめてやわらかい。だから諸外国に比べ昔から、身分上下のデングリ返りの自在さは無類だ。乞食から天下人まで一代で往復するも夢でないほどに……（とまで言ってしまってはちょっとオーバーだが、まあ秀吉の例もあることだ）。しかも、（実質上あまりに自在平等であるゆえか）この島国という閉ざされた漬物樽《つけものだる》の内部で、自分からいわば横の差別を創りだして止まないという奇妙なクセがある。差別することでわが身の位置を確認し安心する。差別されることで「痛覚」を感じ、そのエネルギーが何かを産む。

列島ほとんどの人間が皆これをチマチマと繰返して、千年余にわたり積み重なったいわば「無差別の差別構造」であり、「堪えがたきを堪える」情念人間のルツボ。

わたしども庶民は日常そんなことを意識しない。だが、「忠臣蔵」の不死鳥のごとき人気は、私どもの無意識の心の底が、わが国の構造の底にあるこれを感知しており、それにレジスタンスした彼らに対し、血のゾクゾクする共感をおぼえるからこそでないか？

次回、この方面から具体的に見よう。

8　列島、横なる差別

今日（昭和57年6月4日）の毎日新聞朝刊の投稿欄「読者の眼」というのに、次のような意見が載っていた。

傷害事件報道と「さん」づけ

会社員　中野広美　47（大分市）

傷害事件の記事は、暴力団関係のケンカを除いては、たいていの場合、傷を負わせた方を呼び捨てにし、負わされた方を「さん」づけで表現します。

「口論の末、AがBさんをなぐって傷を負わせた」という記事を読めば、Aを憎み、Bに同情するのは当然でしょう。しかし、記事に表れた部分だけで判断し、善悪を決めてしまうのは大変危険です。

日ごろから、BはAを傷害事件にならない程度に痛めつけたり、ジメジメと意地悪をしたり、人前で恥をかかせたりしています。Bは非常に陰険で、評判もよくありません。ついにAの怒りが爆発し、Bを傷つけました。それも、Bがチョッカイを出したのがキッカケの傷害事件です。新聞には、大事件でないので、片隅に小さな記事で報道されました。新聞記事だけで判断する大部分の読者はBの味方をしますが、いきさつをよく知っている人々は、Aに同情するでしょう。同時に新聞を憎みます。

忙しいなかでの取材、限られたスペースでは、A、Bの人間関係など詳しく報道することは無理でしょうが、起った事件だけを取り上げ、単なる約束事で「さん」づけにしたり、呼び捨てにしたりするのは、納得がいきません。

みなさんはこの中野さんの考え方をどう思われるだろうか？　筆者などは同年輩同性のこの方（もちろん全く存じ上げない）の考えの運びに、とても親しいものを感じてしまう。そして、そうそう私ども日本の民衆はこういうふうに、結果としての行為よりも、そこに至る「人間関係」を重くみるクセがあるなァ、と、おおいにうなづくのだ。

こういう「考えの運び方」というものは、なかなか変らないもので、二百八十年むかし元禄時代の日本の民衆――私どもの先祖たちも、「松ノ廊下の刃傷事件」について、こういうふうに考えただろうと思う。

つまり、中野さんの文脈を借りれば、《……ついにA（浅野内匠頭）の怒りが爆発し、B（吉良上野介）を傷つけました》となる。

傷害事件としては《A（浅野）がB（吉良）さんに傷を負わせた》のだが、《日ごろからAを傷害事件にならない程度に痛めつけたり、ジメジメと意地悪をしたり、人前で恥をかかせたり、非常に陰険》だったBの方を、現実にBを傷つけたAより悪いと感じ、《いきさつをよく知っている人々は、A（浅野）に同情するでしょう》と。

　そして、Aを呼び捨てにしBを「さん」づけで報じた《新聞を憎みます》――となる。

　浅野事件のばあい、「新聞」に当るものはもちろん「幕府」であるはずだ。なぜなら、浅野には即日切腹・お家断絶・領地没収と最重罪に処し、一方の吉良には、おかまいなし・大切に傷養生するようにとの、「さん」づけ判定をしたのは幕府であるからだ。

　しかし、だいたい社会の公的機関は、約束ごとでことを運ぶところだから、新聞があのように報道するしか目下いい方策はないと同様、浅野が刀を抜いたことの結果として幕府のこの断罪は正しい。（吉良は抜かず、無抵抗だったのだから。）当時、江戸城中で刀身を三寸抜けば誰であれ死罪という不文律があった。だから浅野は「不調法」＝法違反をやったわけだ。

　しかし又、徳川幕府には、家臣のケンカは両成敗《せいばい》（双方とも断罪）、という不文律も幕祖家康以来あった。さかのぼっては、とかく荒々しい武家の常として、鎌倉幕府以来、「御家人（武士）のケンカは両成敗」という習慣法が、史的背景にある。

　この点、浅野と吉良のケンカ（人間関係）を右のように裁いた五代将軍綱吉は、明らかに自ら将軍としての「不調法」を犯したことになる。（綱吉は、ケンカという本質を切捨て、あえて突発「傷害事件」としてのみ裁いたのだ。）

　だから本来なら、《いきさつをよく知っている人々は》余計に《納得いきません》と、「憎しみ」は幕府にゆくはず（少なくとも大石内蔵助の本音は、あきらかにここにあった）だが、現実行動としてはそうではない。それる。――げんに赤穂事件の後半は、浪士たちによる「Bさん（吉良）」への仇討ち」という形を結局はとるし、応援団としての社会民衆も、その討入り成就に溜飲を下げ、さらに、二百年にわたり忠臣蔵芝居の中で、Bさん（吉良）を敵役《かたきやく》として育てることによって、みずからのモヤ〳〵を「納得」させて来たのである。（その意味では吉良さんこそ、まことに迷惑な犠牲者であるということも、歴史事実としては言えるのだ。）

では、なぜそれるのか？　そして、なぜ吉良上野介を悪役にして「納得」できるのか？

……まさにこの点が、前回末尾で触れた、私ども民衆の生き継いできた日本列島人間風土――あまりにも自在平等な社会基盤であるゆえの・また出口なき島国ルツボであるゆえの、やみくもに身近かな対象に横の差別を創りだし・情念を代償発散してやまない、いわば無差別の差別構造――と深くかかわるのであり、かつ、その日本人民心理を巧みに操ったところに、徳川幕府二百六十年の支配術のしたたかさがあった、と筆者はおもうのだが……。

さてその、列島をおおう不可解な、心情レベル「無差別の差別構造」について――。

もともとこの日本列島に、牢固たる人間差別（人種差別などに代表されるような）の起こりうる土壌はきわめて乏しい。極東のドンづまりの島国で、西方の大陸や半島から打ち寄せる片男波《かたおなみ》のように、次々と同じ黄色い人たちが舟漕ぎ寄せて重層的に住みついたところだ。

だからこの列島における差別は、同質の中でのその時々の表層の、力関係・政治的なものだ。一口でいえば、勝てば官軍・負ければ賊軍というたぐいの。列島の東方は果てもない太平洋で、その方向への逃亡や移住は不可能だから、この構造は世々幾重にも重層し、情念はウッ積する。しかし、地質的に地震の多い土壌であると同様、人間風土としてもしばしば地震が起きる。つまり、「下剋上《げこくじょう》」。身分も社会の変動期にはしばしばひっくりかえる。上下の風通しはすこぶる良い。

しかも、前々回で触れたように、家族擬制《ぎせい》志向がつよい。ということは、当然のことに、みな各自の血筋・来歴に誇りをもっている、ということだ。その時々の身分制度による尊卑のランク付けなどは、いつでもくつがえりうる非本質的なタテマエであることを、誰もが心の底では知っている。

近世江戸時代以前、職業は原則として血筋・家筋によったたし、それがそのまま身分づけられることが多かったけれど、例えば木地師《きじし》（椀などの木製日常具をつくる、山住みの民）が小野宮惟喬《これたか》親王を職《わざ》の祖とする系譜を誇りとしてもちつづけたように、やれ海人《あまびと》系倭人《わじん》、やれ隼人《はやと》、エゾびと、出雲びと、熊襲、百済《くだら》渡来、新羅《しらぎ》渡来などというルーツは無論、やれ、磯魚《いさな》とるわざ、機《はた》織るわざ、皮鞣《なめ》すわざ、……といった自家伝来の職能そのものに、それぞれ誇りがあった。

というのも、それら職能は、遠つ世の先祖神からその血筋に委嘱され、その守護のもとに世々代々血統を以て磨き伝え、世を益してきた、という意識があったからで、つまり、プロ意識がひじょうに強いのだ。

だから、その時代の権力者の都合で、たとえ身分的に卑賤視されようと、それゆえにこそ反って内なる誇りは自覚され、ほんとうに自《みず》らを卑下している人間なんて、本来、この列島にはいない。

この誇りは、人間としてまことに尊く、そして正しい。——おそらく日本民族の勤勉さも実直さも、この誇りと無関係でないだろう。自分の血や職に誇りをもたぬところに、勤勉・実直は生まれないだろうからだ。

しかし、まさにこの、一つ一つの血縁・地縁・職能ごとに結束した、誇りある群れが、本質平等に犇《ひしめ》いているというところに、独特の差別が起きる。——つまり、この列島で差別ということは、論理でなく、心情として起きる。お互いの「誇りを傷つける」というかたちで——。Aさんにも Bさんにも誇りがあり、それは論理的には同等同質のものだ。だからAがBの誇りを傷つけることは、論理でやりこめる仕方では出来ない。水掛論だからだ。

——横の（いわれなき）差別が果てしなく創り出され、無差別の差別構造となる原因がここにある。いわば列島あげての自家中毒。

そして、心情の問題であるゆえに、その差別は、神経戦——つまり陰湿ないびり（この言葉はほとんど外国語に翻訳不可能である）の様相をおび、される側《がわ》は、ストレスに堪えに堪える以外に処方箋はなく、それゆえにまた、最終的に、生理的爆発をよびがちである。

もしこれが一々ハデなケンカになるなら、列島じゅう蜂の巣をつついた騒ぎは収まる日とてなく、とうの昔に日本民族は、疲れ果てて共倒れとなっていただろう。おそらく千年の民衆の智慧が、「堪えがたきを堪える」処方箋をみずから創案してきたにちがいなく、この安全弁が「最後の爆発」を、数において最小限に抑えてきた、といわねばなるまい。

冒頭にみた新聞投書欄のAや、浅野長矩は、そのいわば数少ない「爆発」例であろう。そして、右の日本列島の差別構造の本質を、無意識のうちに身をもって知っている私ども日本民衆は、Aや長矩の受けた断罪に対し、約束事（論理）では満足せず、心情として「納得がいきません」と感じるのだ。

そこで、浅野長矩の「刃傷《にんじょう》事件」――。

塩や贈賄《ぞうわい》をめぐる直接外因もあったろうし、長矩の気質という内因も作用したかもしれない。しかし、もっと深い隠れた背後因として、吉良の差別的言動――「人間としての浅野の誇りを傷つけられた」ことがあるのではないか……？　と前回末尾で言った。

そこからもう一度、筆をつぐ。

筆者《わたくし》が、漠然とそんなことを考えだしてからかなり長いのだが、そのキッカケはあの、

歌舞伎『仮名手本忠臣蔵《かなでほんちゅうしんぐら》』

の、三段目第二場「足利殿中《あしかがでんちゅう》松の間《ま》の場」における、塩冶判官《えんやはんがん》に対する高師直《こうのもろなお》のい、い、い、いびりの台詞《せりふ》の、①長ったらしさであり、②その内容である。時代設定は南北朝時代に遡らせ、『太平記』に

でる実在の人名を借りていることはご承知のとおり。実在の塩冶《えんや》（佐々木）高貞は、近江の佐々木源氏出身の武将で、当時の出雲・隠岐両国の守護職。姓は出雲国神門《かんど》郡塩冶《えんや》郷（現、出雲市の一部）にちなむ。芝居ではこれを借り、伯州《はくしゅう》（伯耆《ほうき》国）の城主・塩冶判官高定としている。伯の「白」と「塩」の字で良質の赤穂塩を暗示しているのだろう。

（長くなるが、ごしんぼういただくとして、左に引き写してみる。『名作歌舞伎全集』第二巻　東京創元社昭和43年刊　による。）

師直…（四行略）……総体お手前のようなものを、何とやら申したな。オヽ、井の中の鮒《ふな》じゃという譬《たとえ》がある。いやムッとなされな。嘘《うそ》ではないわさ。後学の為だ、聞いておかっせえ。かの鮒という奴は、僅か三尺か四尺の井の中を、天にも地にもないと心得、或日井戸替《が》えの折、釣瓶《つるべ》にかかって上がるを、可愛そうじゃによって大川へ放してやると、サア鮒めが、小さな処から大きな処へ出たによって、嬉しまぎれに途《ど》を失い、あっちへひょろ〳〵、こっちへふら〳〵して、遂には橋杭《はしくい》へ鼻っ柱をぶつけて、ピリ〳〵と死にまする。お手前が丁度その鮒だ。あんな小さな屋敷から、このような広い所へ来たによって途《ど》を失い、判官が詰所は何れ《いず》でござると、あっちへまご〳〵、こっちへうろ〳〵、とどの仕舞《しまい》は、お廊下の柱へ頭を打っつけて、ピリ〳〵〳〵と死にまする。その鮒がよ。（と顔を見て）イヤコリャ、どうやら判官が鮒に似て参った。ソレ〳〵、そう力《りき》んでいるところは鮒だ、アハヽヽ。

師直この年になるまで、鮒が上下《かみしも》を着けて登城《とじょう》致すを始めて見た。コリヤ〳〵伴内《ばんない》、判官が鮒になられた。アハヽヽ、コリヤまるで鮒だ鮒だ、鮒侍《ふなざむらい》だ。

と出放題、判官腹に据えかねて、

判官　伯州《はくしゅう》の城主塩冶《えんや》判官高貞を、鱗《うろくず》にたとえたな。本性《ほんしょう》にてはよもやあるまい。イヤサ気が違ってか武蔵守《むさしのかみ》。

師直　だまれ判官、出頭《しゅっとう》第一の武蔵守に向かい、気が違ってかとは、なんの痴言《たわごと》。

判官　スリヤ最前《さいぜん》よりの雑言《ぞうごん》は、本性でお言《い》やったか。

師直　オヽ、本性だ。本性ならばお身やどうするのだ。

判官　本性ならば、

師直　本性ならば、

判官　ムウ。

ト、判官刀の柄へ手をかけ、キッとなる。

師直　殿中だ。殿中だぞ〳〵。殿中において鯉口《こいくち》三寸抜き放さば、家は断絶、御承知か。御承知だな。御承知とあらば、切られよう。サア切らっせい〳〵、エヽ、切れ〳〵〳〵。

ト、師直、判官へ身をもたせる。

判官　暫《しばら》く〳〵、暫くお待ち下され。最前より手前が粗忽《そこつ》、平《ひら》にお詫び申す。何卒お心取り直され、御指図のほど、ひとえに願わしゅう存じまする。

ト、師直、そ知らぬ顔にて、脇を向いている。これにて判官こらえかね、刀の柄へ手をかける。

師直　その手はなんだ。

判官　サアこの手は、

師直　その手は、

判官　この手をついてお詫び申す。

師直　ム、、謝《あやま》らっしゃるか。オ、コリヤ判官は泣かっしゃるか。ヤレ可哀相に。よいく、しからば今日の御祝儀、何も彼も…

判官　スリャ、あの拙者めに、

師直　イヤお身じゃない、若狭どのだ。

判官　ヤ。（ト、キッとなる）

師直　東夷《あずまえびす》の知らぬ事だわ。馬鹿な侍《さむらい》だ。

芝居ではこのあと、とうとう堪忍袋の緒が切れた塩冶判官が、「待て、おのれ！」と師直に斬りつけるわけだ。

が、このセリフのさす息・吸う息の見事さはどうだろう！　さすが歌舞伎随一の名作だけあって、日本風い、び、りの典型をみる心地がするではないか。

ところで、問題は、このセリフの中の、「鮒侍《ふなざむらい》」と「東夷《あずまえびす》」の語である。これが、浅野内匠頭長矩の人間的誇りをいたく傷つけるに足る、日本的差別用語らしいのだ。

もっとも、この『仮名手本忠臣蔵』は、事件後四十八年めに初めて上演された芝居だし、この通りのセリフが事件のさい吉良上野介の口から出たのでは決してあるまい。

しかし、討入り成就後浪士たちが切腹して十二日目から早くもこの事件は芝居に組まれ、次々と新作あとを絶たず（それらのほとんどは、徳川幕府をはばかって時代を遡らせた設定だが）、そのいわば集大成としてこの『仮名手本忠臣蔵』は出ている。

つまり、半世紀にわたり当時の民衆が、赤穂事件で浅野長矩が堪忍袋の緒を切った原因はいずこにあるかを考えつづけた果ての、結論の落つき先が、このセリフであり、その最重要ポイントが「鮒侍」「東夷」の語だといえよう。

当時の民衆は、この差別語のなかに、浅野の暴発を「同情」し「納得」できる理由をみつけた、ということだろう。

中世以来、能・浄瑠璃・歌舞伎など日本を代表する演劇芸術はすべて、河原者《かわらもの》とよばれつつ人間としては知的にも誇りたかき職能プロによって創られてきた。それだけに前記の、史の表層には出ぬ「横の差別構造」について、される側から、赤穂事件の社会的背景—真因を見据える眼があったとして、決して不思議ではない。筆者は、こういうちょっとしたセリフにそれがキラリと出ることを信じもするし、興味をもつ者だ。

この視点は、当時以来、事件を論じた儒者や学者の数多い論の中に、絶えてみられぬ具体的視点である。いや、ふしぎにも、現代の学者や作家に至るまで、みられない。

ただ一人、現代の作家で八切止夫《やぎりとめお》氏が、きわめて背後洞察の広い論を『日本原住民史』（朝日新聞社刊、昭和47年）の中で述べておられるのを最近知った。これについては後に改めて触れたい。

では、「鮒侍」、「東夷」とはいったい何なのだろう？


〔後註〕　この章で引用した『仮名手本忠臣蔵』三段目第二場の台詞について。——現在私どもが手にしやすい活字本も、書物によって台詞にかなり異同がある。日本古典文学大系51『浄瑠璃集上』（昭和35年　岩波書店）、また連載終了後、昭和60年刊の新潮古典集成70『浄瑠璃集』に各々収録のものも参照したが、台詞のリズムのヴィヴィッドさにおいて、本章所引の『名作歌舞伎全集』第二巻（昭和43年東京創元社）所収のそれが、格段にすぐれていると思えた。

また、右の古典文学大系には、「貴様も丁度鮒と同じ事、ハハ、〱〱」とだけあって、「鮒だ鮒だ、鮒侍だ」の台詞はないし、「東夷の知らぬ事だわ」という台詞も見えない。それにここの台詞全体として、半分ほどの長さだ。新潮古典集成も同様である。

拠った底本の違いによるだけの理由か、これまた追求すれば種々の問題も出てこようが、いまは、この指摘だけにとどめる。

9　鮒（その一）

「鮒侍《ふなさむらい》」とは一体なにか？

鮒といえば田舎《いなか》の田川に栖む泥くさい淡水魚、つまり鮒侍とは田舎侍のこと――そうカラカワレテ赤穂の殿様浅野内匠頭長矩《あさのたくみのかみながのり》はカッとなったのだろう――と現代の私どもはあっさり考えがちだが、じつはこの言葉の史的背景（したがって歌舞伎『仮名手本忠臣蔵』の「鮒じゃ、〱、鮒侍じゃ」という台詞《せりふ》のふくみ）は、そんな単純なものではないらしい。

――まず、「鮒」をめぐって、オカシイと思われる点を二つ。

第一にあの日本風いびりの典型のような、長ぜりふの始まりからして、オカシイ。

《総体、お手前のようなものを何とやら申したな。オオ、井の中の鮒じゃという譬《たとえ》がある。

いやムッとなされな》

そもそも、ここで「鮒」を持ち出すのはオカシイと読者はおもわれませんか？

井戸の中なら「蛙」でしょう。世間のせまい田舎者のたとえなら「井蛙《せいあ》」であるはず。いくら元禄の昔でも、井戸の中に鮒がいたとはおもわれない。

筆者《わたくし》の子供の頃は、田舎ではまだ井戸を使っていましたが、コンクリートの円筒枠をはめこんだ井戸には蛙もいませんでした(誤って落ちこんだ蛙は気の毒でした。這い上がる足懸りがないからです。)

しかし、古い井戸には蛙がいました。そういう井戸は自然石の石組みでできていて、水面から上の石と石の透き間には、苔《こけ》も羊歯《しだ》も生えていた。だから、同じような草色をした可愛い小さな蛙が昇り降りしていたものです。

和歌山の田舎の、私の生家の前に「お大師さんのお手掘り井戸」というのがあって、どんな日照りの夏にも、紀ノ川の洪水時にも、水は涸《か》れず、濁らず、上からのぞくと、数百年の歳月に黒光る石組みの間に、常に一定の清水が鏡のように輝いていました。昔、紀州の殿様が参勤交代のさいは、行列がここで一息入れ、殿様が水を飲まれたという。——この井戸にも蛙はいましたよ。石組みのあいだの苔や羊歯のかげに、チョンととまっていましたよ。ときにはもっと下に降りて水浴もしたかもしれない。

だが、鮒《ふな》はいなかった。おそらくこの井戸が掘られて以来、一度も鮒のいたことはないでしょう。全国どこの井戸でも状況は違わないと思います。大体、井戸の底は鮒に限らず魚の棲める環境ではありません。魚が泳ぐようでは人間の飲料水として不適格。常識でわかることです。

それがなぜ、譬《たとえ》を変更してまでわざわざ、「鮒」をもってこなければならなかったか？　ここに、かくれたふくみがありましょう。

オカシイ第二——鮒は、当時はたして泥くさい下品《げぼん》の魚だったか？　という点だ。

現代の食品流通機構の中で、わざわざ鮒を釣ったり、自分で料理して食膳にのぼせたりする人は、よほどの通人《つうじん》かも……。しかし、昔は決してそうでなかった証拠がある。しかも上流階級の日記に。（などというと、気の早い滋賀や京都のお方は、今も「鮒寿司」は高級品である、と怒られるかも知れぬが、ま、いずれ追って触れますからしばらくお許しを……。）

戦国時代から江戸時代初期にかけて、世の中の大事から身辺小事まで克明な日記を遺したお公家《くげ》さんがいる。山科言継《やましなときつぐ》・言経《ときつね》という父子で、その『言継卿記《ときつぐきょうき》』『言経卿記』は、当時の政治の動きや生活を知る貴重な第一級史料だが、その中に、「鮒」がしきりにでてくる。

左にごく一例を手当りしだい引いてみよう。（『大日本古記録』21『言経卿記』の第十一巻より）

天正十年一月十三日　宮笥に鮒五被遣了《つかさわれおわんぬ》
同年三月十一日　大津者、鮒五持来了　村井又兵衛へ大津者鮒二十
同年同月十四日　村井将監へ鮒十五
慶長六年四月六日　楠甚四郎来、夕食相伴了　家中衆小者マデ鮒汁会食了
同年同月十九日　冷ヨリ鮒、鱠《なます》振舞了

ちょっと［註］しておこう。

▲山科家は、京都の御所のすぐ北に邸のあったお公家さん。藤原北家の流れ。代々有職故実とくに天皇家の装束を司る家柄。この当時は、朝廷財政を司る「内蔵寮《くらりょう》」の長官（内蔵頭《くらのかみ》）と、御厨子所《みずしどころ》別当を兼ね、

逼迫する皇室経済の運営に努力していた。また、中世以来、禁裏御料《きんりごりょう》（皇室領——とくに皇室へ食料・日用品を貢献する「供御《くご》」の地）である洛外「山科」郷を、「領家《りょうけ》」（庄園の直接領主。後述九四頁）として管理していた。山科郷はのちに大石内蔵助が隠栖した地。

▲山科家代々当主の「日記」は、室町時代前期応永十二年（一四〇五）から明治十年（一八七七）まで、七代教言《のりとき》から二十五代言縄《ときなお》まで、十九代・四百七十年にわたり書き継がれた。このような例はちょっと世界にもない。——右の『言継卿記』（大永七〔一五二七〕～天正四〔一五七六〕）、『言経卿記』（天正四〔一五七六〕～慶長十三〔一六〇八〕）、の他は一般未公開だが……。自筆本はすべて東京大学史料編纂所蔵。

　言継は一五〇七生～一五七九没、言経は一五四三生～一六一一没。

▲天正十年（一五八二）は、その六月二日に「本能寺の変」があった年。じつは山科言経は、六月一日夜、織田信長から招かれて本能寺で茶会に出席。深夜帰宅、翌早暁、変を知り、驚きの日記を書いている。

▲宮笥…笥《し》は箱。箪笥《たんす》など。宮笥の意味は、筆者は恥ずかしいが知らない。御所の厨房にかかわる固有名詞かとおもわれる。

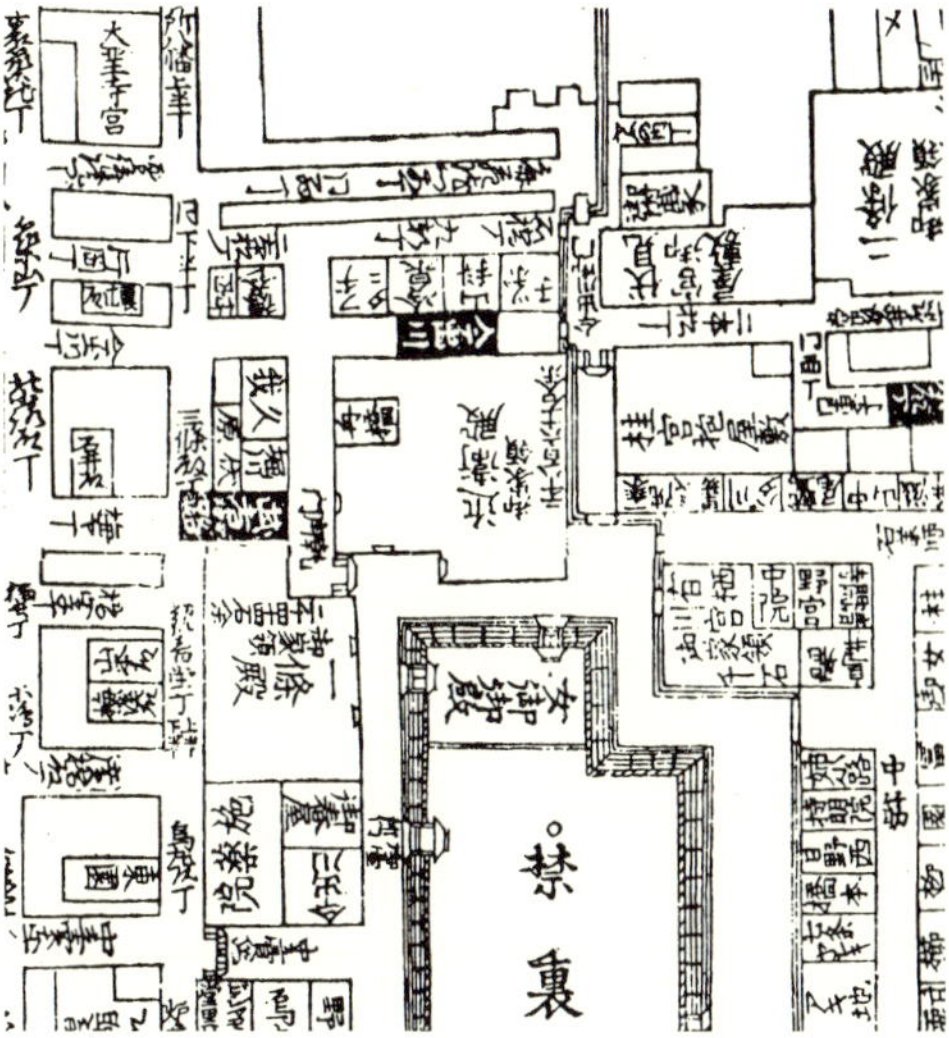

山科家・冷泉家　付近

▲大津は、山科の東隣りの地、近江国。ここにも山科を領家とする「粟津御厨《あわずみくりや》」（後述九四頁）があり、そこから琵琶湖の魚類が、皇室へ貢献されていたことが『言継卿記』にみえる。「大津者」とはそこの「供御人《くごにん》」のことか。領家への運上《うんじょう》（雑税）として、山科家へもこの魚類はもたらされたろう。なます・鮒ずしに使う大型の「源五郎鮒」は、大津堅田《かたた》浦付近の名産で、体長四〇〜四五センチに及ぶ。

▲村井又兵衛……前田利家の重臣。村井将監も同じくか。

▲慶長六年（一六〇一）は「関ケ原合戦」の翌年。

▲楠《くすのき》　甚四郎《じんしろう》……楠木正辰。楠木正成の後裔という。甚四郎の妻は、山科言経の妻（冷泉家の出）の妹だったことが、日記の天正十年四月二十六日条にみえる。

▲冷……冷泉為満《れいぜいためみつ》。言経の妻の実家の弟。「日記」では、この二人は二日にあけず往来しているが、邸は隣り同士。この冷泉家は、最近、王朝の秘宝「時雨亭文庫」で有名になった、和歌の師範家の一。為満は藤原定家の十代目の子孫。

右はほんの一例だが、この日記から「鮒」を逐一拾えば膨大な数になることは確かだ。鮒という魚は、このように、浅野内匠頭の刃傷事件（一七〇一年）のちょうど百年前には、京都のお公家さんや武将の間で贈答品として用いられ、親しい客を迎えては「家中衆小者マデ鮒汁会食」を楽しむゴチソウだったらしい。（しかも雑魚扱いでなかった証拠に、言経卿は、鮒の数までその都度明記しているではありませんか。）

もっとも、これほどの「鮒」嗜好は、公家社会ぜんたいにみられたものかどうか、日記からは判らない。山科家のお家芸（?・）だった可能性もないではないよ——と言われる向きもあろう。

たしかに、この山科家というのはどうも、公家の中でも一種独特のユニークさ――多面的な貌《かお》をもっているようにも見える。

父の言継は正二位権大納言、子の言経も従二位権中納言にまで昇った、藤原一族の中でも羽《う》林家《りんけ》とよばれる家格だが、言経は天正十四年に「忍法相伝」という忍術書を書いて太閤秀吉に献じたという奇妙な事実もある。――日記からも知られるように、楠木忍法の末裔である楠木正辰と義兄弟だったたし、正辰は言経から呪術の九字を習ったり、薬草をもらったり、どちらが忍法の先輩かわからぬ行動があったりする。

またじっさい山科言経という人、医薬にも知識深くて、当時のお公家さんにはめずらしく、近くの糺《ただす》河原でみずから薬草を採取して、頼ってくる庶民には、誰れかれとなく施療をした人でもあった。その当時、薬草採りや、病人に直接触れる施療などは、いやしい者のたずさわる職種のうちとされており、お公家さん自身が手を出す仕事では決してなかったのだが……。

さて、日記から引いた「大津者」からの「鮒」は、むろん山科家を「領家」（直接の庄園領主、その上に「本所」という最高領主が存在する庄園制の二重構造。詳しくは九八頁）とする「粟津御厨《あわずみくりや》」からの運上（領家へ納める雑税）である可能性がたかい。（「御厨」とは古代から朝廷指定の、地元特産品を皇室や伊勢神宮・賀茂社へ献ずる地のことだ。品目は指定地により塩・アワビ・キノコ・クリなどさまざま。粟津御厨は琵琶湖の魚類であった。指定された人々を「供御人《くごにん》」といった。）

……が、右の場合、ひょっとしたら、大津の漁民や馬借《ばしゃく》（運輸業者）などから、日頃そんな薬草や施療の世話になる謝礼として、恒例の進物だったかもしれない。

……また前田利家の重臣への「鮒」は、「粟津御厨」の「供御人」（かれらは魚類を皇室へ貢献する以外に、一般への販売独占権をもっていた）に命じて、山科言経が周旋・あるいは自身が贈物としたのかも知れない。言経はかれら「御厨の供御人」が食品を皇室へ納めるさいの窓口である「御厨子所《みずしどころ》」の、別当《べっとう》（長官）をも兼ねていたのだから……。

とにかくこのお公家さん、いろんな階層・職種の人と付き合いがひじょうに広い。そして「鮒」をおおいに活用している。

――ついでにいうと、『言経卿記』の、これも右に引いた「宮笥ニ鮒五」の翌々日に、

《天正十年一月十五日、進藤筑後守　来礼》

の記事がみえる。百年後、大石内蔵助を山科へ招いた進藤源四郎の、曾祖父の父――西野山の豪族・進藤筑後守長治《ながはる》――が、「領家《りょうけ》」である山科家へ正月恒例の挨拶に来たのだ。（長治は、系図によれば大石内蔵助良雄の曽祖父の母の父にもあたる。）

進藤家の代々は、いつもこうしていたようで、一代まえの『言継卿記』にも、西野山の進藤河内守が、鯛や豆腐（ときに鯨肉も！）を持参で挨拶に行っている記事がみえる。そのさい、山科家当主は「対面、盃ヲ汲ミ」もてなしている。また、『山科家礼記《けらいき》』（同家の家来の諸事控え帳）の延徳四年（一四九二）三月二十七日には、西野山の代表者らを「むし麦、ふなのすし、酒ニテ帰シ候ナリ」などともある。

ほら、ここでも「鮒ずし」がでてきたでしょう。

どうもこの山科家は、鮒公家、とでもいいたいほど鮒と親しく、客をもてなすにも鮒料理が定番であったようにみえる。それも日記にみるかぎりでも、言経まで百年以上の年期が入っているじゃないですか。

しかも、鮒を食べるのが公家の中で山科家だけでなかったことは、日記の「冷ヨリ鮒」とあるのでもわかるし、隣家の義弟・冷泉為満からそれをもらった言経は、お礼に自身で包丁を入れ「膾《なます》にして振る舞った」のかも……。

とにかく、琵琶湖に近い地理上もあろうが、戦国時代から近世始めにかけては、「有職故実」の家元（山科家）や、「歌」の家元（冷泉家）のお公家さんの家族が、このように「鮒」をドシドシ賞味していたことを知っておく必要があろう。

一方では、天皇や公家たちの遊ぶ庭園であった神泉苑《しんせんえん》では、「鮒の放生会《ほうしょうえ》」という伝統行事もあった。こういう人々が日頃食べているからこそ、年に一度、池に放って供養したのだろう。

山科家の場合たまたま日記に記録が残ったのだ。

たとえ「ところ変われば品かわる」とはいえ、鮒が決して、伝統的におとしめられる魚でなかったことが、この一事でもわかる。

まして、諸国の武士や庶民のあいだでは、鮒は、むろん貴重な蛋白源としてさかんに食べられた。殊に、寒鮒などは最高のグルメ食品であった。

時代が下った元禄期の俳句だって少なくない。

呼びかへす鮒売り見えぬ霰《あられ》かな　凡兆《ぼんちょう》（これは寒鮒）

鮒食うた鬢《びん》そそけたり夕涼み　言水《こんすい》（夏ばて予防）

池や川のを獲るだけではない。水田でも田植え後に幼魚を田に放つ。鮒は泥を耕し、田の草の生えるのを抑えてくれるのだ。晩夏に田から水を抜く頃には「鮒」は食用にもってこいの大きさに成長している。（まあ、簡易養殖。これはじつに、近代も昭和の戦前まで、農村ではごく普通の一挙両得の生活の知恵であって、筆者も子供のころ体験してきたことだ。）

こんなわけで、言経卿から百年後の「元禄時代」とて、「鮒」というサカナ自体にたいする世間の考えが、それほど変わっていたとは思われない。「生類憐《しょうるいあわれ》みの令」が出たのは「浅野の刃傷事件」の十三年前だが、一片の政令（それも犬が中心の）で、日常の食生活に密着した「鮒」の評価がガタ落ちというものでもなかろう。

だいいち、江戸時代をつうじて、右の琵琶湖名産「鮒ずし」など、諸大名家の贈答品として熨斗《のし》付きで用いられていたほどだ。

「鮒」から偶然、せっかく山科家や、西野山の進藤家まで出てきたから、ここで少し「山科郷」の一側面について、挿入しておこうとおもう。その上で「鮒侍《ふなざむらい》」に移りたい。

公家・山科家――その名の起こりはむろん、領地・山科郷《ごう》（山科盆地）からきている。

もともと京の近郊であるここは、中世以来、「七郷十七ヵ村八千余石《こく》」のうち「六千余石」が「禁裏《きんり》御料《ごりょう》」（皇室へ生活資料を献ずる地）であった。一部の社寺領を除いては。――つまり、大津における魚類の「御厨《みくりや》」と同様の、こちらは米や野菜や、竹・茶などを皇室へ貢献する「御園《みその》」であった。古代、平安中期の「延喜式《えんぎしき》」（九二七年）にすでに「山科園《その》」の名がみえる。

筆者《わたくし》は以前、こういう性格をもつあちこちの土地について、北は福島県いわき市・新潟県柏崎市から、南は宮崎県西都市と鹿児島県田代町まで、五十三ヵ所ほど調べ回ったことがある。すると分かってきたのは、それらの地は、古代もずっと古くから「クルス・クリス」また「クニス（クズ）」と呼ばれ、奈良時代の郷名・条里名にみえる（栗栖・栗須・来栖・国栖・九流水・久留諏など字はさまざま）。弥生遺跡が多く、縄文遺跡もときにあり、大和政権の支配に服した先住族（いまは仮に広く「エビス」と言っておく）が、服属の証しとして、のちのちまで朝廷へ地元の特産を貢納する指定地となったらしい、という共通性であった。

これが後世の「みくるす（みくりや）・みその」につながっているようだ。

（クルという語は縄文起源のようだ。ヒト。――今もアイヌ語では、くるkurは元来、影をいうらしい。niskur = nis（空、天）+ kur（影）= 雲、aynu《アイヌ》（人間）kur = 人間の影、というふうに。そこから、霊的な意味で人をいう場合に使われ、また「…の人」と接尾語的にも使われる。アヴンクル（隣人）・コロポックル（蕗《ふき》の葉の下に住む人）のように。――これらのアイヌ語とも共通する。どうやら「クルス」とは人住むところ、といった古い語でなかろうか？「ス」はむろん住むや巣くうの語幹である。川の曲流・合流するところのやや高みに臨むのも一特徴で、ひじょうに古くから、物産豊かな集住地だったのでは……。

最も重んじられた樹は貯蔵食品・用材としてのクリであった。）

大津の地名に今も「粟津栗栖《あわずくるす》」（琵琶湖が瀬田川となって流れ出る地点の西岸。縄文前期〜中期にわたる粟津湖底（貝塚）遺跡がある。壬申ノ乱の最終激戦地）があり、山科盆地に「栗栖野《くるすの》」「小栗栖《おぐるす》」があるゆえんだろう。

「栗栖野」は四ノ宮川と安祥寺川がY字形に合流して山科川となる上部の広い三角台地で、西野山の東隣りにある。地元ではクリスノと呼ぶ。中臣《なかとみ》遺跡がある。この「中臣遺跡」は現在の西野山《にしのやま》中臣《なかとみ》町に当たるが、ひじょうに早くから人間の集住したところで、先土器時代、さらに縄文後期から平安時代まで途切れることなく続く（つまり一万年に余る）、大規模な総合重層集落生活の跡である。遺跡推定範囲の約5％が発掘調査されたにすぎないが、それでも弥生・古墳時代の竪穴住居跡だけでも百二十五戸を数えるから、当時としてはいかに大集落だったかが分かる。「小栗栖」は現在は伏見区に属するが、西野山のすぐ南につづき、明智光秀が竹藪で殺されたところとして知られる。

さて——

そういう性格を古代からもつ「山科郷」の運営は、中世では一種の「庄園制」だった。

庄園制という土地制度は、在地の豪族（個々の地主）たちは、自分の私領を、鎌倉幕府の支配から守るために、都の身分高い公家や大きな社寺へ寄進し、領主（「領家《りょうけ》」といった）になってもらう。そして、その保護を受ける。つまり幕府には税も納めず・検地や検察の介入もさせない「不輸不入《ふゆふにゅう》」の権利をもつ。そのかわり「領家」へ一定の年貢を納めて、現地の経営は在地豪族がつづける体制だ。

「山科郷」の領家は、初め、五摂家筆頭の近衛《このえ》家であったが、鎌倉時代の中頃に、朝廷財政をつかさどる内蔵寮《くらりょう》の長官（「内蔵頭《くらのかみ》」）である山科家へ譲られた。そして「領家」はさらに、その上の最高の名目的領主を「本所《ほんじょ》」としていただく。山科郷の場合、これが皇室だ。それで「禁裏御料・山科郷」だったわけだ。

進藤家が代々、山科家へ新年の挨拶に行っていたのはそのゆえだし、のちに大石内蔵助が隠栖したのは、こういう来歴の地であった。（つまり、武家政権がチョッカイを出しにくい地だ。）もっとも、江戸時代になると、山科郷は幕府の「代官奉行」職の支配地となって、公卿・山科家とは一応縁が切れる。けれど、禁裏御料地としての性格は幕末までつづくのである。

ところでこの山科盆地は、奈良時代の条里制もみられる平野部の米作地帯のほか、山麓部は竹藪（というより竹の植林地）がひじょうに多い。そういう村々は、竹材や竹製日用品や、茶などを生産し、それらを売って生活していたのだった。——いまも私どもが東南アジアに旅して「ふるさと原風景」のような懐かしさを感じるのも、竹藪と棚田にあるだろう。それこそは古来「海人系倭人《わじん》」の生活環境だった。木とともに、「竹の文化」といってよく、この列島でもつい最近まで、竹製日用品の種類はあらゆる分野に精巧にゆきわたっていた。竹製品の流通とその経済価値・文化価値は、現在からは想像できないほどだ。

だから、山科の領民からの税も、年貢（米）のほか、地域によっては竹や灯芯や茶などの「運上《うんじょう》」＝雑税もあったようだ。当時は珍味の筍《たけのこ》もその一つだ。

「山科供御人《くごにん》」とは、天皇の膳などに供する食料（四季の野菜）や日用のさまざまな物資を貢献する人々のことであり、粟津御厨の供御人と同様、「座」を組織して、他への販売には独占権をもっていた。いわば民間の活発な商活動の、日本における走りである。

「竹供御人」も同様の、誇り高い名称で、近衛家や山科家の文書にしばしばみえる。

（ある古老は、幕末のころ先祖が、天子さんから「皇子・祐宮《さちのみや》の遊ぶ竹馬をつくってんか」といわれ、技《わざ》を尽くして作り納めた、と筆者に語った。祐宮とはのちの明治天皇である。）

時代をもどそう。右の『言経卿記』天正十年一月十四日条にも、

《山科大宅郷ヨリ例年ノ如ク、三毬打《さぎちょう》ノ竹二百八十本持来(運上として)。禁中へ十本進上了《おわんぬ》》

とある。サギチョウ（左義長とも書く）の竹とは、朝廷で小正月の火祭り行事に使う竹だ。

そして、戦国から近世にかけ、供御の竹を栽培していた地域は、山科七郷・伏見の深草・木《こ》幡《ばた》に及んだが、山科では、比較的水利に乏しく水田の少ない西側の丘陵山麓、花山《かざん》・川田・西野山の村々が中心だったようだ。関連して、竹細工や箕作りなどを生業とする人々も多かった。また「御所サンガ火事ヤ！」となると二里の道を米・味噌・雑品を背負って駆けつけ、普段も御所の警備や清掃、天皇の他出《たしゅつ》のお供の役目も負っていた。近衛家の諸大夫（家老）をつとめる進藤家一族も、そういう地域の土豪として、古くから西野山に土着していたわけだ。

山科郷の「領家」——直接領主としての公卿・山科家が、多面的でユニークな貌《かお》をもっていたのも、考えれば当然かもしれない。

むろん戦国・天下統一期の当主・山科言継・言経の父子——皇室の財政《だいどころ》を担っていたかれらは、信長・秀吉との掛け引きに苦心したことだろう。天正二年、歴代の天皇すら手をつけなかった奈良東大寺正倉院の御物《ぎょぶつ》である名香「蘭奢待《らんじゃたい》」という香木を、二センチ程だが信長に削り与える決断をしたのも、権大納言・言継だったようだし、言経は父・言継の死後（天正四年に死んだ）、関白秀吉に忍術書まで創作呈上したのは先にみた。

ヨーロッパの政体をも知り、みずからこの国に新しい王となって朝廷そのものをさえ潰しかねまじき気配すら最後には見えだした信長を、朝廷側として「本能寺ノ変」（天正十年）まで何とか梶《かじ》取る中心にいたらしいこのお公卿さん父子。（本能寺の変にもじつはまだ謎の部分がある。）皇室の危機であったこの時代、手練手管すごみある影の忠臣であったろう。

そして、その策謀を支えるかれらのエネルギーの、主たる動物性蛋白源が「鮒」であったことも、歴史の底の隠れた一事実であった。

10　鮒（その二）

話の枝がそれた。本題の「鮒侍《ふなざむらい》」にもどろう。

右にみたように、当時「鮒」そのものは社会通念から決して蔑視されるサカナではなかった。

では、なぜ「鮒侍」が差別的言辞なのか？

「井戸の中の鮒」が「井戸の中の蛙」よりも、言われた者の心情を痛く傷つける、堪忍ならぬことばなのか？……という点だ。

当時、「フナ侍」という蔑称は、事実あったようだ。しかしそれは「鮒ザムライ」ではない。——「フウナ・ザムライ」が語源だろうとおもう。

フウナ＝風那とも書く。但しこれは三河以西の発音で、関東ではフウマ＝夫馬・風間・風魔といった。（一例として鎌倉時代、筑波山や箱根足柄山に根を張った一種の忍者的集団に、風魔一族がいる。）そのフウマやフウナがフナと縮めて発音されるようになったのが、フナザムライらしい。

古代以来、いわゆる天孫族大和王朝が、西方から順次東国へ支配領を拡げてゆく征服過程で、不服従・抵抗をくりかえした者たちが、「東夷《あずまえびす》」と呼ばれたわけだが、フウマ・フウナも、そのような人々の最も剽悍《ひょうかん》な一部だったろう。彼らは王朝の（大御宝《おおみたから》という名の）「農奴《のうど》」化するを潔しとせず、しぜん、未開発の広漠たる野や山岳地帯へ追いやられながら、独立覇気の「非」公《こう》田《でん》耕作民たるを貫いた。（むろん東国のみならず、各地の山岳地帯に彼らは点々と根を張った。）その血縁的結束は固く、武力集団化し、ときに傭兵《ようへい》として政争に傭《やと》われても、決して支配権力の傘下に属し切ろうとはしなかった。それが、支配権力や体制傘下の一般民衆からの異類視につながってゆく。

だいたい日本史のなかで、平安時代に武士＝サムライというものが発生したそもそもが、そういう在野の武力騎馬集団だったが、そのなかで、早くに王朝の支配に入ったものが、サムライ。

サムライという語も「侍《さぶろう》」の字から来ている。天皇や貴人の御座所のそば近く、這イツクバッテ仕エサブラウ者、という意味だ。つまり、サブライ↓サムライという語自体が、平安王朝の官人社会において、「公家《こうけ（くげ）》」から「地下《ちげ》」（地家）の者を呼ぶさいの、いくらか蔑《さげす》みのニュアンスある語に由来するのはまずたしかだろう。

おもえば、「御座候」「そうろう」という謙譲語の源もこの「サブロウ」にあり、古いことだ。

公家だの地下だのと、ちょっとややこしいから、整理しておこう。

もともと「公家《こうけ》」とは、奈良時代の律令に規定された国政機関（公《おおやけ》）の仕事にたずさわる人の家を云った。つまり国から、官職（大臣とか讃岐掾《さぬきのじょう》とか）と官位階（正五位とか従七位とか）を与えられている「官人」（国家公務員）のことだ。

ところが平安時代になると、そのうちの、中央の国家上級公務員は、藤原氏の家筋（とくに藤原北家）が、他を淘汰《とうた》してほとんど独占し、臣籍に降りた皇族の子孫や、他の氏の者は少数となった。私たちが「お公家《くげ》さん」と呼びならわしているのはこの段階でのことだ。（サムライ・フナザムライの発生とも関係するから、以下少し煩雑になるがお許しを。）

（1）「公家《くげ》」にも幾段階かあった。

①「公卿《くぎょう》」――朝廷の国政最高機関の構成員である。これらは「公《こう》」。太政大臣・左大臣・右大臣。平安時代からは摂政・関白がこの上に加わる。これらは「卿《けい（きょう）》」。その下の、大納言・中納言・参議および官位が三位以上の者。この両者あわせて、公卿という。

②「殿上人《てんじょうびと》」――①の下に、①と同じく昇殿を許された、五位以上の官人がいる。清涼殿（天皇の常の御座所、のち儀式の間）に上ることを許される。

この①と②が、いわゆる「お公家さん」（殿上人、雲《くも》の上《うえ》ひと）だ。

（2）「地下人《ぢげにん》」

ところが「官人」でも、宮中で昇殿を許されない者もいた。通常は六位以下の者だが、五位でも官職によっては昇殿できない地下人もあった。（官位の最下級は八位）

平安時代に「サブライ」が発生した頃、かれらは官人ではあっても、官位が低く、昇殿できない。たとえば、田原藤太が東国へエビス討伐にゆくにも、清涼殿の前の庭に土下座して、遥かに勅命を受ける。平家追討にゆく源義経も同じ。（常置の鎮守府将軍でさえ従五位である。）

公家たちはそれを殿上の間から見下ろして、地下人と呼んだのだ。

ちなみにサブライが初めて殿上人となったのは平安後期、平忠盛（清盛の父）だ。江戸時代の浅野内匠頭長矩は従五位下《げ》、吉良上野介は従四位上《じょう》である。

（このような格付けは人間についてだけではない。平安時代、全国の神社の神々も、神階《しんかい》といって、従五位上《じょう》何々の神、などと、法令「延喜式《えんぎしき》」で人間並みに格付けされ、朝廷との関係によって、次々と昇進してゆく仕組みになっていた。）


日本では飛鳥時代までは、斎明天皇（しかも女帝、六十八歳）が、百済救援のため、みずから軍船に乗り北九州まで出陣した例もある。

しかし中国風の律令体制が整った奈良時代以後、「公家《こうけ》」――天皇を中心とする国政担当高級貴族たち――は、決してみずから武器を執って手を汚すことをしない。「夷《い》を征するに夷を以てする」という中国風の考えから、イクサは卑しい「地下」の者にさせると決めていた。朝廷の支配に入ったサムライ（下級武官）に、抵抗する民を討たせる。つまり「官軍」。その征伐大将に、臨時に「征夷《せいい》大将軍」の職名を与えて。

だから、のちに鎌倉幕府が開かれて以来、徳川幕府にいたるまで、東国武家政権の頭領は「征夷大将軍」の名をもらうけれども、これはじつに皮肉な名称で、もともと東夷《あずまえびす》の頭領が「夷を征伐する大将軍」ということになる。

ようするに、
（A）早く平安時代から、王朝の体制下に入った武力技術者が「侍《さむらい》」。だからかれらは、京の朝廷の「衛府《えふ》」という役所——近衛府《このえ》・衛門府《えもん》・兵衛府《ひょうえ》など——に、地方から上京して数年勤務する義務も負っていた。下級官人（地下人たる武官）として。（のち、江戸時代の武士や農村の庄屋などに「○兵衛」とか「○○衛門」などの名が多いのは、古代の衛府の官職名に似せて装う、ネクタイのようなものだ。）

（B）いっぽう、王朝と関係なく、独立自尊の野人として山河に根を張った、いわば地下人《じげにん》でさえない・官位なき「野武士の党」は、広義のフウナ。

——といってよかろう。

後世、一口にサムライといっても、古代末期〜中世ごろには、この両者の別が判然とあった。そしてこの（B）が、あの台詞の「鮒ざむらい」や、次章でみる「弾正」の初期の姿だったろう、とおもわれる。

では、サムライやフウナと、「東夷《あずまえびす》」（あの芝居の台詞「東夷の知らぬ事だワ」）との関係はどうなのだろう？

東夷は、前二者とは、語の発生層がまったく違う。

もともと漢語の「東夷《とうい》」は中国に語源がある。—古代中国の王朝は、みずからを世界の中心と見た。そして四周の異民族を未開の野蛮人視して「東夷《とうい》・北狄《ほくてき》・南蛮《なんばん》・西戎《せいじゅう》」と蔑称した。

日本（当時の「倭国《わ》」）は？　中国からみれば東海中の小国「東夷」であった。

だがのちに日本の王朝も、この姿勢を真似る。「東夷」を、この列島国内の東方のまつろわぬ人々に振り替え、倭語《やまとことば》（土着倭人の言葉）になおして「あずま・えびす」と呼んだ。そこには、もともと語源が孕んでいた蔑視の語感も当然、伴っている。そのうえ、中国でいう東夷の「夷」も、西戎の「戎」も、倭語ではエビスである。

エビス。――この倭語は、とてつもなく古い。しかも東国に住む人々だけの名称ではない。

エビス信仰というのがある。エビス・ダイコク、また七福神のエベッさん、だ。

ダイコクさん（大国主命）は米俵を踏まえ、手に打出の小槌《こづち》をもっている。エベッさんは鯛を抱え、釣り竿をもつ。――この姿が簡潔に象徴するように、エビスは漁民、「海人系倭人《わじん》」だろうとわたしはおもう。ダイコクさんが豊芦原《とよあしはら》瑞穂《みずほ》の国――豊作をよろこぶ水田稲作農民をあらわしているように……。（海人――当時の倭語でいえば「アマビト」。）

世々の民衆の、実生活と信仰に根ざす歴史感覚は、おおむね正鵠《せいこく》を得ているものだ。つまり、ごく粗《あら》くいえば、「出雲《いずも》の国譲《くにゆず》り神話」で象徴的に語られるこの国の、遠い昔の、「天つ神」天孫族の征覇（わたしは弥生後期から古墳時代とかんがえている）の以前から、土着していた先住「国つ神」族。そのうちの海人系倭人が、エビスであろう、というのが私のデッサンだ。

遺伝子をたどれば東南アジア――中国大陸の江南から発し、東シナ海に連なる島々（朝鮮半島南西部の島多き部分もふくめて）に沿って、この日本列島へつぎつぎと渡り来たった、縄文・弥生の人々で、いわば日本原住民のうちの大流である。

元来が平和を好む民だったことは、エビス・ダイコクをはじめとする七福神が、皆にこくと一つ船に乗っていることからもわかる。

エビス信仰といえば「商売繁盛、笹もて来い」。海の幸とるエビス族はまた、交易の民でもあった。隣人とのあいだの勢力争いや、土地盗《と》りに情熱を燃やすよりも、海山のあいだに生き、その幸をいただくと同時に、そのこわさも知り尽くし、大自然からみれば束の間生きる人と人とのあいだの、自由な交流・商《あきな》いを歓《よろこ》び、そのよりよき展開を工夫《くふう》することに生き甲斐を感じる民でもあったようだ。

「和を以って尊しとなす」といった考え方のもっとも奥には、やはりこの海人系倭人の感性がベースにあるだろう。後世、この国でさまざまな筋目の人々が次々と覇権をにぎったが、海人系倭人が、長期間つづく強固な中央政治権力を打ち樹てたことは、一度もない。だいたい遺伝子的に、権力や、ことに中央集権といったことになじまないらしい。

エビス、という倭語《やまとことば》はこのように、サムライやフウナの発生するずっと以前の、この日本民族を構成するもともとの諸部族の、おもに生業・生態に淵源があった。

だが、その語はやがて拡散する。ほんらい海人系倭人であるか否かに関係なく。平安王朝ごろの宮廷から見ると、各地に生活の根を張った・自身権力指向でなく・権力へも従順に侍《さぶら》わぬ・自由独立気風の「野《の》の党《ともがら》」への、より汎《ひろ》い呼び名となってゆく。いわく東夷《あずまえびす》、いわく陸奥《みちのく》の蝦夷《えみし》（えぞ）。都の「みやび」に対して、都から遠く離れた「山野河海の民」全体への蔑視を伴って……。

これを、武力集団という側面で、宮廷側からいえば、

（A）中央政権の体制に入ったエビス――自分に忠実に仕え侍《さぶら》う「熟《にぎ》エビス」――がサムライ。
（B）そうでない不逞《ふてい》な「荒《あら》エビス」が、のちにいうフウナ（フウナザムライ）。
ともいえるだろう。

ただ、フウナがいつしか鮒となったには、その海人性という遠い記憶が結び付いたかもしれない。

時代は移った。中世。エビスの末裔には、なお海に勢力を張っているものもいた。鎌倉時代、肥前の松浦党や、瀬戸内水軍・熊野水軍などはその最たるものだ。

あの大型の「源五郎鮒」の産地である大津堅田《かたた》の湖衆など、琵琶湖の水運をにぎって舟の通行税をとり、さらに、日本海沿岸各地におよぶ広域交易を手がける堅田商人の基地として繁栄した。また室町時代、都を追われた本願寺蓮如《れんにょ》とその教団の本拠を、地元堅田↓越前吉崎と護りぬき、ついにはこれまた「山科」に本願寺の本山を創らせるだけの、力と自主気概があった。

しかし、かれらはながく「海賊」「湖賊」と呼ばれていたのでもあった。（賊の字が、貝＋戎《えびす》であることを、わたしはうっかり今まで気づかなかったが……。）

むろん、山岳渓谷に蟠踞《ばんきょ》する「荒エビス」も多かった。

中世、これら野の党は庄園などでしばしば領主（本所・領家）の意のままにならぬ行動をする。ために、公家や大きな社寺から「悪党」などと呼ばれた。（河内の楠木《くすのき》一族もそうであった。近江の「大石党」―大石良雄の先祖も、そのような小さな存在だったろう。）下剋上《げこくじょう》・群雄割拠の戦国時代に、彼らの或る者は戦国大名にのしあがるのだけれども、彼らはみな、その戦法として、馬を駆《か》り神出鬼没、よく知った山野の、現在流にいえば自然地理・人文地理を巧みに利して山砦《とりで》を築き、風の如く来たり、侵《おか》し、掠《かす》めた。（現代ふうにいえばゲリラ戦法に長《た》けていた。）

そこに、風那《ふうな》・風魔《ふうま》のおもかげがある。

戦国時代最強の軍団といわれた甲斐の武田なども、その旗印《じるし》の「疾《はや》キコト風ノ如ク」云々や、紋章の「菱《ひし》」に、その遠い人間風土の痕跡を筆者はかんじる。（トゲだけから成り立っているような菱の実を撒くことは、日本のゲリラ戦術＝忍術　のイロハである。）

フウナはこのように、体制側からは「なかなか王化に浴さぬ剽悍《ひょうかん》な夷《えびす》」の象徴名詞のようなものだったろう。それだけに、畏れを伴った一種の蔑称として「フナじゃ」と使われたことは十分かんがえられる。それが、時代が下り、語源が忘れられると共に、遠い〳〵昔の海人系の記憶と合して、日本民衆の身近なサカナで同じ発音の「鮒」と結びつき、「鮒ざむらい」となっていったのではないだろうか……。

浅野内匠頭の先祖が、厳密にいって、フウナの出身であったかどうかなど勿論わからない。だいたい、江戸時代の殿様の先祖でも、遡れば筋目のはっきりしないのが実際で、家譜などは徳川家をはじめ殆どが作りものである。

ただいえることは、日本の民衆を「民百姓《たみ・ひゃくしょう》」と一括してよぶけれども、「民百姓《たみひゃくせい》」が「もろもろの姓《かばね》をもつ民」を意味した遠い古代は別として、中世・近世ともなると、「民」と「百姓《ひゃくしょう》」

は語感が違ってくる。「百姓」は年貢を納める米作り農民、「民」は非農耕民を指すようになる。先祖代々小さな村で土を掻いている「お百姓《ひゃくしょう》」は、決して風雲に乗じることなど不可能で、武力と金は、常に、もっと行動半径の広い、考えも翔ぶ、農以外のなりわいにたずさわる「民」に伴ってゆく。

百姓のことを「蛙切り」という。春浅いころ田畑に鋤鍬《すき・くわ》を入れていると、しばしば土中で冬眠中の蛙を切るからだが、「蛙切りはいつまでたっても蛙切りじゃのう」というのは、私ども日本農民の先祖たちが溜め息まじりに吐いた真理で、ここにいわば「蛙」と「鮒」との違いもあろう。

さて、——

《フナじゃ、フナじゃ、フナザムライじゃ》《アズマエビスの知らぬことだワ》という台詞《せりふ》が、お公家さん（殿上人である上級官人）が「荒《あら》エビス」に向かって云うのなら、それはそれで、語の発生の歴史的いきさつから、一応スジは通るといえぬでもない。

だが世の中の人間はさまざまで、れっきとした従二位・権中納言・内蔵頭（皇室財務長官）である山科言経卿のように、鮒一匹々々の数まで日記に几帳面に記入し、手ずから腕をふるって料理して家族や親戚一同賞味し、また、地下人とすらいえぬ庶民たちにみずから採集した薬草で施療をしていたお公卿さんもいた。——もっともこの山科家は、すでに将軍宣下を受けて江戸幕府を開いていた徳川家康が大阪夏ノ陣で豊臣氏を滅ぼすやいなや、幕府の「公家諸法度《くげしょはっと》」の締めつけで、家禄三百石になってしまう。（なんと、のちの浅野内匠頭の約百八十分の一、大石内蔵助の五分の一！　進藤源四郎の四百石よりまだ低い。）公家層の窮乏は、それ以前の鎌倉武家政権以来どんどんひどくなっていたから、代々さまざまなアルバイトは不可欠だったろう。ともあれ、鮒が格別の御馳走だったらしいこのお公卿さん、日記に他の魚はほとんどみえない。その賞味後の満足顔には、悠然たるユーモアすらただようではないか。

しかし、あの台詞を、同じ「サムライ」のはずの武蔵守・高師直《こうのもろなお》（吉良上野介を暗示）が、伯耆《ほうき》城主・塩冶《えんや》判官高定（浅野内匠頭を暗示）に対して吐いたセリフとしてみるとき、それはもうユーモアの域を超えて、そこに、日本列島の「横なる差別」「無差別の差別構造」のオカシサが、浮かびあがってくるのである。

さきに、幕府の直臣支配における「権・禄・官」の分散と、その噛み合わせを「7　堪えの果ての情念暴発」でみた。吉良と浅野の両人を整理してみよう。

吉良――旗本高家筆頭・四千二百石　・従四位上　左近衛権少将（「令」では正五位下）
浅野――大名（藩主）・五万三千五百石　・従五位下　内匠頭（「令」では従五位上）

旗本と大名とは幕府直臣としては一応同格。禄では浅野が十倍以上。官（朝廷）の位階では吉良がわずかに上だけにみえる。だがこのわずかの差が、じつはさきほどみた「殿上人」と「地下人」を分ける。本来「五位」以上が殿上人だが、場合によっては殿上にあがれない。地下人だ。（そして小藩の大名にはこのきわどいところの官位階が多い。）

「従四位上　左近衛少将」といえば、元禄期の江戸幕府の武家では、若き日の御三家・水戸光圀《みつくに》級である。むろん吉良家の場合、高家として、京の朝廷へ幕府使者としてゆけば「殿上」へ上がる必要があり、幕府の体面上、旗本でもこのような高い官位となる。

吉良家は室町将軍・足利《あしかが》家の血をひく一族であったし、さかのぼれば鎌倉初期に、承久ノ乱で戦功あって三河国の守護をつとめた足利左馬頭《さまのかみ》義氏を祖とする。義氏の母は北条政子の妹である。（三河の松平氏＝徳川氏など未だ影も形もない。）鎌倉幕府の最有力御家人で、とうぜん、朝廷の官位ある（筋目正しい？）官人＝「侍《さむらい》」であった歴史も長い。のち、吉良氏は東条・西条の二流に分かれ、消長を繰り返したものの、以来、元禄期の上野介義央《こうずのすけよしひさ》まで十七世・七百余年、三河国幡豆《はず》郡を本拠としつづけてきた名族である。やはりそこに自負もあったろう。

——吉良上野介さんにはこんな悪役としてばかり登場してもらうことになり、何とも申し訳ないが、具体の差別的言動というものは、えてして、身をすり合わせるような、現在いま総合していいいいしてどっちこっちの両者間で陰湿に起きがちなのも、一般的な人間心理といえよう。

そして徳川幕府の支配体制には、形式を極限まで細分化しつつ、隅々までこういう人間心理の弱みをフルに使った、いじましさがつきまとう。だいいち身分制度も、士・農・工・商、さらに賎民身分まで複数つくって、服装・髪型まで規定しての、相互噛み合わせがそれだ。

この列島内の「差別」なるものが、論理でなく、その奥のガスのような心情に発せざるを得ない原因がここにあろう。

芝居はそこを巧みにあばいている。身分制度のいじましさをも、人間心理の悲しさをも。

すなわち――あの、フナじゃ、フナザムライじゃ、という台詞は、ただの「田舎ザムライ」の意味ではなくて、現在の身分では「権・禄・官」総合して相拮抗する、二人の幕府直臣武家(＝殿様)のあいだで、一方から、他の一方へ、さいごに持ち出された

「サムライはサムライでも、やっぱりそちゃ、フナの出じゃのう」

という、相手の出自へのチクリ一言だからこそ、意味があるのだ。

しかし、もう少し突込んで、事をみよう。

いわゆる江戸時代の武士階級自身の中でも、そのような差別言辞がなされる何かが、――つまりその家の来歴に、横なる心情的差別の生じる、いわば筋目のちがいの「痕跡」が、どこかに残っていたのだろうか?

あったようである。

――その痕跡の一つが「弾正」という官職称号と関係する。――この点は「8」章でちょっとふれた八切《やぎり》止夫《とめお》氏の『日本原住民史』をぜひ紹介せねばならない。

そしてそれは、浅野家のみでなく、筆者が調べてゆくうちに、大石家をも、山科の進藤家をも捲き込む、一つの影絵がうかび上がってきた。

とすると、赤穂事件――元禄忠臣蔵という日本史上で最も人気の継続しているこの事件の、ただならぬ本質が、その背景に沈黙していることが、霧の中から少しずつ見えてくるのである。

11 「弾正《だんじょう》」の謎（その一）

さて、作家・八切止夫《やぎりとめお》氏の『日本原住民史』（昭和47年、朝日新聞社刊）に、

《正史というか表面的な日本史では原住民などは、とうの昔に消滅したようになっている。なのに実際は日本列島には今も夥しくまだ満ち溢れているという謎は、天ノ朝《あまちょう》の天孫民族（＝海人系倭人《あまびとわじん》。いわゆる天孫《てんそん》民族とは概念を異にする）から始まって、第一次、第二次、第三次、第四次と、体制が変るたびに、はじき出された者たちが、四面が海では国外逃亡もできず、吹き溜りに寄せてゆく木の葉のごとく、そうした地帯（＝「別所《べっしょ》」つまり夷《えびす》の俘囚《ふしゅう》収容地域）に流れこみ、そこで混合して新しい血を混ぜて行き、各地へ広がって増え続けたためらしい》云々。

八切氏はむろん、戦前から戦後にわたる在野史家・菊池山哉《さんさい》（一八九〇—一九六六）の「別所」についての膨大な実証研究などを踏まえておられるのだが、氏によれば、

――私ども日本人民の少くとも70％は、こういう意味での日本原住民であって、史上の内乱や下剋上《げこくじょう》、政治体制の変革は、これら原住民の抵抗蜂起によるものであり、また、一旦体制が固まると、政権担当者は必ず、みずからもその出自であるはずの原住民に、徹底した弾圧を行ってきた、という。

――徳川時代、ようやく幕藩体制の固まった三代家光―五代綱吉の世にもそれがあり、元禄十一年の江戸大火を原住民の放火暴動とみて弾圧を強化、あの「生類憐みの令」も、真意は犬の皮を扱うことを生業とする人々の勢力伸長を抑えるところにあった、と。

そして、『赤穂事件』そのものも

《「弾正」の名をもつ浅野の末裔の内匠頭に対し、「ふなじゃ、ふな侍じゃ」といった差別的言辞を浴びせかけたことから、元禄十四年の事件は起る》

と明記している。（同書一三五ページ）

この八切氏の《ふな侍》についての見解に、私も基本のおおすじでは同意見であることは、前回みたとおりだ。人間の歴史のさまざまな事態とその律動は、肉体をもった人間の情念深層を発源体として起こる。けっして何か物理的な歴史の法則が先にあって、その軌道を機械のごとく無機的に進むのではない。「赤穂事件」の底に、この風土独特の差別意識構造という人間的地熱の流れの作動を見たのは、八切氏の作家として歴史をみる眼の確かさ・誠実さを示していよう。

　ところで――、

　私は、氏のいわれる《弾正という名をもつ浅野の末裔》云々の、「弾正」がなぜ差別につながっていったか、につき、次の四段階の史的積み重ねなりを考えている。

●［第①期］

　平安時代、そもそも「弾正」（という幻の官職名を帯びた者たち、――すぐあと一二一ページで述べる）が発生した時点から、彼らと、正規の官人「サムライ」とのあいだに、異質性があった。

●［第②期］

　鎌倉末期、幕府打倒と朝廷親政再興をめざした後醍醐天皇の時点。

　――このとき天皇が手足として使ったのは、官人でない諸国の「荒エビス」であった（①の時点で「公家」に侍《さぶろ》うていた官人武家「熟《にぎ》エビス」たちは、ゴッソリ鎌倉武家政権にもってゆかれていたから）。「荒エビス」のうちにはすでに「弾正」の官位をもらっていた者もいたが、後醍醐天皇はさらにこれを振り撒いた。合力した諸国の土豪にはむろん、南朝に参じた公家にまで…。

　南朝はいわば「弾正」（当時「悪党」とよばれた、野の実力土豪）に支えられた政権だった。「弾正」と正当な「武家」（鎌倉武士＝鎌倉幕府御家人）とのたたかいだった。かれら「弾正」族の力で鎌倉幕府は倒れた……が、束の間で建武新政は崩壊する。

　つまりこの時点で「弾正」族の栄光と挫折があった。吉野の南朝（「宮方《みやがた》」とよばれた）は敗れ、以後、北朝（=「武家方」とよばれた）を戴《いただ》く室町〜江戸幕府=「武家政権」の時代へつづくのだ。

「弾正」という象徴名がのちのちまで長く一種の差別的色彩を帯びて行くのは、この②の時点で結局は敗者となった影響が大きい、と私は想像している。

●［第③期］

応仁の乱から戦国時代にかけて。——これは、②の勝者・敗者の混戦の世だ。下剋上。実力の時代だ。ある者は堂々と「弾正」を名乗り、歴史の敗者復活戦に身をのしてゆく。

ただし、この最終段階——安土・桃山の天下統一期に出てくる弾正族は、みずから旗を立てるのでなく、はじめから「侍う人《さぶろうひと》」として出てくる。つまり古代（平安時代）の侍が公家《こうけ》につかえる者だったのに対し、侍うあるじが武家《ぶけ》（信長や秀吉）に替っただけだ。

●［第④期］

そして江戸幕藩体制が固定した百年後。もはや支配層武士の、各々の遠い出自は漠とし、また如何ようにも作られる。——であればこそ、初めて、横なる無差別の差別が（同じ武士身分内でも）、陰湿に底流して起こり得た。ふなじゃ、ふなざむらいじゃ、と。

……で、右のようないきさつを具体的に、以下、またいつものように史談ふうに、時代も行きつ戻りつ、ときに大石や浅野にもふれながら、見てゆこうとおもう。

●まず、［第①期］にでる「弾正《だんじょう》」だが、これはもともとは幻でなく、古代の行政官庁

「弾正台《だんじょうだい》」の職員の官職名であった。

日本最初の国家体制基本法である太宝律令（七〇一年制定）の、中央政庁の一つに「弾正台」という役所名がみえる。行政八省（太政官の中務省《なかつかさ》・民部省・大蔵省・兵部省など）の外に独立して、中央・地方の「犯罪を糾弾し、風俗を粛正する」ことをつかさどる役所だ。タダスツカサとも訓《よ》み、まあ、今の警察・検察機関にあたる。

職制は、上から順に、弾正尹《いん》（長官、従四位上）・弾正弼《ひつ》（次官、正五位下。平安初期から弾正大弼《だいひつ》・弾正少弼《しょうひつ》に分かれる）・弾正大忠《ちゅう》（正六位上）・弾正小忠（正六位下）・弾正大疏《そ》（正七位上）・巡察（正七位下）・弾正小疏（正八位上）などがあり、これらを総称して「弾正」といっていたわけだ。（なお、時代がくだると、職名に相当する官位階は少しずれる。）

弾正台というこのお役所は、はじめのうちこそ諸国に巡察使を派遣して、全国の治安維持にあたっていたが、律令制の機能が急速に衰退すると、その活動は都の中に限られ、平安時代の前期八三九年には早くも、令外《りょうげ》の官（令の規定になく、のちに改補新設された官職）である検非違使《けびいし》にその職務が移って、弾正台は名前だけの存在となってしまっていた。

だいたい平安時代の中央行政担当貴族――お公家さんたちは、公務のなかでも、みずから武器を執って戦闘の場に臨んだり、盗賊を捕らえたりといった、危険な手を汚すことを好まず、卑《いや》しんで避けたことは、前章でみた。

行政官制のうち「武」にかかわる実際部門――「弾正台」や「衛府」（近衛府《このえふ》・衛門府《えもん》・兵衛府《ひょうえ》）「馬寮《めりょう》」「鎮守府」「大宰府」など――が、兵部省・刑部省という省がありながら、その部局としてでなく、八省の外におかれている根本の考え方は、ここにあろう。

しかし国家の治安を保つためには、誰かがその実務につかねばならぬ。そこで公家は、これを「地下《ちげ》の者」（一〇四ページ）に押しつけた。（「夷を征するに夷を以てする」という、中国輸入の中華思想である。）そこに侍《さぶらい》＝武士が発生してくるのだったが……。

これらのことも前回述べた。


これを、もう少し詳しく分け入って見てみよう。
（A）正規の武官「熟《にぎ》エビス」
国家として、正規の軍体制と、実戦士としての将と兵士は、不可欠だ。そこで公家は、朝廷に仕えるようになった「侍」――いわゆる王化に順応した地方豪族「熟夷《にぎえびす》」――に、次々と官位（位階と官職名）を与えて駆使し、必要のさいは、彼らの手勢の軍団を率いさせて戦場に派遣した。平氏や源氏などはその代表だ。

平時も鎮守府・大宰府などに武官として駐留させ、また、朝廷の警護にもあたらせる。

――小倉百人一首に「御垣守《みかきもり》衛士《えじ》の焚く火の夜は燃えて…」というのがあるが、衛士は諸国のそういう軍団から、毎年交替で衛門府に召され、宮内警備にあたる兵士である。そして「昼は消えつつ物をこそおもへ」……作者のお公家さんはその篝火《かがりび》を自分の恋患《わずらい》の比喩として歌っているのだ。

つまり、同じ「武」門でも「衛府」は「弾正台」とちがい、実際に機能していた。

そして注意したいのは、「弾正台」に代わって「令外の官」である「検非違使」の庁が設置されたとき、それらの役人に補任されたのは、旧弾正台の官人でなく、左右衛門府《えもんふ》の官人であった。検非違使の庁は、天皇の直接の指示によって行動し得る組織として形成されたものだったから、「公権を背景とする警察力」として大きな役割りをもってゆく。（この時点で「弾正台」はまったく空疎となった。）

（B）野の実力党「荒《あら》エビス」

しかし公家は、正規の軍《いくさ》よりも、盗賊逮捕や、遠く離れた自家の庄園のごたごたに手を汚すのはもっと好まない。「千金の子は盗賊に死せず」である。

そこで、こういう部門の仕事は、右の検非違使――左衛門尉などの官人――の配下として、地方の、官人の末端に連なってはいないが、民間で実力も武力もある「荒夷《あらえびす》」に下請けさせることにした。やはり何らかの官位官職名をみやげとして。

（もともと朝廷は、官位官職以外、何のみやげも出せる所でない。（A）の「御垣守衛士」にしたって手弁当でゆくのであった。そこが現在の国家公務員と違う。）

……で、民間の荒エビスに与える官職として、もはや実体が消えている「弾正台」の官職名「弾正」などは、格好のものだったろう。さきほど①で「幻の官職名」といったのはこのことだ。

ここですでに、「体制にしっかり組み入れられた「サムライ」＝「（A）群」と、そうでない「（B）群」との間に、区別（差別化）が生まれている。

余談になるが……まだ「弾正台」が機能していた頃でさえ、長官の弾正尹《いん》にすら公家からは成り手がなく、しばらくは親王が形だけその座につくことがつづき、弾正の宮とよばれたほどだ。仁明天皇の四の宮（第四皇子）・人康《さねやす》親王や、文徳天皇第一皇子・惟喬《これたか》親王、の例がある。

人康親王は、盲目になり琵琶に長じたとも伝説される人だが、その墓は山科の四ノ宮にあり、のちに、鎮魂芸の盲僧・琵琶法師たちがここ「山科四ノ宮河原」を根じろに全国を巡る。法師たちがその芸の祖としたのが、この親王だ。

また惟喬親王は、聡明な第一皇子でありながら、母が紀《き》氏の出身であったため、太政大臣藤原良房の娘を母とする九歳の第四皇子に、天皇即位を譲らねばならなかった人で、やがて出家剃髪し、比叡山の麓・小野に隠棲した。その悲運は『伊勢物語』をはじめ、のちの浄瑠璃などに多く題材となった。また、山ノ民木地師《きじし》はこの惟喬親王を技術の祖とする伝承を負う。

――こういう流れにも、早くから「弾正」と、社会的被疎外者とのかかわりが出ていよう。

そもそも律令体制の根っこを支えたのは、「公地公民」制であった。――彼ら大御宝《おおみたから》とよばれる「公民」は、全国隅々まで国の戸籍・計帳に精密に登録され、公田《こうでん》を耕し、租《そ》（稲）や調《ちょう》（物品）とよばれる税を都へ運び納める。（東国からも山陽・山陰道からも、担当者が担いで徒歩でだ！　これも庸《よう》という労役（税）の一つで、「運脚《うんきゃく》の制」といった。むろん食糧自弁である。）

だが、そんな都のお役所の机上の中央集権体制が長くつづくわけがない。奈良時代の後半すでに、負担の余りの重さに逃げだす民衆が相次いだことは、ご承知のとおりだ。

そして平安時代前期には、「国家の公田の地方実力者による私田《しでん》化」と、「公民の私民化」が、なだれのように進む。律令政治の実質崩壊と、庄園（私人による大土地所有）制の上にたつ摂関政治のはじまりであった。（摂政のはじまりが、右でみた藤原良房である。）現場の私田・私民の所有者である実力土豪は、都の有力公卿や大社寺に名目上の庄園領主になってもらい、保護を受ける方法を編み出す。これらの領主が「9・10章　鮒」でみた「本所・領家」だ。

逃散した民衆（いわば国内難民）が日々実際に頼れるのは、そういう庄園や山河の大地にもともと根を張った、実力党「荒エビス」である。彼ら逃散民はその傘下に流れ込む。いわば律令制の崩壊と並行して、諸国に独立の民間自治小国が群れ起こったありさま。

都の政府はそれらの頭目に「弾正」の官名を与えて、庄園や地元の治安維持、それに、少しの国衙《こくが》領を支配する名ばかりの国司（都から派遣される地方長官）との紛争解決などを請け負わせた……といういきさつだったろう。日常現場のめんどうな事々——それこそ社会運営の基盤をなす大切な部分なのだが……。

かれら「弾正」たちもまた経験を積み、鎌倉時代には民衆を束ねる土豪として成長してゆく。その点で、のちの室町時代における農村部の土豪（「国人《くにうど（こくじん）》」）と性格が重なる部分もある。

八切氏がいわれる《原住系のボス「弾正」》とは、（早くから体制の傘下に入り、ともかく中央の官人となって「サムライ」と呼ばれた「熟《にぎ》エビス」に対して）こういう在地「荒エビス」だったとおもわれる。

なかにはむろん「官職としての弾正」でない者も多かったろうが、傘下の者はお頭《かしら》として

「弾正！」と呼んだこともあったろう。今でも大将！や先生はどこにもいるように。

……それにしても何ですねえ、殿方《とのがた》の世界では、その、下帯《したおび》でなく、首にしめる（或いは首をしめる）ネクタイというものが、たとえそれが「幻のネクタイ」であれ、何かと効力を発揮するのでしょうね。いつでもどこでも、それなりに……。

以上がだいたい古代末期までの、「弾正」誕生のいきさつだったとおもう。
古代の終焉《しゅうえん》を告げる源平争乱は、朝廷に駆使されて「サムライ」（前記の（A））同士が戦ったのだった。（（B）の、野の「弾正」はまだそれほどの糾合《きゅうごう》力はない。）
あげく、東国に武家政権が成立する。
鎌倉幕府の成立は朝廷からすれば、飼い犬に手を噛まれた以上のものだった。朝廷にとってまさに「飼犬」にほかならなかったサムライが、実質、この国の政権を奪ったのだから。

ところで、ふしぎなことに、鎌倉幕府が開かれて、国家の実際の政治権力が武家《さむらい》（もはや「侍《さむらい》」ではなく公家に相対する「武家《ぶけ》」という語が生まれた）に移ってからも、幕府の役人（御家人＝武士）に対する「官位」の授与は、朝廷の手でおこなわれた。だから武士は、幕府の「武家職制」と、朝廷の「官位（官位階と官職名）」と、二重の肩書きをもっていたわけだ。――いわば、朝廷は官位の家元で、それが朝廷の仕事であり権威だった。政治の実権はなくとも、この国のほんとうの「主《ぬし》」としての権威が、こうしてかろうじて保たれていた。

この二重性は、じつに、江戸時代の徳川幕藩体制にまでつづく！

つまり徳川幕府の直臣（大名や旗本・御家人）はもとより、陪臣《ばいしん》である諸藩の重臣すら、その官位（官位階と官職名）は、幕府の手を経て朝廷へ奏請して下賜されていた。

むろんこの江戸時代、官位階は別として、官職名は、武家のばあい、将軍を除いては実際に機能していないのだから、単に、先に喩《たと》えた「ネクタイ的称呼」にすぎないのだけれど……。

（ことに、陪臣〔藩の家老など〕の官職名の場合、どこまで厳密に朝廷へ奏請されていたのか、私はよく知らない。日本の社会は、形式はじつに細密に整えても、実際の運用はかなりファジーなところがあるのだ。げんに、現実にはこれら陪臣の場合、「仮名《けみょう》」であって、何となく周りが認めている勝手な名乗りにすぎない――と言っている江戸中期の書物〔伊勢貞丈著『貞丈《ていじょう》雑記』〕もある。）

具体をみよう。

例えば――浅野内匠頭長矩では「赤穂藩主」が武家職名。「従五位下」は官位階、「内匠頭《たくみのかみ》」が官職名である（「令」では、中務省内匠《たくみ》寮があり、宮廷の工匠の長官だ）。

大石内蔵助良雄のばあい、「赤穂藩家老」が武家職名、「内蔵助」が官職名ということになる。（「令」では、中務省内蔵《くら》寮の次官だから、財務官としてなにやら重々しいネクタイだ。）

……もっとも、先にみた山科言経《やましなときつね》卿が「内蔵頭《くらのかみ》」であったのは、朝廷の臣として実際の職名だけれど、大石内蔵助がその下で「助《すけ》＝次官」をつとめたわけではない。ただの称呼だ。彼の家系ではこの名乗りは曾祖父・良勝からはじまる。（それまではあとでみるように「弾正」だった。）

「内蔵助」という名乗りは、江戸時代前期の藩の「国家老」層には比較的多い。先に「備中松山藩受け取り」でみた鶴見内蔵助もそのひとりだ。藩主の政治をたすける「輔弼《ほひつ》の臣」として、かなり適した名乗りなのだろう。同じ柄のネクタイを締めた人が同時に何人もいたのだ。

元禄当時の将軍・綱吉は「将軍」が武家職制におけるかれの職名だが、これを宣下《せんげ》（任命）したのはそのときの霊元《れいげん》天皇である。かれの官位階・官職名は、最初従四位下からはじまって右馬頭《うまのかみ》（右馬寮の長官）、参議、征夷大将軍、正二位、右大臣、とつぎつぎに与えられたわけだ。

も少し時代をさかのぼると……豊臣秀吉は、筑後守→正二位→関白太政大臣。

織田信長は、上総守→弾正忠→右大臣→正二位、というふうに進んだ。

さてここで——信長に問題の「弾正忠」がでてきた。

八切止夫氏によれば、《信長の父・信秀も弾正の官職名をもっていたが、これは関西でいう長《ちょう》吏《り》と同じことで、原住系のボスのこと》、弾正はそういう出自の者に与えられた官職名であるという。織田氏はもともと越前国丹生《にゅう》郡織田庄の八田別所の出身で原住系であるため、朝廷へ献金などしたさい、出自に見合った「弾正」の官職名を与えられた、というのが八切氏の説である。（織田庄から尾張へ流れたとされるが、織田系図では、信長の祖父・信定も弾正忠であり、さらに曽祖父・玄祖父も弾正左衛門と記されている。）

ところで、『寛政重修諸家譜』の索引という便利なものがあって、だいたい天下統一期から江戸後期（寛政年間）頃まで――つまり、この章の冒頭であげた［第④期］――の、大名級の人々の官職名が一覧できる。そのなかの「弾正」の項には二百六人が記載されている。浅野の家祖・長政（弾正大弼《だんじょうだいひつ》）もあれば、その四代後の広島藩主綱晟《つなあきら》（同じく弾正大弼）の名もみえる。（広島藩は赤穂浅野藩の本家である。）……その他、池田あり、真田あり、伊達・戸田・藤堂・鍋島・本多・柳沢・山名などなど……全国にわたり、徳川将軍家の一門である松平・保科《ほしな》にも多い。

これら数十家がすべて八切氏のいわゆる原住系であるとすれば、徳川幕藩体制の諸侯（＝支配者領主層）の少くとも半数近くは原住系ということになろう。

なかでも、上杉家などは、あの上杉謙信（景虎）が「弾正大弼」であって以来、ほとんど代々弾正の官職名をもち、元禄のころの米沢藩主・上杉綱憲もまた「弾正大弼」である。

しかもこの綱憲は、何と、あの「ふなじゃ鮒じゃ、鮒ざむらいじゃ」と（八切氏によれば《弾正の末裔たる》）浅野内匠頭に差別的言辞を吐きかけたとされる吉良上野介義央《よしひさ》の実子なのである！（母―義央の妻―の実家を継いでいた。）

このところを八切氏はどう解釈されるのか、などと問うのは愚かというべきだろう。

とにかく、こういうふうに細部をよく見てくると、私のいう日本列島内における「横なる無差別の差別」の実体が、如何に「幽霊の正体みたり」の感深い性質のものか、おわかりいただけるのであるまいか。「腐っても鯛」ということわざもあるが、何のことはない、みな同じ「日本川《にっぽんがわ》の鮒《ふな》同士」なのである。

さて、このように江戸時代では「弾正」という官職名は、もう非常に拡散して与えられていたといってよい。

しかし、時代をもう少し遡らせてみよう。

中世――。鎌倉時代から南北朝争乱期をへて、室町時代、戦国期までは、少し事情もちがうようだ。

12　弾正の謎（その二）

●まず［第②期］　中世の鎌倉末～南北朝、について見てみよう。
——「弾正」族にとって、日本史上、束の間の栄光と、その挫折の季節である。

この時期、武将のうちでも「弾正」と呼ばれる人々には、明らかに一つの共通性がみられるように、私にはおもえる。

一口でいえば、彼らは、土豪とはいっても、貢租を納める農村を基盤とする生活圏から出てはいない。乱世に、まるで降って湧いたように、山間部から政治の表舞台（すなわち平野）へ忽然と出てくる。

例えば、楠木正成《くすのきまさしげ》だ。正成は、現在の中年以上の私どもには、建武《けんむ》の中興・南朝《なんちょう》の忠臣として記憶されているが、この一族は、正成のときに突然、朝廷から呼出され、政争の表舞台へ出るのだが、それまでは霧の中だ。

河内・和泉・大和にまたがる金剛葛城山系に栖む「山の民」集団の長《おさ》、というのが真相だろう。（奈良時代の名族　橘《たちばな》氏の末裔ともいうが、橘氏は藤原氏との政争に敗れた族だから、体制からはみ出した一派が山に栖みついたこともありうる。）

とにかく非農耕地帯の実力者であって、河内和泉の「散所《さんじょ》」のたばね（長）だとする説も、中世史学者・林屋辰三郎氏をはじめ多い。

散所とは、別所と同じく、平安初期の公家と夷《えびす》との内戦のあと、敗者が隔離おし込められた地帯に発するらしい。別所・散所・院地・垣外《かいと》など呼び方は様々だが、全国的にかなりな面積に及ぶ。稲作不適地だから、公家・武家・社寺などの領主から税（＝米年貢）を免じられていた。そこに住む人々は様々な商工的なりわいにたずさわり、自分たちの頭目《とうもく》に人頭税を納め、保護も受ける。頭目の統率力は強く、治安に当り、武力ももっていたらしい。生業上、その生活行動領域は広い。領国支配下の農民に対し、いわば影の民衆――荒エビス集団。それらの人々を、家人《けにん》として率い養うのが、「弾正」などと呼ばれる頭目だった。

鎌倉末期の奈良東大寺文書に、播磨国から東大寺に納める庄園年貢が、運搬中「再々、河内楠入道ラノ為ニ強奪サル」とあるのは有名で、これが、世に出る寸前の楠木党の姿だろう。

そしてこの党の頭目は、楠木弾正と呼ばれていた痕跡がある。（正式に官職名として朝廷から与えられていたとは想像しがたいが、自称か、証拠はない。）――筆者は、六百年後のこんにちなお、金剛山麓の人々が「クスノキさんは、ダンジョウさんや」というのを耳にして驚いたことがある。

……そういえば楠木党の本拠であった和泉《いずみ》葛城山脈の尾根すじの南っぺらにも、楠木正成の築いた砦《とりで》というのが幾つもある。そこは紀ノ川を見おろす高台で、紀伊国にぞくするが、その砦のひとつに「楠木ダンジョウ」と呼ばれるのがある。郷土史関係の書物では「壇上」と字を当てたりしているが、これも元来は「弾正」ではあるまいか。

（もっとも、そこから程近い高野山をはじめ寺院では、金堂や御影堂のある地域を壇場《だんじょ》とよび、また一般に、教壇や仏壇の上を壇上《だんじょう》とよぶ佛寺用語もあることだから、私も確言できないが……。）

とすると、同時期に「悪党」として活躍した山城国上久世《かみくせ》庄の下司《げす》職「壇上兵衛二郎行政」の壇上も同様でないか？　地名でも播磨国の「壇場山《だんじょうさん》古墳」（姫路市。兵庫県で二番目の大型古墳）など、中世にこの地の弾正が古墳の上に砦を築いた弾正山ではないか…と想像がとぶ。かれら悪党はこういう交通要路を見おろす高台に山砦をつくるのが常だったし、この辺りは西国から都の大社寺へ運ぶ庄園年貢の強奪に、弾正たちが最もあばれた地帯でもある。

また、稲刈り寸前の田を急襲してきて刈り取る「刈田狼藉《かりたろうぜき》」は、その地の農民や領主からもっとも怖れられた「悪党」の一般的習性だったが、これも、かれらが農耕地帯の名主《みょうしゅ》層などの出ではなかったことを示していよう。

庄園領主としておおいに悩まされた公家や大社寺が、かれらのことを「悪党」とよんだのも、むりはない。

こういう「党」は中世の山岳・河谷の交通の要路にたくさんいた。

そしてこれら悪党―弾正たちは、たがいに「交名帳」（ときに百名に余るのもある）を交わし、畿内およびその周辺の海・山に、広域に連携プレーしていたのである。

楠木正成の戦術が、「やあ〳〵われこそは」と名乗って一騎打ちする鎌倉武士などと異なり、山岳ゲリラ戦術――いわば風魔《ふうま》＝風那《ふうな》＝フナ（10章「鮒（その二）」参照）の忍術的なものだったことも、よく知られた事実だ。それに、行動範囲がひろく、山岳宗教の修験者《しゅげんじゃ》とはむろんのこと、淡路の沼島《ぬしま》水軍・瀬戸内の村上水軍・紀伊の熊野水軍とも、普段から交易を通して緊密に連携していた。（これら水軍は、当時のことばでいえば「海賊」だが……。）

おそらく楠木氏も、河内・摂津・大和・紀伊の、交通の要衝を支配し、馬借《ばしゃく》（陸上運搬業者）や水運業者を掌握し、いっぽう、金剛砂・水銀・砂金・鉄の採鉱冶金技術をもち、武力と財力を兼ね備えた、典型的な・富める「悪党」だったろう。でなければ、名刹である河内の金剛寺や観心寺との縁の深さ（かれはここで学問し、さまざまな寄進もしている。観心寺は一時、南朝の皇居となった）、また自身の本拠・千早赤坂の寺々の造営など、ありうることではない。

同時に、領主の酷政に苦しむ河内の百姓には、運搬途中の年貢を奪って分けてやったりして、普段から人望があった。この者たちも、正成が後醍醐天皇の呼びかけに応じて討幕挙兵後は、かれの諜報戦術を助けるのだ。こういう点、表の領主にない民衆把握がみられるといっていい。……もっとも、いっぽうでは、挙兵準備の一環として、和泉国若松庄（現、堺市）に乱入して、兵糧米を徴発したため、その地元からは「悪党楠木」とよばれたのも、これまた当然のことだったろう。

この正成の行動に呼応して、畿内から西国にかけて、河野水軍や、播磨の赤松一族が、反鎌倉幕府運動を展開し始めるのである。

赤松氏は播磨も西端の佐用《さよう》郡・赤穂郡が本拠の大族だ。もと、赤穂郡赤松（現、上郡《かみごおり》町）に発祥したという。村上源氏を名乗り、鎌倉幕府の御家人（佐用庄の地頭職）でもあったが、どうも秦《はた》氏系のようにおもわれる。古代の赤穂郡は秦氏の繁栄した地である。赤穂の坂越《さこし》は、聖徳太子のバックであった渡来系・秦河勝《はたのかわかつ》が、太子の没後、隠退した地だ。（この坂越峠を西へ越え、千種《ちくさ》川を渡ると、あの、のちの赤穂浅野藩の塩田と城下が広がる。千種川は北方佐用郡に発し、南流して赤穂郡を貫き、赤穂御崎《みさき》で瀬戸内海に入る。）

正成と同時期の「赤松則村《のりむら》（入道円心《えんしん》）」は、播磨一円の「悪党」たちの束ねのような実力者で、河内の楠木とも交わりがあった。

この一族にも「弾正忠」「弾正少弼」がいる。

赤松円心もまた、大塔宮護良親王の令旨《りょうじ》を受け、苔縄《こけなわ》城（現、赤穂郡上郡町）に拠って挙兵する。

何か、地上が底のところから鳴動している。――これが鎌倉時代末期、十四世紀前半の姿だった。その頃の「悪党」のさまを、播磨の峯相山鶏足《けいそく》寺の老僧は、つぎのように記している。

《正安・乾元ノ比《ころ》（一二九九〜一三〇二年）ヨリ、目ニ余リ、耳ニ満チテ聞へ候シ所々ノ乱《らん》妨《ぼう》、浦々ノ海賊、寄取《よせとり》、強盗、山賊、追落シ、ヒマナク、異類異形ナルアリサマ人倫ニ異ナリ》（寄取＝訴訟で権力者の名義を利用。追落シ＝おいはぎ・城の乗っ取り。）

しかも、

《国中ノ上下過半、彼等（悪党）ニ同意スル間、……ハタシテ元弘《げんこう》ノ重事《じゅうじ》出デ来ル》

（『峯相記《みねあいき》』一三四八年成立　兵庫県揖保《いぼ》郡太子町の斑鳩寺《いかるがでら》所蔵　より）

「元弘ノ重事」とは、元弘元年（一三三一年）、後醍醐天皇が都から笠置へ脱出、それに呼応した楠木正成の河内国金剛山赤坂城における挙兵、ついで、赤松円心の播磨国苔縄城における挙兵である。

赤松氏はこの南北朝時代、複雑な動きをした大族である。建武新政にすぐ失望した円心は、足利尊氏に組して、九州から京都へ巻き返す尊氏を大いに助け、楠木正成を湊川で陣没させる。そしてなおも吉野の山岳深くこもる後南朝《こなんちょう》の皇子たちに刺客を潜入させて首を取るなど、のちの一族は、さまざまな面で室町幕府を支えてゆく。臨済宗大徳寺派の開祖・宗峰妙超《しゅうほうみょうちょう》（大灯国師）は円心の甥である。しかしまた、六代将軍・足利義教《よしのり》の強圧政策を批判して、これを謀殺する。そうして戦国時代、赤松一族は、関ヶ原では、西軍・石田三成に一味して、嫡流は滅ぶ。

……まあ、いわば、節を変えた一族の見本のようにみなされ、後世の儒学者や国学者の評判はよいとは言えなかったようだ。

それに対し、楠木正成は、後世、水戸藩の『大日本史』などを通じ、昭和の戦前まで、忠臣の鑑としてつくられてゆく。そして日本の敗戦後、一転、地におとされる。

……が、もし私たちがこれら「できあがった観念《イデオロギー》のレンズ」を通してのみ見ていては、歴史のなかの彼らのほんとうの姿、その底にあった彼らの人間としての「共通の願い」、は見えてこないのではあるまいか？

同時代からは《異類異形》の者と見られた「弾正」「悪党」たち。――しかも《国中ノ上下過半、彼等ニ同意》したという。彼らの何が、このクニに住む過半数の人々の心を動かしたのか？　異類。異《こと》ノモノ。ということばも中世にはあった。その疎外・人間の痛み、の中から彼らは、しんじつ、何に「忠」たろうとしたのだろうか？

そして同じことは、江戸時代のいわゆる『忠臣蔵』――赤穂事件――についても言えるのではないか？　時代こそ異なれ、このクニに底流れる差別構造への、反撥と改革への「志」ではなかったか？　とわたしはおもうのだが……。

さて、話が先走ってしまったが、戻そう。

鎌倉幕府――さきに一二〇ページでみた「（A）のサムライ達」が創った武家政権――による支配秩序を崩そうとした後醍醐天皇が、こういう「諸国悪党――（B）の鮒ザムライ達」の、いわば体制から疎外されつつ・海・山に広いネットワークをめぐらす、実力民衆党のエネルギーを利用しようとしたのは当然だったろう。

「元弘の事」敗れ、鎌倉幕府によって隠岐《おき》の島に流された後醍醐天皇を、脱出させ、自分の地へ迎え、警護して京都に還帰させた、伯耆《ほうき》国奈和《なわ》庄・名和湊の名和《なわ》長年《ながとし》。……かれも、当時の日本海沿岸水運をにぎる、山陰地方きっての大族・実力党であり、大山《たいせん》北麓の本拠・船上山《せんじょうざん》周辺から、美保ノ関、隠岐島一帯の航路を掌握していた。

近畿における楠木・赤松と似た出自と性格の族である。

『増鏡《ますかがみ》』（公卿・二条良基による鎌倉時代の和文歴史書）は、名和長年のことをこういっている――

　《あやしき（いやしい）民なれど、いともう《猛》に富めるが、類《一族》ひろく、心さかしく、むね《(宗)》〱しきものあり（宗家《そうけ》の頭領としての威がある）》

名和氏もまた、赤松氏と同じく「村上源氏」を名乗っていた。そして先祖が罪を得て、播磨・伯耆へ配流されたという伝承をもつのも似ている。平安時代、公家が流罪になる場合、地理上、播磨の西端・佐用郡や、伯耆、四国の讃岐の線が多かった。その地の土豪は、自家の娘を通じて、それら「都の貴種」の血が入ることを喜び、格付けに利用した時代だったのだ。名和氏そのものは元来、丹波から伯耆へとひろがった、出雲系の民だったろう。

新政参画の功により、長年の子の義高は、建武二年、「正五位上　村上弾正大弼《だいひつ》　源顕興」となる。この大族もほとんどが、つづく南北朝争乱につぎつぎと戦死する。

さらに、この新政で重く用いられた人々を「三木一草《さんきいっそう》」というが、皆、弾正と関係あるのも興味ぶかい。

「三木一草」――楠木《くすのき》正成・伯耆《ほうき》＝名和長年・結城《ゆうき》親光・千種《ちぐさ》忠顕の四人の総称だ。

千種忠顕は村上源氏系の公卿だが、従三位弾正大弼《だいひつ》。親光は奥州白河の結城氏で、この家系にも弾正小弼《しょうひつ》が多い。ついでにいえば、すでに敗色濃い南朝側でがんばった同じ村上源氏系公卿の北畠親房も、弾正大弼。……どうもこれは後醍醐天皇が振り撒《ま》いたとしかみられない。

もちろん彼ら「三木一草」はみな敗死し、政権は北朝に移って、家系は没落する。しかし例えば、名和氏はその後も肥後八代《やつしろ》にあって、代々弾正の官職名を名乗ってゆくのだ。

楠木氏も討幕・建武中興の大功によって、一時は、摂津・河内・和泉三国のれっきとした守護（領主）となり、兵衛尉《ひょうえのじょう》・河内守《かみ》の官職名をえた。けれども、地元の民衆は、「弾正」の名で彼を愛惜し伝えつづけた。

そして二百五十年後――すでに［第③期］も終りにちかい戦国時代だが――子孫である楠木正辰が、相婿である義兄・山科言経《ときつね》卿の邸で、「鮒《ふな》汁」をごちそうになっていた。さきにみたように。この辺りに人間史のおもしろさもあろうか……。

正辰は「楠木流軍学」の祖となった。軍学をまとめるには山科言経がおおいにかかわったとおもえるのだが、正辰は江戸に出てこれを講じて生活した。ところが……、直弟子となった紺屋出身の男が、江戸幕府はじまって最初の、倒幕の企てをするのである。「由井正雪《ゆいしょうせつ》の乱」――慶安事件だ。（一説に、正雪は師の正辰を殺し、菊水の家紋と伝来の太刀を奪っていたともいう。）

元禄「赤穂事件」のちょうど五十年前のことである。

歴史という、人間の描く刺繍《ししゅう》の裏の糸の綴り具合は、まことに測りがたい。

●［第③期］　室町時代の応仁ノ乱以後

話をもどそう。とにかく、こういう［第②期］南北朝時代の敗者の残党が、ふたたび乱世となると、あちこちから群れをなして史の表層に姿を現わす。（長い眼でみれば、日本の政治史は「敗者復活戦」のおもむきすらかんじられる。）

戦国時代の梟雄《きょうゆう》として、東大寺焼打などで悪名高い、松永弾正久秀もその一人だ。この人の出自も明らかでない。西国の「賈人《こじん》」＝商人ともいう。彼は大和の信貴山《しぎさん》城・多聞《たもん》城に拠り、機略・謀略のかぎりを尽くしてあばれるのだ。

こういう「弾正」は、信長をはじめ他にも多い。彼らに共通するのは、戦術政略の斬新さ・機敏さだ。軍団の機能性と、情報つかみの広さ・迅速さだ。農村を基盤とする武士（名主《みょうしゅ》）のものでも、百姓のものでもない。商業民特有の感覚だろう。彼らは皆、堂々と弾正を名のり、その名の下に馳せ参じた無名の民（彼らは「足軽」とよばれた）も多い。どういうわけだろう？

そもそも、日本の自然風土・とくに生活地理は、公家（朝廷）の支配分割＝国々の境界どおりにはゆかぬ。それらにまたがりクロスオーバーする山岳・河川・渓谷の生活空間の方が、平地の農耕地帯よりずっと広い。政権の領国支配体制下に実質的に組みこまれ、年貢を納めるのは、稲作地帯の「百姓」だけれども、広大な山岳河川渓谷には、平野からはみ出した「民」――（押込められた夷の末裔や、農村からのはみだし人口）たちの、独立覇気の天地、きびしいが多様で自由な生活がある。

中世の長い歳月、かれらはその天地で、水田耕作以外の、山の民・川の民として、焼畑・狩猟・漁労・手工業・鉱業・運輸・宗教芸能、その他もろ〳〵の生産と商いに、行動半径ひろく生きた。

人工の国境は往々、山脈や河川をもってするが、たとえば山岳地帯で採鉱冶金にたずさわる者たちは、どうしても国々の境界を越える。また筏《いかだ》流しや水運を業とする者は、生業自体が往々、国境線上にある。民間宗教や芸能者も、他国への放浪巡回が、古来から「訪《ま》れびと」「祝《ほが》いびと」としての伝統であった。

一口にいえば彼らはすべて、「境界」を踏み抜いて生きざるを得ない人々であった。

それらの集団の頭目が、遠い昔、朝廷から「弾正」の官職名を与えられた記憶——その記憶が逆に、弾正の名が彼らの筋目を表わす代名詞となり、乱世における事挙げのさい、同じ筋目出身の者たちが安心して馳せ参じる「旗じるし」ともなってゆく。

与えた公家の側からは蔑視の結果であろうとも、人間はそれぞれ己れの生き方に誇りをもつものだ。鎌倉幕府打倒と建武新政に新しい時代を拓《ひら》こうとした「弾正たち」の名は、逆に後世の彼らにとっても、みずからを現わす誇り高き称号になった、と言えないか……。

歴史の沈黙の底には、そのような人間の情念の連綿たるつながりが存在するように、私にはおもえる。

13 「弾正《だんじょう》」の謎（その二）

●「判官びいき」と「弾正」

弾正の謎はひとすじ縄でゆかない。隠され蔽われた部分が多いためもあるだろう。官職名や記録は、人間史の連綿たる情念や行動の、ある時点における客観性の影にすぎない。それも往々、作為を伴った切り口の影として……。

それを補うのが、虚構のかたちで本質を表現する、文学や芸能だろうか。

ところで、日本の民衆芸能——芝居や、講談（「太平記」語り、などもふくめて）——に出てくる官職名に、一つの特徴がある。官職名はずいぶん多いのに、人気のあるのはただ一つ、「判官《はんがん》」である。一に判官、二、三、四はない、といったありさまだ。

「判官びいき」という、日本人気質《かたぎ》すら確かに存在するほどに。

どうしてそうなんだろう？　この方面から覗いてみよう。そこから「弾正」も芋づる式に少しは見えるかもしれないから——。

判官とは、奈良時代の「太宝令」で四等級ある官職——カミ（頭、＝長官）、スケ（助、＝次官）、ジョウ（尉、＝判官《はんがん》）、サカン（主典）――の第三位「ジョウ」に当たる。各役所によって、当てる漢字は、守（カミ）、督（スケ）、掾（ジョウ）、目（サカン）など、みな異なる。

「弾正台」でいえば、弾正忠《ちゅう》が「ジョウ」に当たる。カミは弾正尹《いん》、スケは弾正弼《ひつ》、サカンが弾正疏《そ》。（詳しくは一一九ページ）

「判官びいき」の出どころ源義経は「検非違使《けびいし》の尉《じょう》」だったから、たしかに判官である。とくに「検非違使の尉」のばあいは「ホウガン」とよんだらしい。だから、ただ「九郎判官《ほうがん》」で通ずるわけだ。それで「義経びいき」は、正しくは「ホウガンびいき」なのだそうだ。これは故老のお教えだが…。（「検非違使」という役所が、「弾正台」が平安時代前期に実質失われたのに代わって「令外《りょうげ》の官」として設置されたことは、「11章」で触れた。）

楠木正成は「左衛門尉」を授かったから、『太平記』では、楠木判官と記される。同じく『太平記』に出る実在の塩冶《えんや》高貞も「左衛門尉」だから、やはり「塩冶判官」と記される。『仮名手本忠臣蔵』の塩冶判官高定（浅野内匠頭の役柄）はこれを借りたことは先にみた。

公家からみれば、武門系の判官は、「10章」（一〇四ページ）でみた「地下人《ちげにん》」である。（平安時代は正六位、のち、従五位下が普通となる。）

平安期の文学は貴族文学だ。その目線からすれば、「判官」はいやしき地下人だ。

しかし、中近世の、語りものや芝居は、民衆の目線に立っている。

そこから仰ぐと「判官」は、自分たちと同じ「地下《ちげ》」世界に住む最高級者でありつつ、殿上人という「雲の上ひと」の別世界にもわずかに通ずる、境界線上、橋の位置にいる。民衆がひいきにし、同情し・愛惜した「判官」は、そういう、自分たちと地続きの高貴な、しかもより高い権力によって（理不尽に）痛められた場合の、悲劇の人物である。

これが「判官びいき」の性格の特徴だろう。——逆に、自分と同等、またはより弱者には、そういう「思い入れ」をあまり抱かないのも、日本民衆の偽れぬ側面だ。

ようするに「おかわいそう」が好きで、その思い入れは「判官」どころか、時と場合によっては、雲の上——「管丞相《かんしょうじょう》」（右大臣・菅原道真）、「敗戦直後の昭和天皇」にまで舞い上がる。が、そのわりには足元の「かわいそう」は好きでなく、さりげなく顔と心をそむけ、往々現実には、いたぶりもする。

『義経記《ぎけいき》』の義経（ホウガン）のみならず、『太平記』の正成にも、『仮名手本忠臣蔵』の塩冶判官にも、この「ハンガンびいき」の性格は映っているといえよう。

だが人間は、自分と余り接触のない人物を、存在感をもって描くことはむずかしい。右の「判官」がみな、どこか透明に理想化・哀切化され、聴衆・観客のある種の庇護本能をそそいはするが、それほど人間としてなまなましく描かれていない共通性の、原因もそこにあろうか。

けれども、「弾正」はそうでない。

弾正は、民衆と同じ「あやしの民」（一三六ページ）として、在地土豪として、身近かにその体臭をなまなましく嗅げ、しかも「悪党」とよばれたほどに、悪にも強いが、現実には頼りにもなる存在でありつづけた歴史がある。この側面のほうに民衆の実感がある。
では、芝居に「弾正」はどのように描かれているだろうか。

①歌舞伎の『毛抜《けぬき》』に「粂寺《くめでら》弾正」がいる。

——文屋豊秀の家来、粂寺弾正が、主家の子息の許婚《いいなづけ》である小野家の姫の病気を見舞う。姫は髪が逆立つ奇病だという。（「逆髪《さかがみ》」は古代では、気がふれた女の象徴だった。）

その家で弾正が何気なく使った「毛抜き」が踊り出す。弾正は天井に仕掛けられた磁石《じしゃく》を見破ってしまう。姫の髪が逆立ったのは、小野家には悪者がいて、両家の婚姻をさまたげようと企て、姫の髪を梳《す》くさいに鉄粉をまぜ、さらに髪に挿す櫛笄《こうがい》も、銀と偽って鉄製のものを挿させたからだった。弾正は小野家のお家騒動をみごとに納め、めでたし〳〵となる。

実生活のなかの、機転とユーモア。まるで名探偵のような、頼り甲斐ある弾正である。

しかし、芝居のなかでの、存在感という点からいえば——

②『伽羅先代萩《めいぼくせんだいはぎ》』の大悪役、「仁木《にっき》弾正」にとどめをさすだろう。

奥州百五十四郡の主・足利頼兼の執権である仁木弾正は、主家ののっとりを謀《たくら》んでいるが、芝居の「足利家床下《ゆかした》」の場面で、盗んだ反対派の連判状を口にくわえて奈落《ならく》から舞台へせり上がってくる。

そして、ムム、ハアッハッハッハ、と笑ったあち、キッと見得を切り、悠々と舞台を去ってゆく。

仁木弾正の凄みある高笑い。……あの存在感こそ、民衆芸能がめざしながら、「判官」では描けなかったもう一つの隠れた側面でないか？

題材は、これまた、伊達藩のお家騒動にとってはいるけれど、あの仁木弾正の裏には、明治以後ぼつぼつ見直され、昭和の戦後、山本周五郎が『樅《もみ》ノ木は残った』で描いたような、じつは「汚名」を一身に着て幕府老中の手で斬殺され、一家男子全員・幼い孫まで死罪、絶家を犠牲に、仙台・伊達藩六十二万石を救った、家老「原田甲斐《かい》宗輔」が隠れているかもしれないのだから、芝居もなかなか手がこんでいる。

①も②も、何と独立した、良質の「周旋《しゅうせん》のこころ」あるパーソナリティでないか。

その役の名に、脚本作者は「弾正」という象徴名を使った。

そのうえ、歌舞伎での仁木弾正は「ねずみ」を使う。神話でねずみを使うのは「大国主神」＝ダイコクさんである。エビス・ダイコク――このクニの太古、天孫族に敗れ・国譲りした、先住族の神。みえざるところから「ねずみ（根栖《ねず》みの民）」を護る、「ぬし」である。

これらのシンボルに作者が込めたふくみは小さくなかろうではないか。

ここで私のいう「根栖みの民」とは、八切止夫氏の表現では「原住系」となろう。

芝居で人気ある「判官」の裏には、民衆自身が秘めている「われらの弾正」が、ピタリと貼り付いている。一枚の盾の裏表のごとくに。――私にはだんだん、そう感じられてきた。

『太平記』では一貫して、楠木「判官」である正成にも、「弾正」「悪党」の影が、ひょんなところに見え隠れしていたように（12章でみたとおりだ）。

——ちなみに、いま「粂寺弾正」「仁木弾正」のところで、「周旋のこころ」ということを云ったが、室町時代になって南朝と北朝の合一を、自身の一族からも「裏切り」の汚名を着つつ辛抱づよくつづけたのは、正成の三男・正儀《まさのり》であった（楠木軍学の正辰はその子孫である）。それと、もう一家、やや動き方は異なるが赤松氏。他にはいない。かれらには、高みの面子にこだわらず、民衆の立場から全体をみる眼、そしてみずから事態の周旋にのりだす柔軟な行動力が、備わっていたようだ。中世「弾正」の面目であろう。

歌舞伎「伽羅先代萩」の「仁木弾正」はむろん仮名である。が、芝居とはまったく無関係だが、「仁木弾正」は実在する家だ。鎌倉時代の三河の国に発祥した。吉良（のちの赤穂事件の上野介義央の先祖）・上杉・細川・今川などとともに、足利氏の一族として、南北朝のころの仁木右馬《うまの》介《すけ》義長は三河の守護であった。その弟に仁木弾正少弼《しょうひつ》頼勝もいる。

この頼勝などは正式の官職名だろうが、じつは『太平記』にも、正式の官職名からはありえないような「ダブッた名乗り」が、多数でてくる。南朝方だけでなく、北朝方にも。

「岩崎弾正左衛門尉高久」（巻3）、「隠岐判官・佐々木弾正左衛門尉」（巻6）、「一宮弾正左衛門有種」（巻33）、「三河国の守護代・西郷弾正左衛門尉」（巻35）などなど。

——いずれも実在の人物だが、「尊卑分脈」などの系譜書には、これらのうち「弾正」はなく、「左衛門尉」だけである。右の「隠岐判官・佐々木——」は、あの「塩冶判官高貞」の一族だ。

（これらの「左衛門尉」の中には、地方に置かれた「検非違使」（警察組織）系のそれもあったろう。）

もし「弾正」が正式に授与された官職名ならば、とうぜん、弾正の後に「弼・忠・疏」のどれかが付かねばなるまい。で、ここからはわたしの臆測になってしまうが、これらの人々の家はもともと地元で周囲から、地名や姓を冠して「岩崎弾正」とか「西郷弾正」とか、われらがよりどころ「お頭」ふうに、よばれていたのではあるまいか？　先に「11章」で触れたように。

——一例をあげれば、右の西郷弾正（北朝方）など、落ち行く敵方が地元を通過するとの報に接すると、即座に自分の手勢五百騎を動員、橋の封鎖にかけつけたりしているから、それぞれに地元でかなりの勢力だったのだろう。こういう「弾正」の例は、『太平記』にでるもの以外にも、中世には諸方に多い。

守護代・地頭といえば、れっきとした鎌倉幕府の御家人職で、先にみた「(A) 正規のサムライ」のはずだ。しかし現実の末端部では往々、「(B) 鮒ザムライ」と区別がつかない者たちが多い。いや、そういう (B) たちが、乱世の地頭職などには多かった。播磨の赤松氏の例のように。

まるで「メビウスの環《わ》」で、よじれているのだ。そうしてこのことは、のちの江戸時代さらには近代までも、政治、殊に検察・警察の末端部には尾をひいてゆくのである。

右の人々の名乗りのうち、「左衛門尉」はさきほどみたように「判官」だから、もし置き換えると、「弾正判官」となってしまう。そのへんも、見ようによってはなかなか含蓄がある。

《太平記は史学に益なし》と断じた明治の史学者・久米邦武の有名な言葉があった。史実の料としてはそれはいえるだろう。が、人間の「想い」や「考え方」そのものをさぐる本稿などにとっては、作者の勝手な「思い入れ」や、アカデミックな観点からは「つじつま合わぬ部分」に満ちているゆえに、反ってその底から透き見える事々が大いにあって、貴重なのだ。

中世、鎌倉時代、現在の東京の、日本橋から丸の内・大手町一帯に広大な屋敷を構える、関八州（関東八カ国）の長吏頭《ちょうりがしら》がいたという。のち、戦国末期に徳川家康が、秀吉の命令で江戸に入るにさいし、ところを譲って（譲らされて）浅草方面に移ったが、名を「弾左《だんさ》衛《え》門頼兼《もんよりかね》」といった。この名乗りも、もとは「弾正左衛門」が縮まったのでないだろうか？

こんなところにも、表層の歴史からはみえぬ「くにゆずり」があったのだ。――とすると、江戸城（千代田城、現在の皇居）の位置は、それまでの地名「武蔵国荏原《えばら》郡桜田郷の千代田別所」ということになる。

（ちなみに江戸時代、芝居の興行などはこの弾左衛門の支配であったという。）

民衆芸能は、「弾正」を「判官」に仮託・昇華して、隠され・消された民衆＝「根栖みの民」の、長い地底の歴史を描き、かつは自らの心のカタルシスをはかったのでないだろうか。

日本人の「判官びいき」と、「鮒じゃ、鮒じゃ、鮒ざむらいじゃ」の台詞とは、このように「弾正」をカギとして、つながるようにおもうのだが……。

●浅野

読者に申し訳ないことに、筆者、ついうっかりしていたが、この辺りで浅野家についても、まとめて見ておかねばなるまい。何といっても「赤穂事件」の張本人の家筋なのだし、また、この章のテーマである八切氏のいわれる「弾正家系」の点からも……。

結論を先にいえば、じつは元禄時期の諸大名のなかで、官職名に限ってみれば、そうきわだった弾正家系でもないのだが……。

浅野家の出身地は、尾張国丹生郡浅野村ともいい、また、『寛永諸家譜』では「清和源氏　頼光流　浅野」として出、鎌倉時代に美濃国の土岐郡浅野村に住み「浅野判官」と称していた、ともいう。——とにかく戦国期も末になって、浅野長勝という人が織田信長に弓衆として仕えた。それ以前のことはよくわからないのが実際らしい。

長勝の養子（娘婿）が、のちの浅野長政（一五四七—一六一一）である。長政は尾張国春日井郡北野で生まれた。舅《しゅうと》のつてで彼も信長に仕えたが、早くからその一将・木下藤吉郎秀吉の手に属した。（長政の妻の姉が、秀吉の妻ねねである。）

天正元年（一五七三）ごろから次第に頭角をあらわし、近江・播磨・山城に知行を得、近江坂本の城将となる。天正十年の「本能寺ノ変」後、豊臣氏の有力な奉行として活躍するに至り、同十五年にはじめて若狭《わかさ》一国の大名となった。

この長政（浅野の藩祖）が朝廷からはじめて叙任を受けたのは、翌天正十六年である。このときの官位階・官職名が「従五位下　弾正少弼《しょうひつ》」だった。かれが寄進した若狭小浜《おばま》の八幡宮の棟札に、「天正二十年　浅野弾正少弼藤原長吉」の墨書が残る。――働き盛りの四十五歳。十二月に改元されて文禄元年（一五九二）となるが、秀吉の朝鮮出兵「文禄の役《えき》」が始まった年で、かれも渡韓、軍事監督をつとめた。長政と武将らしく改名するのは、このあと、長男幸長《よしなが》と共に、甲斐国二十二万五千石の太守《たいしゅ》となってかららしい。のち、関ヶ原戦直前の徳川家康の手紙にも「浅野弾正少弼殿」とみえる。

――そして彼のこの「叙任」以前に、浅野氏に弾正の名乗りはみあたらない。

つまり、もはや戦国時代も末の、安土・桃山の天下統一期（前章の冒頭でみた③の最終段階）に、急に、織田信長に仕える形で歴史の表舞台に出てきたのであって、それ以前は、近隣を束ねる根を張った「野の党」勢力としての、さほどの痕跡はうかがえないようだ。しかしともかくこの時点で、長政に朝廷は「弾正」の官職名を与えている。

さて、長政は朝鮮出兵には反対であったが、その後、秀吉の最晩年には五奉行の首座となり、かつ、博多にくだって朝鮮出兵将士の撤退に努力した。

早くから徳川家康とも親交があり、ために、同じ五奉行の石田三成らの疎外に合い、武蔵国府中に蟄居させられている。関ヶ原では東軍に参加、戦後は江戸に住んだ。この頃、官位も「従四位下・弾正大弼《だいひつ》」に上っている。

すぐれた内政家でもあり、旧領の甲斐や播磨の庶民に遺徳を慕われたという。また趣味も広く、ことに囲碁に長じ晩年、家康や秀忠と楽しんだらしい。

もともと秀吉の姻戚・側近で、徳川からは外様《とざま》でありながら、よく乗り切った家で、次男・

長晟《ながあきら》は家康の娘・振《ふり》姫を妻に迎えるなど、将軍家の外戚《がいせき》扱いも受けた。

長政は、関ヶ原の十一年後、六十五歳で死んだ。このとき豊臣家はまだ存在しており、家康が二条城で秀吉の遺児秀頼と対面した翌月であった。

あの「鮒公卿」山科言経《やましなときつね》も同年に世を去っている。言経が四歳年長、立場は異なれ、この日本史のなかの大きな激動期を、ともに駆け抜けた二人であった。（そして九十年後、「山科」という地が、二家を奇妙な縁でむすぶことになるのだが……。）

この時期、天下はまことにめまぐるしい。浅野氏を中心に、個条書きすると――

慶長五（一六〇〇）　関ヶ原の戦。
同　八　　徳川家康に征夷大将軍宣下。
同一〇　　徳川秀忠に征夷大将軍宣下。
同一六　　浅野長政、死す。山科言経、死す。
同一八　　関ヶ原の戦功で紀伊国三十七万七千石の大名となっていた長男・浅野幸長《よしなが》が、三十八歳の若さで死ぬ。（幸長は「従四位下　紀伊守」で、弾正ではない。）
同二〇（一六一五）（改元・元和元年）大坂夏の陣、豊臣氏滅ぶ。家康、禁中公家諸法度を定む。
元和二　　三月、徳川家康　太政大臣に。翌四月死す。
同　五（一六一九）幸長の跡目を継いだ弟の和歌山城主・浅野長晟《ながあきら》を安芸備後両国へ移し、あとに、駿府城主・徳川頼宣《よりのぶ》（家康の第十子）を入れる。浅野本家・安芸広島藩四十二万二千石のはじまりである。のちの「赤穂浅野」の藩祖となる長重《ながしげ》は、長晟の弟であった。

というのが浅野家のあらましである。

以後、本家・広島藩主の官職名は、安芸一国の太守にふさわしい（ある意味では平凡な）ものが殆どになってゆく。

のちの赤穂浅野もふくめ、系図は次のようだ。

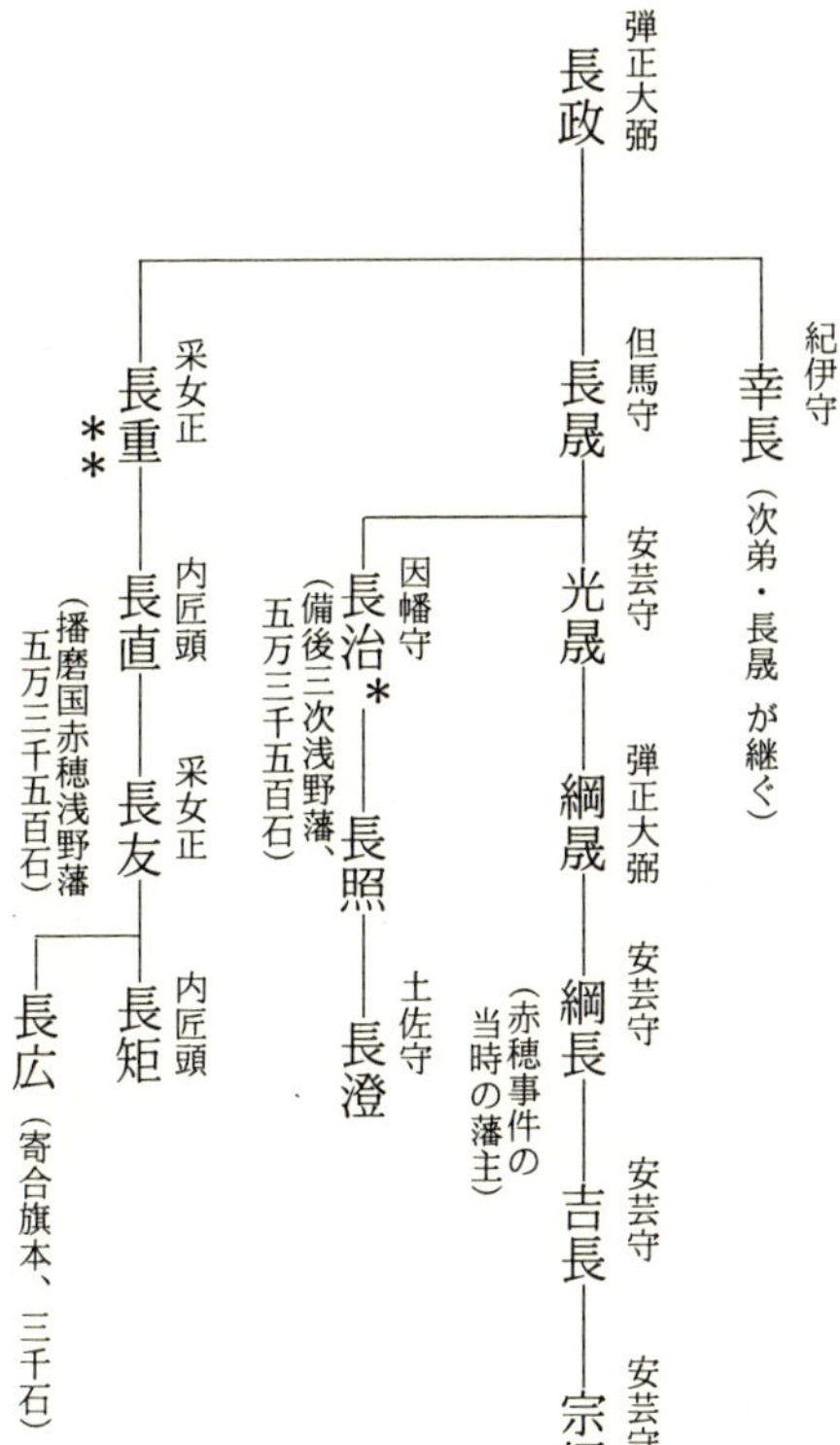

＊　長治は長晟の長男だが庶腹。この三次藩は、内匠頭長矩の妻あぐりの実家。長澄は兄。

＊＊　長重の封地は、下野国真岡藩から→常陸国真壁藩→常陸国笠間藩へ

さて、浅野家の先祖の生態がまだ霧の中であった鎌倉時代——
近江の琵琶湖の南、瀬田川の奥にも、「弾正」のちいさな一党がいた。
そこは摂関・近衛《このえ》家の庄園になっていて、党の頭目は人々の生活を束ねながら、現地で庄園の事務を司る「下司《げす》」職をしていた。

大石内蔵助良雄の先祖、「大石党」である。

良雄の系図に、彼の曽祖父良勝の祖父に当る人は「大石弾正左衛門朝良《ともよし》、住大石」とちゃんと書いてある。もっと古くにも、「大石弾正良郷《よしさと》　近江国栗太郡大石住人」というのがみえる。

大石氏の本貫《ほんがん》はこの大石庄だが、同族は東国の下野《しもつけ》にもひろがっていた。関東屈指の大族、小山《おやま》姓を名のり、小田原の北条氏と結んだが、この系にも弾正が多くみえる。現在の栃木県宇都宮市の近くにあった大石村も、古くは「別所」だったといわれる。

そして、あの安土桃山—天下統一期に、近江の大石弾正左衛門の次男久右衛門良信が、関白豊臣秀次に仕え、のち、浅野の家祖・弾正大弼長政に仕えた。

この頃の大石屋敷趾は、今も滋賀県大津市大石中《おおいしなか》に遺っているが、少し古くはもっと奥地にあり、古屋敷とよばれている。宇治田原へ抜ける山間でもある。おそらく中世の大石党は、近江・山城・大和の交通要衝であるこの辺りの運輸、瀬田川の水運も束ねていた山岳党兼商業民だったろう。……だが、この要所にいながら、意外におとなしい。何やら昼あんどんめいて。

浅野長政の三男長重が分家して常陸笠間五万三千石の藩主となるさい、付家老として千五百石を賜わったのが、大石久右衛門の子・良勝——すなわち良雄の曽祖父である。

共に「弾正」の末裔たるこの、浅野長重・大石良勝コンビは、ほどなく播磨国赤穂へ移封《ところがえ》となってのち、それぞれの子、長直と良欽《よしたか》にひき継がれる。長直・良欽は力を合せて赤穂浅野藩を創育した。（これらのことはすでに述べた。）

以来五十年。——元禄十四年、今、共に彼らの孫である、長矩・良雄の上に、運命がふりかかったのであった。

「ふなじゃ、鮒じゃ、ふな侍じゃ、
　東夷《あずまえびす》の知らぬことだヮ」

藩主・浅野内匠頭長矩の心中をもっともよく知るのは、家老・大石内蔵助良雄であったはずである。

「昼あんどん」内蔵助の体内深く眠っていた血が、この時からひそかに音たてて流れはじめなかったであろうか……

ながながと、筆者の悪癖—脱線をし過ぎたようだ。

ここで私たちは舞台を「播州赤穂」、元禄十四年三月十九日の夜明けに移すことにしよう。

14　みちくる潮

「松ノ廊下事件」の第一報が、江戸から昼夜走りどおしの早駕籠《はやかご》で播州《ばんしゅう》赤穂城にもたらされたのは、三月十四日の事件から五日目の十九日、南に一望の塩田がしらしらと明けそめる早朝午前五時であった。

同日夜、第二報（午後六時）、第三報（午後十一時）がつづいた。

第一報の早駕籠が江戸築地鉄砲洲《つきぢてっぽうす》の浅野上《かみ》屋敷を発したのは、事件（十四日午前十一時ごろ）の起きた三時間後の午後二時で、まだ刃傷事件発生との急報のみ。そのあと二時間ほどの間に事態は将軍綱吉の「鶴の一声」で急転直下、内匠頭長矩《たくみのかみながのり》は午後四時に切腹している。

したがって、赤穂の国もとへ「主君はすでにご切腹、浅野家断絶、領地召上げ」という最悪事態の報知が届いたのは、日の暮れ、第二報の早駕籠によってであった。

その日――旧暦三月十九日も、一日中、播州赤穂城下の町々は、葉桜や樟《くす》若葉が五十年間の町づくりの年輪をたたんで、昨日と何一つかわらず万物伸長の季節を告げていた。

朝から家々の前を掃き清め打水をするタスキがけの女たちの姿も、天秤棒をしなわせて呼びゆく魚売りの威勢よい声もいつもの通りだった。眠くなるような昼さがり、社《やしろ》の樟の樹の下では老人や子守娘たちが集《つど》っていたし、幼児の手には赤い風車《かざぐるま》が薫風にときどき回っていた。路地のそこここで子犬たちもじゃれあっていたし、抜けるように青い播州の空に、鳶《とび》ものどかに輪をかいていた。そうして、平和な一日の終りは、やがて見事な夕焼けであった。

そう、――。ただ、早朝、お城から突如ひびいた、家中《かちゅう》総登城の触れ太鼓。それが、夕焼けも濃い藍の闇に溶け満天に星々が瞬きだす頃、再び、とうとうと打出されたのが、何かいつもと違うけれど、それが如何なる理由によるのか、町の人々には、一日ののどかな歩みの一つの伴奏ていどにしか気にも留めないほど、この瀬戸内の海辺の小さな城下町の生活は、大自然の歩みと溶けあっていた。

　時間とはすべてそのように――水の流れのように、日々の生活を泛《う》かべて水平に流れるものだとは、人々の観念に暗黙のうちに了解されていたものだ。

だが――、この日、元禄十四年三月十九日、赤穂の藩士三百有余人、足軽・仲間《ちゅうげん》までいれて千余人とその家族にとって、時間は、あの触れ太鼓と共に、水平運動をピタリ停止した。彼らの前に、それは立上り、彼らを巻き込み、呑みこむ、垂直の瀑布となった。

　このあと一カ月、四月十九日の開城(城明け渡し)に至るまでの日々を、長かったか短かったか、晩春から初夏へ移ろう季節のひだを、しみじみと生活のなかに味わい得た者は、彼らの中に一人もいなかった。

　この時もし上空から、日本列島人間界を透視する一羽の鳶《とび》が見おろしたなら、この播州赤穂の一点だけが、沸騰する小さなつぼとなっているのが見えたろう。小さな城の中で、連日、激論がたたかわされていた。——徹底して籠城抗戦を叫ぶ者。穏便に城を明け渡し、追ってお家再興を謀るべしと唱える者。開城のさい殉死して、幕府の片落ち裁決の見直しを嘆願しようと説く者。一方では、事務処理が昼夜兼行で進められていた。いわば倒産と退去令が同時に来たのである、——藩札《はんさつ》の処理、失職する藩士たちへの手当ての算段、城明け渡しのための諸帳簿の作製ｅｔｃ…。

水平から垂直へ突如姿を変えた時間の中を、人々は血管を収縮させて馳せ廻っていた。

鳶の眼からは奇妙なことに、この一地点の沸騰と混乱は、百五十五里も離れた東方の、江戸という一地点で起きた、二人の人間の、小さな「喧嘩《けんか》」が因《もと》なのだった。

喧嘩の日、はるか西の赤穂では全く何事もなくのどかな晩春の晴天があり、喧嘩の結着そのものはその日のうちにあっさりついて東方が静まった五日後、突如、この西方の一地点が沸騰混乱のるつぼと化す眺めも、大空の鳶の眼からは奇妙なものと映ったことであろう。

しかし、下界の「人の世」の仕組はそのようにできていた。

江戸城内「松ノ廊下」で起きた事件の本質は、喧嘩であった。それを時の権力（幕府）が、喧嘩として「喧嘩両成敗」の不文律（これは民族の知恵であろう）によって裁かず、一方を「不調法」（法違反）として最重刑に処し、他方をお構いなし、としたところに、あとあと大きな余波を生んだのだけれど、幕府の裁定はどうあれ、当時の一般の人々がこの事件を、その場の突発的な傷害事件でなく、喧嘩（ということは、それまでに至る双方の人間関係いきさつが昂《こう》じた果ての暴発事件）

である、と直観洞察していたことは、たしかだった。

さらには、その因が、どうやら日本列島特有の「無差別の横なる差別」に、見えざる根を遠く深く張るものだったらしいこともすでに見たけれども、それが又、なかなかに単純でも、筋の通ったものでも、ない。その証拠に、

「フナじゃ、フナじゃ、フナざむらいじゃ」

と、〈弾正《だんじょう》〉の末裔浅野に差別的言辞をあびせたとされる吉良《きら》上野介《こうずけのすけ》の、実子が上杉弾正大弼綱憲であったりして……。

それに又、この事件の深い根がそこにあるなら、「堪忍ならぬ」と浅野の親戚一統、うわべはどうあれ心底一丸となって大石内蔵助良雄ら遺臣を支援しプロテストするかと思えば、決してそう簡単にはまいらなかった。

なぜなら、左に列記するような親戚の主《おも》だった人々も、皆、徳川幕府の直臣であり、幕命に従い、むしろ赤穂遺臣のプロテストを抑える責任を負わされる立場となったから。むろん自藩の安泰もかかっていた。

その上、人間は、親子兄弟・親族血縁といっても、生きざまにおいて何を第一義と考えるか（つまり、先に述べた発想源第一層・第二層・第三層の、どこから発想し、行動するか）もまた、ひとりひとり皆、異なる。

「赤穂事件」にも、それらがモロに出たといえるだろう。

まず、「松ノ廊下」事件発生の当日、張本人である浅野内匠頭長矩の親戚として、直ちに幕府から処分を受けた者は、次の通りだ。

松平《浅野》安芸守（綱長。浅野の本家、広島藩主）　亦々従弟　お目見え遠慮
浅野壹岐守（長恒。寄合旗本）　伯父　遠慮
浅野左兵衛（長武。寄合旗本）　伯父　〃
（この二人は、赤穂浅野の分家。母は浅野長直の娘、父は大石良重だから、大石良雄の亡父の従弟にも当る。）
戸田采女正（氏定。美濃大垣藩主）　母方従弟　遠慮
内藤　伊織（長矩の母の実家内藤家の分家　寄合旗本）　〃　〃
浅野土佐守（長矩の妻の実家の兄、長澄。備後三次藩主）　小舅　〃
浅野　大学（長広。長矩の養子となっていた）　弟　閉門

このうち、大学長広は弟でもあり、「閉門」に処せられたが、他は、「将軍へのお目見え遠慮」という、まあ軽いものである。その代り、親戚のこの「不調法」の事後処理に、それぞれ一働きさせられた。

地縁血縁に連帯責任をとらせる幕府のやり方は、庶民の隣組＝五人組制度にまで徹底していたが、こういう場合にも、一門の大小名に連帯責任を負わせて、あくまでも事を無事に収めようとの方針であった。

殊に、当時ちょうど参勤交代で江戸在府だった美濃大垣十万石の藩主・戸田采女正氏定《うねめのしょううじさだ》は、事件当日、赤穂藩江戸藩邸への裁決通達に、一門代表として幕府目付《めつけ》役に付添い、赤穂藩江戸詰《づめ》藩士らを鎮める役を負わされたのを事始めに、以後、赤穂城明け渡しに至るまで、幕命を受けた使者として大汗をかくことになった。（戸田采女正は長矩とは母同士が姉妹。彼女らの兄、鳥羽藩主内藤忠勝が二十年前、増上寺で刃傷事件を起し、切腹、お家断絶したことはさきに述べた。）

采女正の大汗。――その最大の山場は、「大石による幕府への嘆願直訴」を阻止することであった。

いきさつを追おう。

まず三月二十八日に、戸田采女正から派遣の使者が赤穂に着き、いよいよ四月中旬城明け渡し決定を知った大石内蔵助は、その夜、収城使である幕府目付（監察官）荒木・榊原両名に宛て、徹夜で嘆願書を作製した。

――家中の侍どもは田舎の無骨者《ぶこつ》ゆえ、上野介様の無事を知り、このまま城地を離散しがたく嘆き、なだめ訓《さと》しがたいこと。この上は「上野介様へ御処分を願い奉ると申す儀にては御座無く候へども、御両所様の御尽力を以て、家中の者共が納得仕りますような筋をお立て下されば有難く存じ奉り候。当地へ御到着の上で言上致しましては、お城受取りの滞《とどこお》りにもなること、それも如何がかと存じ、只今かく申上ぐる次第にござ候」云々――。

くだいて引用したが、原文は丁重婉曲な言いまわしとは裏腹に、片落ちな吉良の処分を求め、それが成らなければ、城明け渡しの際、何が起こるかわからぬぞ——そうオドシをかけたスゴミのあるものだ。

翌朝、この手紙を懐《ふところ》に、多川・月岡の両藩士が赤穂を発った。ところが、四月四日夜江戸に着くと、収城お目付役は二日前に江戸を出発したあとだった。二人は、出発前大石から決して江戸家老に見せぬようと言われたのを守らず、安井・藤井の両家老に打ち明け相談してしまった。両家老はこれ又、戸田藩の重臣・中川甚五《じんご》兵衛《べえ》のもとへ、大石の手紙持参で相談に駆け込んだからたまらない。

藩主・戸田采女正は今更のように赤穂の遺臣たちの動きのただならぬを実感し、矢つぎ早やに自分のお墨付きを自藩の重臣にもたせて赤穂へ遣わし、その説得にやっきとなった。

右の大石の嘆願書を見ての四月五日付、采女正の手紙にいう、

「紙面の趣、家中の面々無骨の至りに候。御当地不案内の故に候」

——おまえ達が公儀のお仕置に納得ゆかぬだの、籠城だの殉死嘆願だのと騒ぐのは、全く以て田舎者の無骨の至りだ。江戸の事情にくらいからだ。……

事実、その通りであろう。もともと大垣藩は東海地方のド真中・交通（中仙道《なかせんどう》）の要衝にある。古代以来の「不破ノ関」（関ケ原）を足下にふまえ、せめぎ合う西日本・東日本の双方を見渡す

接点に位置する。辺地の赤穂とはちがう。（それに、同じ戸田の別家は、さいさい老中職をもつとめるなど、譜代中の譜代である。）藩主以下家中《かちゅう》全員、中央政治機構というものを、徳川幕府権力の生きものとしての巨大さ牢固さを、観念でなく肌で知っているところがあった。その上、藩主・采女正氏定は江戸にいてこの事件当日から、幕閣をはじめ諸般の動きをもつぶさに見ている。百五十五里をへだてた赤穂の遺臣たちとは実感がちがう。穏便に開城せよと勧めるのは必ずしも、親戚としての自藩の保身からだけではない。

そこに彼のじれったさもあったろう。彼によれば、領地召上げは、武士の意地が立つか立たぬかといったような（いわば「虚」の次元の）問題でなく、政治（「実」の次元）の問題だ。「無骨の至り」と苦《にが》り切ったのも無理はない。

ついでにいえば、この美濃大垣十万石の藩主戸田家は、もと三河国の豪族戸田氏の流れの一つである。室町時代寛正の頃の三河国被官《ひかん》（公家の庄園の代官）戸田弾正左衛門宗光は著名で、『藩翰譜《かんぷ》』にも「按ずるに戸田の家、代々弾正と云ひしなり」と明記されているほどの弾正家系だ。秀吉に仕えた勝隆は、浅野の家祖・弾正少弼《しょうひつ》長政と常にカップルとなって九州・朝鮮の戦役に従った。浅野とはそれ以来の長い親戚である。――だが、元禄期の藩主・氏定は、現代の政治に、譜代官僚として忠実に今を、発想源第一層に徹して生きていた。

余談を加えれば、この殿様の意を受けて、赤穂の処理工作に挺身したのが大垣藩江戸詰《づめ》留守居役・中川甚五兵衛《じんごべえ》――松尾芭蕉の門下で重きをなした「濁子《じょくし》」（俳号）その人である。

元禄七年十月、芭蕉は大阪で客死するさいこの人に遺書をしたため後事を托したが、七年後の今、奇しくも彼は、日本史上芭蕉と共に元禄時代を象徴する文武双方の武の方の人物——大石内蔵助良雄とも、直接かかわりをもつことになった。

前記した戸田采女正の書簡を受けて、大石はこの中川濁子に宛てて、謝意と一層の取成しを願う手紙を書く。ごく形式的な、あまり気のない文面である。幕府目付へ宛てた苦心彫鏤《ちょうる》の嘆願状を、使者や江戸家老の肚《はら》のなさから戸田家へ見せられてしまい、阻止された大石としては、当然であろう。「四月十二日　九郎兵衛　内蔵助、中川甚五兵衛様」とあるが、差出人連名にしたこの国許《くにもと》家老・大野九郎兵衛は、じつは同日十二日夜、大石と共にこのお家の一大事を負うべき身を、ひそかに赤穂城下から逐電していた。

例のブッソウな嘆願状は、赤穂藩江戸家老の手で、閉門蟄居《ちっきょ》中の浅野大学（旗本だからずっと江戸住まい）へも見せられた。大学からも赤穂の軽挙盲動を戒める書簡が来た。一方、戸田家では、中川甚五兵衛が嘆願状の写しをとり、老中・土屋相模守へ届け出た。もちろん戸田家に責任のかかることを回避する処置だが、結果としては、大石の嘆願書は、幕閣へシカと通じたのである。（なお、後日譚として、中川と個人的には心通うものがあったらしい大石は、形見の脇差《わきざし》を贈っていたが、大石らの賜死後、甚五兵衛は祠堂金を添え泉岳寺へ納めたという。）

広島の浅野本家四十二万石はどうだったろう?

——早駕籠第二報が赤穂へ届いた三月十九日夜更け、一艘の小船がひそかに赤穂御崎《みさき》から西へ向かった。広島の本家へ借金（藩士の退職金）にである。銀三百貫。しかし、本家は藩主江戸在府の留守を理由に、急場の用立てをやんわりことわった。

本家は安芸《あき》一国の太守《たいしゅ》、裕福でもあった。「芸侯《げいこう》の商売上手」（当時の経済学者・儒者、海保《かいほ》青陵のことば）といわれたほどに、鉄・紙・塩・綿など国産品の藩による直接製造専売制を敷き、特定商人に製造専売を特許し、その産業立藩は全国諸侯のうちでも屈指のものであった。銀三百貫が分家の危急に捻出できぬわけはない。が、四十二万石は動こうとしなかったのである。

五万石の分家赤穂では、藩札六分替え即金払いで三月二十日から引換えに応じた大石の英断が功を奏し、赤穂の町人の未納運上金《うんじょうきん》（自営の商工業者が納める税）などが意外に集って、藩士の退職金もメドがついた三月二十九日（すなわち、幕府へ例の「嘆願書」を発した同じ日）、大石内蔵助は「家中引料《かちゅうひきりょう》も大方調《ととの》い申候。もはや金子借領つかまつるまじく候」――きっぱり広島へ借金申込の取消状を出した。

その広島からも、江戸や大垣からと同じく、さいさい、不穏な動きを譴責《けんせき》する使者は来た。そして使者には、大石の親族で浅野本家に仕える者たちが特に選ばれていた。

備後三次《みよし》の浅野藩（切腹した長矩の妻の実家、これも広島の分家。五万石）も同様であった。江戸の浅野壹岐守《いきのかみ》、浅野左兵衛（これら寄合旗本は、赤穂浅野の直接の分家であり、大石とも濃い血族であった）それに、長矩の弟の大学長広。――これらもすべて「ひたすら恭順して開城を」と、声を一つにして説いてきた。

親戚の動きはこのようであった。

四月十九日（あの早駕籠からカッキリ一ヵ月後）、赤穂城は、藩士らの情念と意見対立はそのままに、事務としては整然と明け渡された。

この時の記録『赤穂城引渡一件』十巻が、浅野大学に贈られ、現在に伝わっている。それによると、例えば巻九の小道具目録も、障子一枚、足洗桶一つ、さい拂い一つ、足袋一足、下帯一筋（その布質や色まで、白羽二重・紅・浅黄など註記）に至るまでの明細なものである。目付が幕府へ差出した報告書にも、特に、「諸事の仕方、無類の儀と感じ入り候」と記されている。

すべては無事におわったかに見えた。

しかし――、ここまではいわば、発想源第一層で処理される事柄である。ここから改めて、人間の情念的世界が、出発する。

大石内蔵助良雄が、なお二ヵ月余、さまざまな残務処理を了えて、洛外山科へひっそり船出したのは、六月二十八日、夏も果てであった。

世を去りし君が名残りの涙こそ
　みちくる潮も我がそでのうへ

そう詠んだと『赤穂義士一夕話』巻二に載せているが、編者の仮托かもしれない。しかし、なにほどかその心情は映っていよう。

事務果ててのち「みちくる潮」は、その人間個性に特有の情念――発想源第二層・第三層である。

①時の動き（政治の中心）から早駕籠で五日遅れる辺地の人であったことが、②そして今、沸騰混乱するるつぼの唯中で、血縁も擬制《ぎせい》家族も頼りにならぬ苦《にが》さを嚙みしめつつ、唯一人るつぼを支え、政治という第一層次元において「無類の儀」と賞されるいわば「敗者の形式として完璧」な処理能力を示した体験の自信（それは、自己にうち勝つほんとうの人間的自信を生む）が、③さらには遠いみずからの弾正の血が、――それらすべてが、「実」の世の不条理、差別構造に対して、一つの人間精神の証《あか》しを自《みずか》ら創出しようとの、秘められた情念にまで、大石内蔵助良雄という四十三歳の「やせて小柄な、いつもは口数少なくただにこにことしたるばかり」の一人の人間のなかで、発酵してゆくのである。

かれは、江戸からの早駕籠第一報が届けた「口上書」の一節を、深く心に秘め反芻《はんすう》していた。

「……松ノ御廊下において上野介殿理不尽の過言をもって恥辱を与えられ、これによって君《きみ》、刃傷《にんじょう》に及ばれ候。……」

蒼惶《そうこう》としたためたであろう片岡源五右衛門（江戸詰・側用人・児小姓頭）の表現は漠《ばく》としている。

だが、内蔵助がこののち一年余の山科の四季の中で、この一節をどのように釈《と》き、吉良邸討入りをどのような性格のものとすべく自身の中で発酵させて行ったか。……それは、江戸下り寸前、主税《ちから》との父子最後の三日間――ふるさと近江への旅――の夜に語られるだろう。

15　狐火《きつねび》

大石内蔵助良雄《おおいしくらのすけよしたか》は、赤穂開城退去後の落ちつき先を、京でも大阪でもなく、まして赤穂近辺や江戸ではなく、京の郊外といえる山科に選んだ。このことは、彼の胸の一番底の志が、当初から一貫して「公儀のお仕置《しおき》へのプロテスト」＝身を以てする政道批判にあったことを暗示するものであり（吉良を討つことを通じて幕府とたたかうわけだ）、同時に、その志を遂げるための段階的布石において彼が、並々ならぬ軍略家であったことを、明示しているようにおもわれる。

彼がもし、故主長矩《ながのり》の弟・大学長広を以て浅野のお家を再興することを第一義と考えていたなら、何も山科くんだりに「閑居」しはしなかっただろう。そのための請願運動に、より便宜の多い、江戸なり、京なり、芸州広島なり、いくらでも考えられたはずだ。そういう地にあって人脈をつうじ、粉骨・隠忍・奔走するのが、累代筆頭家老たる彼の、むしろ責務ですらあるだろう。

芸州はいうまでもなく浅野本家の領国であり、良雄の親族で広島藩の重臣や中堅どころも多いのだ。叔父・小山孫六（良雄の父良昭の次弟――良速《よしとし》）をはじめ進藤八郎右衛門（大叔父）・同吉太夫（叔母の夫）・同九兵衛・同瀬兵衛ｅｔｃ。

また、京は、朝廷のある地であり、徳川幕府を裏から動かすに公家の手を借りるのは当時の常套手段であった。殊に、大石と累代の最も濃い姻族である進藤家の本流は、中世以来近衛家庄園の被官であった出身もあって、今も近衛家の諸大夫（家老）であり、大石の分家筋にも近衛家に仕える者たちがいた。

まして、この当時、五代将軍綱吉の甥・甲府宰相徳川綱豊（のちの六代将軍家宣《いえのぶ》）は、その妻が近衛家の姫であったから、このルートは、赤穂浅野家再興嘆願のためには、もっとも有力な力綱であるはずだった。

そうして、これらすべてが落ち合う、幕府お膝元――江戸の地の利はいうまでもない。

だが、大石は、これらを措《お》いて、京からも山一つ越えた山科の、しかも東海道沿いの村々からかなりはずれた、西野山の藪の中に居を卜《ぼく》したのである。――世がその動静を注目している人物の尻の据え方として、これほど「隠遁」をおもわせる舞台装置はない。そして、事あれかしと無責任な観客である世人をこれほどガッカリさせ、しらけさせる所作もない。

大石の蔵とはかねて聞きつるが
　よくよく見ればきらず蔵かな
大石は鮨《すし》の重しになるやらん
　赤穂の米を喰ひつぶしけり

そんな落首《らくしゅ》が彼を諷《ふう》したのも無理からぬところだった。

しかしながら、「一挙《いっきょ》」のための作戦本部として寓居を選んだとするなら、この洛外山科・西野山は、まことによくぞ、と嘆じたくなるほどの地点である。

この地を彼に世話したのは進藤源四郎俊式《しんどうげんしろうとしもと》だ。——赤穂藩鉄砲物頭四百石取り上士であった彼は、藩崩壊と同時に自分の故郷山科へ戻っていた。彼の隠宅は同じ西野山でも射場《いば》ノ上《うえ》・篠田《しのだ》というところだが、西野山の桜ノ馬場《ばんば》にも地所をもっており、それを良雄に提供し、来住を勧めたのだ。

代々の濃い姻戚であることはすでにみた。なお、良雄一家が山科に住んでから、その三女るり（三歳）が、源四郎夫妻の養女となった。これほど累縁からみあった親戚も少なかろう。そういう仲である。

彼が、良雄来住のさい身元引受人となったことも、今に伝わる「進藤備教《とものり》家文書」で紹介した通りだ。

源四郎は、この元禄十四年には良雄より八歳年上の五十一歳。良雄のためにこの山科を周旋した真意がどの辺にあったか……二人の間にどこまで「志への布石」のための協議があったか……今となっては何の証拠もない。

まして、源四郎は、当初からの誓約同士だったに拘らず、亡君長矩の弟・長広が広島の本家へお預けとなり、お家再興が不可能と決まった時点で、例の有名な「円山会議」において「討入りメンバー」から脱盟する。（しかも、良雄の叔父・小山源五左衛門と共に。）――四十七士が本懐を遂げてのち、長矩の未亡人瑶泉院《ようぜいいん》から、重臣であり、良雄の親族である小山・進藤らが加わっていなかったのは解せぬ、と間接的に問われ、「われらは一番隊失敗の折は如何な隠忍を重ねても二番手となる手はずであった」と言い、世のあざけりを買ったとの伝説さえ残した。（その後、現在に至るまでの、忠臣蔵関係諸作品も、すべてこの伝説の上に立っている。）

この脱盟についても、真に脱落であったのか、あるいは、もう一つ底の隠れた立場に廻っての表面上の脱落であったのか……これ又、事実はもはや歴史の霧のかなたで分からない。

私がこのような、拾わでもの詮索をするのも、あの「吉良邸討入り」の成功は、考えてみれば、よくぞ失敗しなかったと思われるほどのものであって、あの「特攻隊」が成功するには、四十七人の団結した苦心だけでなく、その背後に、もっと広範囲な重層的膳立てが、ひとしれず張りめぐらされねば到底不可能でなかろうか――とおもわれるからである。

よく、幕府は見て見ぬふりをした、といわれるけれども、私は、幕府は「長広の処分―広島藩預け決定」（元禄十五年七月）後は、もっと積極的に、舞台装置をあそこまでもってゆく操作さえじつは行なった、とすら思う。

いや、すでに前年八月の「吉良の邸替え」からして、その方針はスタートしていたとみていい。――江戸城に近い呉服橋から、本所へ、幕命で吉良邸は移されたが、本所は同じ江戸でも隅田川の向こう。江戸府内でなく上総の国。何かあっても公儀にキズはつかぬのだ。

また、四十七士は討入り真近にそれぞれ変名して、江戸巷間にかくれるが、庶民の間には五人組という隣組連帯責任制度もあって、新入りする殊に浪人の身元しらべはきびしい。同時期に数人ずつも潜伏しては怪しまれぬはずがない。江戸時代の警察はそんなチャチなものでなかった。幕府はすべて知っていて、泳がせ、セットしたのだとおもう。

討入る側とてそうだ。四十七人の周りには、一旦成功した暁には、臆病者よ不忠者よ、何ゆえの高禄食《は》みか、とののしられるは承知で、裏方へ廻った者が、少なからずいた筈だ、と私はおもう。――いわば、卵の黄身《きみ》のまわりに必ず存在する「白身《しろみ》」のような立場を引受けた人々が……。

現在でも一つの集団が危い事を敢行するには必ずそういう役割を担う者が必要だ。――保身と名と実《じつ》をこよなく愛する現代においてすら。

まして、武士の考えは現在の市民意識と異なっていた。(保身についてはいうまでもない。)――まことの武士は、名を惜しむものではない、むしろ、真にみずから納得する義のためには、時と場合により敢えて汚名を着ることをも辞さぬのが本領とされたし、そこに日本という風土の生んだ人間の型の、一つの爽やかな極限があり、それゆえにこそ武士は人の「花」であり得たのである。

だが、これは一般論だ。大石内蔵助良雄の山科寓居を膳立てした進藤源四郎俊式《としもと》が、そのような役割へ、良雄とのひそかな密約で廻った、と考えうる証拠はない。歴史の中にのこる証拠とはつねに、容器の破片であり、その中に何が充満していたかは、殊に無形のばあい仲々つかみにくい。記録なども、のこしてよいいいい形でしかのこらぬものだ。

ただ、進藤系図（「大石家外戚枝葉伝」上巻）の、源四郎俊式の項に、「晩年ハ山科ニ屏居《へいきょ》ス、半髪シテ可言《かげん》ト称ス（良雄の号「可笑」と似ている）。享保十六辛亥、七、十一、京都ニ卒ス。累代相伝ノ山科西野山ノ山林ナド四百金ニテ沽却《こきゃく》シ、舊地ヲ離散ス、其ノ年死ス、（年）八十一」とある。

大石らの討入りから略三十年後だが、それまで荒れるに任せられていた山科岩屋寺が一度修築されたことがあり、ほぼその頃と伝えられる。（ふしぎなことに、願主などは伝わっていない。）何か推測を呼ぶ符合といえばいえようか。

さて、話を戻そう。この山科西野山が、なぜそれほど作戦本部として、すぐれた地理条件を備えているか——だ。

第一に、大きく見た地理的位置。——

江戸と山陽道（浅野本家のある広島や、旧領赤穂をふくむ）の中間点であり東海道沿いであること。——諸情報の授受に便がおおきく、しかも双方へ距離があって、最後の詰めまで邪魔が入りにくい。

第二に、赤穂浪人同志は京坂に多住。——

赤穂開城の時点で、大石に神文《しんもん》（同志たる誓約書）を提出していた人々の、所在分布は次のようだ。

京・山科　23人ほど
伏見　10人ほど
大阪　7人ほど
奈良　3人ほど　以上、畿内――43人
赤穂近辺　18人ほど
加東郡　13人ほど　以上、旧赤穂藩領――31人
江戸　22人ほど
（数字は、松島栄一著『忠臣蔵』岩波新書による。ほど、とあるのは、移動した者があるからである。）

彼らが開城後落ちついた先は、畿内が最も多く半数近くを占め、殊に京・伏見に多い。特に、信頼できる老練なリーダー格はここに集中していた。

第三に、大石個人の人脈。――

大石家とはほとんど同族といえる濃い親戚・進藤家の本貫であること。大石家自身もこの東南四里ほど先きの近江大石庄の出であり、今も同族がいる。しかも京近辺には、前記した近衛家の諸大夫・進藤筑後守長富をはじめ、有力な（しかも、幕府の直臣や陪臣以外の）親戚縁者が多い。男山（石清水）八幡宮の大西坊は、代々大石家から住職が出、四年前までは良雄の弟・専貞《せんじょう》が、その死後の今は、良雄の養子・覚運《かくうん》（十六歳）が入っている。覚運は、叔父・小山孫六《おやままごろく》（＝大石良《よし》

速《とし》）の末子である。（僧侶が、俗世間の問題について、一応は世を離れた立場を利して、種々周旋の労をとるのは、わが国では昔からの慣わしである。豪族が、子の一人をよく僧侶にするのは、何も、一人出家すれば九族救わるという建前《たてまえ》を信じたばかりでない、一族の万一のさいの、生きのびる手づるとしてでもあった。）また、良雄の母の墓も京の聖光寺にあり、彼の学んだ伊藤仁斎塾の知人も多い。――これらを綜合してみると、山科西野山は、京の街中（幕府の京都所司代や町奉行所は、二条城の周辺にある）からは離れ、目のとどきにくい山のむこうであるにかかわらず、こちらからは、これら、水ごころ知った、活用できる厚い人脈層へ、八方、触手を延ばしやすい地の利があるのだ。

第四に、山科は大名領ではない。――

「9　鮒」でみたように古くから禁裏《きんり》御料山科郷といい、いわば朝廷直轄領であり、ながく公卿山科家の管掌だった。しかも、もともとこの西野山から栗栖野《くるすの》・椥辻《なぎつじ》・大宅《おおやけ》にかけては、竹・茶・樹木（庭木）・菜種などの特産品を朝廷へ納めている地帯。室町時代に時の幕府が、さる大寺の普請のため人足賦課をしたが、頑として応じなかったという記録もあるように、「朝廷直属の民」という意識の強い土地柄であった。こういう山里は、幕府役人の眼が届きにくく、かつ、全く他処者（たとえば吉良の探索など）が入り込んでも目立ちやすい。逆に、何らかの縁者が潜居するには好都合なところだ。

むろん山科もいまは徳川幕府の京都町奉行所の管轄ではあるのだが、ややこしいことに、禁裏御料としての山科はじっしつ「禁裏代官」小堀氏の担当であった。「代官奉行」と呼ばれる小堀家――この近江出身の巧妙な作庭大名・小堀遠州《えんしゅう》の子孫は、京周辺の民心をよく心得ていて、つまらぬチョッカイを出して事を荒立てたりしない。（そのため、珍しいことに、幕末まで累代「代官奉行」を勤め、さらには、維新のさいも、民間こぞって「知事に」と政府へ請願が提出されたほどだった。）

しかも、東海道は、近江大津から山科盆地の北部を横ぎり、京の三条大橋へむかうのが本道だが、当時江戸幕府は参勤交代で江戸と国許《くにもと》を往還する西国大名が京に入って朝廷と接することをきらったので、諸大名は大津から山科盆地の東麓沿いに直接伏見へ出ることが慣わしとなった。（この道を、山科の地元では奈良街道と呼んでいる。むろん在地の民も、大名行列をみても他の地のように土下座などしない。普段どおり、わが営みをつづけている。）西野山（盆地の西麓）の高みにある大石邸からは、その街道は遥かに一望の下だ。

第五に、一見辺鄙《へんぴ》ではあるが、畿内各地（同志が多く潜居している）への交通の至便さ。——まず、京へは言うまでもない。東山丘陵を超えるに①東海道②渋谷《しぶたに》越え③滑石《すべりいし》越えの三ルートがある。さらに伏見へは、西野山の背後の稲荷山（有名な伏見稲荷はその西麓にある）で背中あわせ。伏見の南端は宇治川に接し、弾正《だんじょう》島とよばれ、大阪へ下る淀船の発着場（京の水運玄関）である。京が、定住者からなる動かぬ町——居間や奥座敷とすれば、伏見は旅人が流れ、混雑している玄関だ。会合なども目立ちにくい。内蔵助は、目立つ京の街中を通らず、山科西野山から直接稲荷山の間道越しに伏見の深草へ出るか、または、山科川に沿って南下、勧修寺・小栗《おぐる》栖《す》（昔、明智光秀が敗走の途中、土民に竹薮の中で殺された処）を経て伏見に出、京・大坂・奈良の同志と伏見で落ち合うことができる。

彼が山科在住時の後半、伏見撞木町《しゅもく》の揚屋《あげや》「笹屋」を中心に、派手な遊蕩にふけったことは有名だが、それはおそらく、世の目をくらますためや、天性の色好みだけではあるまい。——もっと積極的に、この伏見という地の利と、同時に遊廓《ゆうかく》という特殊性を、フルに利用したものと私はおもう。

遊廓は、一種の治外法権的一画をなしていた。もともと誰でも営業できるものではなくて、芝居小屋などと同じく、弾左衛門《だんざえもん》支配（二四七ページ参照）——非農耕民出身の「夷《えびす》」の末裔だけに許可された専門職種なのだから。笹屋のある撞木町が本名「夷町《えびすまち》」であるのは、こういう生い立ちを地名に残しているからである。（なお言えば、伏見の船着場が「弾正」島の地名を昭和の今日まで伝えるのも、水運業が、中世以来、弾正系の民の専門職だった名残である。）

「松ノ廊下の刃傷事件」の深い根がどこにあるか——それを暗黙のうちに察知している遊廓の主《あるじ》のなかには、（のちに歌舞伎や浄瑠璃芝居の人々が、この事件にこもる「横なる差別」の在りかを「フナじゃフナじゃ、フナ侍じゃ……」と、台詞の中にさりげなく盛り込んだように）、大石のプロテストに自分たちの立場から肩入れする者もいたであろう。

廓《くるわ》の字がもともと郭から出ているように、遊廓は、色里でありつゝ、彼らエビスの末裔にとっての「城郭」であったのだ。……こういう習性の淵源はおそらく、弥生時代、海人系倭人《わじん》の「環濠集落」にさかのぼれるであろうか？　と私は想像している。それは、おのれを護るテリトリー「島《しま》」であったのだ。

たとえ大石をつけねらう者がいたとしても、遊廓の内は大石らにとって一種の安全地帯だったわけだし、同志との密会や連絡を安全に保護する助力をも廓は果たしたのである。笹屋の主などもそういう一人だったろう。(幕末、坂本龍馬は、同じ伏見の寺田屋で襲われるが、旅籠だったからで、遊廓だと、そうはいかない。)

伏見にはさらにもう一人、有力な助力者がいた。伏見本陣(大名の宿)をつとめた豪商・大塚屋小右衛門である。参勤交代のさい、淀川や瀬戸内海の水運を利用する西国大名は、必ずここで宿る。赤穂浅野家は大塚屋に五人扶持を与えていた。この縁が生きる。大塚屋は大石たち同志のかくれた後援者として、江戸との通信(飛脚)を、二年間ひそかに一手に引受けていたのである。さらには、大石の伏見における遊興費の負担まで買って出ていたようである。

これらの人々も、「卵の白身」の役割を果たしたといえよう。

伏見遊廓のほか、大石は京の島原や、遠く奈良の木辻《きつじ》遊廓にまで遠征したという。島原の場合は、幕府の京都所司代をはじめ世間の眼をごまかす目的が大きかったろう。なぜ十里もある奈良まで放蕩に行ったか？　そこには同志、大石孫四郎・同瀬左衛門兄弟らがいたからだ。

大石内蔵助良雄は、こうして、山科という地の利と、遊廓という場所柄の利を、フルに活用した。――山科「閑居」の地を一歩も動かぬように見せながら、かつ、遊廓に入りびたりのように見せながら、それらの場そのものがいわば、種々のシンパ(＝卵の白身)に護られつつの「一挙」へのめまぐるしい作戦本部であるような、そういう在り方を彼はとっていたのだ、と私はおもう。

「仇討ち一挙」への資金は、赤穂藩崩壊のさい、長矩未亡人瑶泉院《ようぜいいん》から出ている。のちに大石が江戸へ下ったさい「金銀請拂帳《うけはらいちょう》」としてその明細を瑶泉院へ提出していることは周知だが、大石個人の山科在住時のこの遊蕩費はどうだろう？　大石は赤穂退去のさいも退職金は一文もとっていないのである。如何に裕福といってもこれでは続かない。おそらく血縁親族や、遊廓のあるじや、前記の伏見本陣大塚屋など、もろもろの、卵の白身のごときシンパに支えられていたのではあるまいか？　進藤家などももちろんふくめて。

さきにみたように、浅野本家の広島藩や分家三次《みよし》藩、赤穂浅野の諸分家旗本など、みな表向きは一挙を抑える建前をとった。けれど、個人レベルでの大石への金銭援助となると……それは分からない。——歴史の中の人間個々の足跡は、それが情念の層に秘められたものほど、物的証拠としては現れぬ。

大石内蔵助は、山科在住中、遊んだ。

最も入りびたったといわれる伏見撞木町笹屋の天井板に、たわむれに書きつけたという文が遺っている。（原漢文）

「今日亦遊君ニ逢ヒテ空シク光陰ヲ過ス。明日ハ如何。憐ムベシ、恐ラクハ君急ニ袖ヲ拂ヒテ帰ラン。浮世、人ノ久シク逗留スルヲ許サズ。二夜ヲ過ギザルモノナリ」

彼は遊女の色香に酔い、三味線を爪弾き、地唄を自ら作った。いま、「里げしき」「狐火《きつねび》」の二作が伝わっている。曲をつけたのは祇園井筒屋の主人という。

狐火
あだし此身を煙となさば
　せめてくるわの里近く
廓のや、廓のせめて
　せめて廓のさとちかく
何を思ひにこがれて燃ゆる
　こがれて燃ゆる、野辺の狐火
さよ更けて、思ひにやこがれて燃ゆる
　野辺の狐火、小夜ふけて。

松ノ廊下の事件以来、幾重《え》、夢現《ゆめうつつ》の転変をかさねて来たことか……。いずれが夢・いずれが現《うつ》つと分かちがたいまでに、生起する事々の一つ一つが、人々の動きをもふくめて予想もできぬ突発的事象のようでもあり、また、どこか人智の察しえぬ深いところで、整然と予定された、いわば季節の歩みのごとくにも感じられた。

なにを思ひにこがれて燃ゆる
　野辺の狐火　小夜ふけて……

酔眼の底にゆらめくこの憂愁の視座は、まさしく発想源第三層のものだ。

彼はじっと待っている。時の来るのを。狐火が一つの現実の火玉となる日を。人ノ久シク逗留スルヲ許サヌこの浮世に、差別のあってはならぬことを、身を殺して世に発信する日を……。

「弾正」—この差別された名前自身にこもる、非ヲ正スという本義のありかを、彼は落魄に身を置いてはじめて、己《おの》が血管の中に聴いている。士道とは、まさにそのような弾正の本義を生きることであった、と。

彼の心底にはもはや、一浅野家の再興は問題でなかったはずだ。いや、家中《かちゅう》の混乱を収拾するため、「故主の弟・長広による藩再興」請願を建前として打出しはしたものの、それが現実の波紋として拡がり、しかも宙ぶらりんである今、その決着（それが不首尾に終ることは、彼には見通せていただろう）——それを見た上で、心置きなく本当の彼の存念を、この世に、そう——幕府という日本一強大な、世の権威権力そのものに対して——真向から斬りつける日まで、地唄を口ずさみつつ、彼は山科の夜に目覚めている。……

16　「蜩《ひぐらし》」の構え

大石内蔵助良雄は明けがたの夢からめざめた。潮騒《しおさい》の音と香がまだ残っていた。果てしもなく連らなる潮路に小舟をまかせていた時間はどれほどだったたか……

「流れが変りました」

櫓をこぐ船頭の指さすところ、紺青の潮はみるみる流れを止め、泡立ち、逆巻きつゝ、やがて反対方向へ音たてて流れはじめた……

その時、遠い海上の雲間から、かすかに内匠頭長矩のにっこり笑うのが見えたようにおもう。カナ〳〵〳〵。現《うつ》つの耳に蜩《ひぐらし》の声が入って、此処が赤穂の海を遠く離れた洛外山科西野山の里であることが思い出されてきた。が、

（はて――）

蟬もまた、空耳《そらみみ》であったろうか。

たしかに、播州赤穂を退去してここに移った頃には、西野山一帯、蜩の声が、夕映えや暁方のひととき、天の鈴を振りだすように透《とお》っていたものだ。が、今はそれらもほとんど絶え果てている。山里の秋は早い。

（しかもここに来て、すでに二度目の夏を送ったではないか……）

睡眠から覚醒へと、意識の混濁がすこしずつ溶けてゆくにつれ、内蔵助は自分の二重三重の錯覚に笑いたくなった。

だが、それらの実《じつ》の世界の歳月や距離をやすやすと突き崩し、今、夢と現《うつ》つのはざまへあざやかに乱れ入った潮騒の香や蝉の声を、彼は反《かえ》って、もひとつ奥の風光を愉しむかのように、しばらく目を閉じたままでいた。

（自分はどこか鈍《どん》なところがあるにちがいない）

そう内蔵助はおもう。真実、そうおもう。――どんなことをも四季の歩みのごとき日常事として処する癖は、ともすれば肝《きも》の据わった器《うつわ》と見られかねまいが、人間、肩に力の入っているときの眼は案外何を把えてもいぬもので、腰抜けているとき、反って周りのものごとがクッキリと過不足なき鮮やかさで映ったりする。腰抜けているとは、自分を放下《ほうげ》しているのと結果的に似たところがあって、意志せずしてそうあるらしき自分の天性を、内蔵助はおのれの「鈍」と感じているのだった。

自分は苦しみというものを一人前の分量で感じないところがあるのではないか？　たとえ苦しんでいても、どこか苦しみの届かぬ心の層があって、妻リクはそれをときに「鈍なお方」と冗談めかしてなじるのであったが、彼は今そのことを思い出していた。

そうすると、そういうことを言うときのリクの声や、まなざしや、身のこなしまでが、まざまざと朝寒《あさざむ》の中に匂い立った。

そして、リクのまわりにも、くうも、吉千代も、るりも……。

三カ月前、この山里が蒸《む》れるような青葉に蔽われる中を、実家へ帰るよう申し渡された母と共に、但馬《たじま》豊岡の母方の祖父母の許《もと》へはるばる旅立って去った子ら……。長女らしく、父母の思いをおもいやるかのまなざしを切れ長の眼につつんで、母と弟に寄り添うようにして去った十三歳のくう。男の子らしく唇を引き結んで一礼し、きゃしゃな首には大きすぎる頭を昂《こう》然ともたげて歩いていった十二歳の吉千代。彼らにとっては、父と兄への今生の別れであり、昨年の暮れ元服したばかりの長男主税《ちから》にとっても、再び相い見ることのないだろう母と弟妹であった。そうして、まだしかと物ごころつかぬ四歳のるりも、その少し前、同じ山科とはいえ、進藤源四郎の許に養女として引き取られていた。（源四郎の先妻は内蔵助の叔母通《つう》であったが、その死後リクの姉が後妻に入っていた。先妻との間の娘たちは皆、嫁したり亡くなったりして、今、夫妻に子はなかったので、リクの姉は、まだ幼い姪のるりを育てることにしたのである。）

木の実は、季来《とき》たって枝から一つ又一つと離れ落ちる。この子らのばあい、青い、まだ実ともいえぬ身の、強いられた離散であった。

おもえばこの仮住まいに一家が落ちついてからの日々の、何ときららかであったことか。

伸びていく子供たちの頼もしさは、どんな新しい環境にもすぐ馴れ、愉しみを見出すことだ。赤穂の宏壮な家老屋敷に比べ、ここ西野山の寓居は、二人の中年夫婦と四人の子らを容れるにちょうどよい広さであったし、いつどの部屋にいても家族の姿がみえることは、むしろ喜ばしい在りようともいえた。

山里の四季はこまやかなつづれ織にも似て、蝉時雨《しぐれ》の部屋で子らが手習いをするとき、みんなして畑に豆を蒔《ま》いているとき、リクやくうがるりのために昔話を聞かせつつ手毬《てまり》をつくっているとき、物を食うとき……。一人々々のよく通る声々や、やわらかい赤みのさした頬や、その子らの匂い。――そういった些細な一瞬々々の、まぶしいいのちの確かさを、内蔵助はどれほど大切に心に刻んだことだろう。

長男松之丞《まつのじょう》を元服させたのは、内蔵助が第一次江戸下りから帰着してまもなくの、旧臘《きゅうろう》十二月十五日であった。十五歳で元服するのは大石家代々の慣《なら》いであったが、主税《ちから》良金《よしかね》と名乗らせたのは、祖父・良欽（松之丞からは曾祖父）にあやからせたい心でもあった。

「欽」の一字の偏《へん》をもらったのだ。（「良欽」の訓《よ》みは、ヨシタカ・ヨシタダ・ヨシスケなど、後世さまざまで定まらない。この稿の筆者も一時はヨシカネでないかと思った時期もあったが、やはり字義の基本〔欽＝敬〕からしてヨシタカが妥当のようだ。この訓みは、孫である内蔵助「良雄《たか》」がそっくり承け継いでいる。）

良欽をもってはじまった「赤穂浅野藩輔弼《ほひつ》の臣」としての大石家は、音を同じくする良雄と、字の半分をもらった良金との、父子一体となって、それでもなお祖父に及ばずながら、藩とわが家の終焉《えん》をしずかにみとろう、との思いがないとはいえない。「良金」――この命名に内蔵助良雄は、藩創育の名家老であった祖父良欽を偲び・詫びるこころと、いずれ死の道へ伴わねばならぬ松之丞への狂おしいほどの愛も含めた、万斛《ばんこく》の思いを篭めていた。

このところ急に背丈も恰幅も父をしのぐようになった少年は、少年らしい純一な激しさから、父に一味たることを願い出て止まない。それを抑えつつも、この家の嫡男と生まれた宿命が日一日確実にこの子をからめとってゆくのを、内蔵助は揺れる心に耐えているのだった。

そのあと歳末に、京の旧友から、一枝の紅梅と肴樽《さかだる》を贈られたことがあった。内蔵助は「はるちかし、年の尾に咲くや盛りの梅の花」と礼状を認《したた》めたのだったが、その梅は、主税が裏藪で試し切った竹で内蔵助が筒を作り、それに挿した（内蔵助はこういうことが器用であり、好きでもあった）。主君の忌中とてひっそりと新春を迎えた日々にも、竹筒の梅はこの家の唯一のあかい飾りとして咲いていた。

そのうち、リクが突然、「梅の樹を植えてくださいませ」と言いだしたのだ。

移植は晩秋がいいのだし、今は晩咲《おそざ》きのものでも花期近くて枯らす心配があるのだ——そんなことをボソ〳〵と内蔵助は教えたのだが、「いいのです」、きっぱりと思いつめたような声でそういうのだ。

竹藪の傍らでみつけた実生《みしょう》の細い若木が、リクの望みどおり離れ座敷の庭先、もうそこから一段上は破れ寺の境内に連らなる片隅に、内蔵助の手で植えられた。まだ苗木といっていいほどのものであったせいだろう、それは根づいた。そうして若葉が、リク達が但馬へ去るまえ、すずやかに開いた。けれど、内蔵助もリクも、その花の何色であるかを知る日はたぶんないだろう…。

カナ〳〵〳〵。蜩《ひぐらし》の声に照り出されるようなこれらの光景は、過去世の団欒《まとい》だったか？　あまりにかがやかである分、反っていまがどこか夢幻に近い。四十里をへだてた但馬の地に、リクやくうや吉千代が生きてあるということすら、そして、この七月に入ってリクが三男を産み、大三郎と名づけられたと便りの来たことすらが、反って白昼夢のように思われる。

「主税《ちから》――、主税はいるか」

内蔵助は縁先に出て呼んだ。呼んでみて、明後二十八日、京の円山で急ぎ開くことにした同志らの会合通知のために、昨日から京の小野寺十内《じゅうない》の許へ連絡に使わしたままであることを思い出した。おそらくこの会合が、同志の今後を、最終的に決するものとなるはずであった。

ながらく同志の心にひっかかり、意見の分裂やいらだちの原因をつくっていた、浅野大学長広《だいがくながひろ》の最終的処分が、幕府から発表されたのは、この七月十八日である。

兄・内匠頭長矩の「松ノ廊下事件」以来、江戸木挽《こびき》町の屋敷で閉門謹慎の生活を送っていた大学は、この日、一年四カ月ぶりに閉門を解かれ、同時に、「知行三千石は召上げ、身柄は松平(浅野)安芸守の国許へまかり越すべし」と命ぜられたのである。本家の広島藩領で一生涯、妻子共々居候＝飼い殺しということだ。

これで、亡主長矩の唯一人の弟たる大学を以て赤穂浅野家再興がかなえられるなら……という一縷《いちる》の望みの糸は、完全に断たれた。

この望みあるかぎり、逆に、喧嘩両成敗としての「吉良処分」を幕府に求めることも、ましてて「亡君の遺恨を晴らす吉良仇討」も、強いブレーキがかかっていたことは事実だった。これらが実行された暁には、お家再興の可能性はつぶれるのは確かだったから。遺臣団としては自《みずか》らの手でこれを潰すにはためらいがあった。――しかし今、幕府は自分の手でこれをつぶし、赤穂浅野家を（如何なるささやかなかたちにおいても）再興する意志のないことを明示したのである。処分決定を知らせる急報が江戸の同志・吉田忠左衛門から、山科の内蔵助へ届いたのは一昨日、七月二十四日であった。内蔵助はそれを淡々と読んだ。

「いよいよ来たか」とも「もはやこれまで」とも思わなかった。「何という大公儀のなされよう！」とも思わない。いずれこうなるであろうことは赤穂開城のときから彼には予想がついていた（だからこそ、それを触発するような、浪士たちの軽挙妄動を、抑えに抑えてきた彼であった）。

ただ、なぜ今という時点で幕府が決断したか？　そのことを内蔵助は考える。

――仇討は大公儀の政道に楯つく反逆である。これまで幕府は反逆をゆるさぬために再興への一縷の糸をちらつかせておいた。その糸を今断てば、我等が反逆に踏みきることは幕府にみえている（如何に我等が韜晦してもそれにだまされる幕府ではない）。それをなぜ許す気になったのか？　今の時点で……。

幕府は勝算を得たのである！　反逆を反逆でなくし、さらには自《みず》らの箔《はく》とする自信をもったのだ！　これが今仕掛けてきた理由だ……

内蔵助は、いま自分に襲いかかろうとする、天下を統べる巨大な猛禽《もうきん》の、底知れぬ眼の色をはじめて意識した。

幕府はじっと潮の流れをみていたのだ。時を見究めることこそ「治者」にとって肝要であることを、さすが幕閣の老臣たちは知っていた。

――もともと浅野と吉良双方の処分に片落ちがあるとは将軍綱吉は思っていない。吉良は斬りつけられて抵抗していない。一方的な私恨であって、喧嘩は成立していない。殿中抜刀の不調法を犯した浅野が断罪されたまでである。それを片落ちととり、幕府が吉良をも断罪せずんばわれら仇討して吉良の首を――、という赤穂浪人らの思惑《おもわく》は、許すべからざる思いあがり、大公儀政道への批判・反逆である。仇討は阻止せねば公儀の権威は泥にまみれる。阻止するには、浅野大学の処分を宙ぶらりんにし、「お家再興」への望みの糸で彼らの一挙を縛っておかねばならぬ。

まずもってこういうのが、強権をもつ支配者の理の運びというものであった。

――けれど、弱い者には、強い者の見えないものが見える。なまじ己れの力というものに惑《まど》わされぬ分だけ、物事の本質が見えるのだ。それが世の人心の集積というもので、やがて、世情・時の思潮となる。――（どこかおかしいですぜ。やんなせェ、仇討を）――そういう庶民の、無責任な彌次馬根性と判官びいきから発してもいる声々は、まさにそのことによって潮の流れを変える力をもつものであり、同時に、世の権威権力という土堤に蟻の穴をあけひろげる作用すらするものだ。

——幕閣はこういう人心と世のからくりを知悉《ちしつ》している。それをどう操作するか？ そこに治者というものの腕が問われることを。

松ノ廊下事件以来一年四ヵ月、いま巷《ちまた》の潮の流れは一つの方向へ盛り上り押出しはじめている。幕府はこれをはっきり見定めたらしい。方針を変えたと見せずして手を打つは今である。

——仇討をさせること、仇討をしやすい状況を赤穂浪士たちにセットしてやること（それは幕府権力にとってたやすいことだ）。大学長広の処分を決定しお家再興の望みをキッパリ断ってやること。あとは、浪人の大挙江戸潜入と事の成就を、阻止すると見せつつ・むしろ援けることだ…。

幕府がそういう水路を引き、後《うしろ》からは民心の流れがこれを押すのである。浪士は仇討以外に行き処はなくなる。

『水をどう導くか』——これは広く極東の支配者たちが数千年にわたり、「治水」という事業のなかで、人の世を治める者たる能力を育ててきたゆえの、智慧でありクセであった。特に、国土が狭く嶮しく、急流河川の多い水田耕作風土・日本では、力を以て奔流を防ぐよりは、いかに奔流の水勢をすかし、方向を変えてわが思う方向へ誘導し利用するか——そういう考え方とわざは、こまやかに発達している。

柔《やわら》ノ術も将棋も、つまりは敵の力を自分のものとして取込み利用するのである。夷《い》を以て夷を征する兵法も同様だ。捕虜を使う。被征服者を全員殺し尽くすよりは利用するのだ。つまり「水流をわが思う方向へ導く」。

幕閣はさすがにこれを見定めた。時をも掴んだ。かくて――浅野大学長広は広島へお預けとなった。

あとは浪士たちによる仇討があるばかり。

――それで幕府の顔に泥はつかぬか？

つかぬ。今はもう、つかぬ。幕府はその勝算を得た。事後処理の図面は手堅く引けた。

「忠臣・義士」扱いすることだ。――「世に讃《たた》えらるべきは忠である、見よ、この泰平・計利の世に、臥薪嘗胆《がしんしょうたん》、君父《くんぷ》の仇《あだ》を報ずる無私の忠臣群出づ――武士の鑑《かがみ》。」

こうして浪士は、大公儀政道に不服を唱える「反逆者」ではなく、（おのれの主君に尽忠であったことにおいて）世の士の忠を捧げらるべき本元（大公儀）への「忠」が如何にあるべきかを、世に示す道具となる。

彼らにその花道をセットしてやるのは、他ならぬ大公儀幕府である。何という、ふところ深い、治者のお慈悲であろう！

かくて、水の流れの本質と方向は、みごとにすりかえられ、うまく導かれるのだ。権力による、あざやかな「我田引水」策であった。

反逆が反逆として正しく位置づけられず、その本質が蔽われ、義士・忠臣へとすりかえられ利用される操作のうちにこそ、この国の支配者のおいなるだましがある。……

これを「実《じつ》」の視座よりすれば、と内蔵助ははっきり自覚した、

（われらはすでに敗れている！）と。

仇討はたぶん成功するだろう。が、成功しても、彼が同志と共に家族を犠牲にして遂げようとする本懐《ほんかい》は、その本質をすりかえられることは明らかだった。彼が今幕府に対しふり上げようとしている蟷螂《とうろう》の斧は、幕府の巨きな小策（＝すりかえ）の前に、跡《あと》もなく砕け去る……。

――それがこの世の政治の世界・「実《じつ》」の世界・発想源第一層の世界の風光というものだ。だが、内蔵助が仇討をつうじて世に問おうとする「反逆」は、もっと定かならぬ混沌に裏打ちされた、発想源第三層から発していた。すなわち、「実」の世の意味・在り方そのものを揺さぶり問う「虚《きょ》」の視座だ。

（この世が、人の心をもてあそぶ力だけの世界であってよいものか？）―この問いを、一時の潮の流れによらず、停止することなく永遠のうねりを繰返す歴史の海原からじかにうまれ薫《かお》る、志《こころざし》という目に見えぬ「虚」の視座一つを支えとして、実の世の権力を相手に、問おうというのだ。

幕府のごとく他者《ひと》の心を操つるわざで立合うのではない。おのれの生命を懸けて立合い、証《あか》そうというのだ。――世の非を糺《ただ》すというのが弾正のまことの原義＝士道であるなら、遠つ世に敗者として卑しめられたその筋目を血に負う「鮒ざむらい」の自恃《ほこり》において――。（これを宮本武蔵ばりの「立合いの見切り」＝見究め、にたとえれば、次のようにも言えようか）

幕府が発想源第一層「潮見《しおみ》の構え」によって見切ったとき、内蔵助もほとんど同時に自他の位置を発想源第三層「蜩《ひぐらし》の構え」において見切っていた。

――実において敗れ、虚で勝つ。

力を負わぬ者・鈍な者・腰抜けている者が、実の世の敗者の立場に堅く立ち、三千大千世界の唯中を凛々《りんりん》と駈ける小さな蜩《ひぐらし》に似た志があるだけだ。これを刻むのは永遠なる心の世界だ。心の世界＝三千大千世界の構造は「実」と「虚」を合わせたものだ。だが、蜩の声や、梅や潮の香は、姿なき「虚」でいて、反《かえ》って「実」の世をいのち薫《くん》ぜしめる。

「実」において敗れるからこそ、士の心＝志の声は、世に透《とお》る。絶ゆることなく生《あ》れ継ぐ、心の耳ある者に透る。

この事をはっきり見定めた今、内蔵助はさわやかな気持で明後日の同志との会合に臨めることを感じはじめていた。

草叢の朝露に素足が濡れ、リクと共に植えた梅の新枝が光っている。

17　密約

庭の片隅の、半としまえ妻リクと共に植えた、その花の色を未だ知らぬ梅の若枝に肩を触れながら、内蔵助は柴折戸《しおりど》を出ていった。

行先は同じ西野山の篠田、数丁北の、進藤源四郎俊式《としもと》の隠宅である。

明後日七月二十八日の、京都円山《まるやま》での同志会合に先立ち、どうしても話合っておかねばならぬ。いよいよ土壇場に来た「事」の成否は、表《おもて》よりもむしろ、このささいな、源四郎との話合いに大きく懸っていることを彼は感じていた。――その思いが彼を、竹藪が尽き萩の乱れ咲く野道を黙々と歩ませていた。

源四郎は在宅だった。

が、邸内に、女子供の気配はない……。そのことに何となく物足りなさを心の隅で感じている自分に内蔵助は気づく……。

「妻《さい》はるりをつれて、たった今、知るべの祝いごとに出かけましてな、……なに、還暦赤烏帽子《えぼし》の祝いでござるよ。無人でゆき届きませぬが、さ、さ」

源四郎は座敷へ義弟内蔵助を招じ入れた。

「ほほう、世の暮らしは着実でござるな」

内蔵助も頬をゆるめ、帯刀を置きながら、かるく上半身を折った。

「るりがお世話になりまする。まだ幼いゆえ、姉上にもさぞお手をわずらわすことでござろう。よろしくお願いいたしまする」

源四郎の妻は内蔵助の妻リクの姉であり、大石家離散に先立ってこの家へ養女となって引取られている内蔵助の三女るりからは伯母に当る。

源四郎は自分で器用に茶を淹《い》れた。元赤穂浅野藩鉄砲物頭《てっぽうものがしら》四百石取り。故主内匠頭長矩《たくみのかみながのり》が江戸本所《ほんじょ》方面の「大名火消し」役を幕府より仰せ付かっていた元禄六、十一年頃には、江戸詰《づめ》としてその方にたずさわっていた。鉄砲組という藩の軍事体制が、泰平の世に、江戸の花＝火事の消防隊組織として使われていた一例である。（すぐあと吉良邸討入りのさいの浪士たちの装束は、この「火消し」の装いであった。）

源四郎は赤穂藩に禄を食んだとはいえ、大石家のように創藩以来の重臣ではない。進藤の総本家は早く京に出て公卿近衛家の諸大夫（＝家老）であり、源四郎の直接の本家は広島の浅野本家＝芸州侯に仕えている。源四郎の父・俊順《としまさ》は、大石家の引きもあって赤穂藩に仕え、用人・組頭《くみがしら》をつとめた（五百石）。源四郎俊式はそのあとを襲ったわけだが、現在も親族のほとんどは浅野本家に出仕している。げんに、叔父・八郎右衛門俊重《としして》は芸州侯の足軽頭三百石、弟・瀬兵衛俊信《としのぶ》も騎馬持筒頭三百石である。

赤穂藩崩壊後、浅野本家よりたびたびの使者となって浪士牽制役をつとめ、今も内蔵助らの動きから目を離さぬのは、この源四郎の叔父・進藤八郎右衛門と、内蔵助の叔父・小山《おやま》孫六（良《よし》速《とし》。同族小山姓を継ぎ、浅野本家に仕え、弓頭、三百五十五石）であった。

進藤家が大石家とちがう点は、大石家のように何代も昔に本貫《ほんがん》（一族の出身地。大石庄）を引払い全く城下住みの禄取り武士一本の生活となったのではなく、本貫（山科）に地所や邸を持ち置きながらの、現代ふうにいえば出働き的大名出仕であった点だろう。——いざとなれば引っ込む「ふるさと」をもつ者の強さと、同時に、生活の強味ゆえに生じる生き方のあいまいさ＝人間としての弱さと。その双方がつきまとうのは、なにもこの時代に限らない。

内蔵助の眼に、今、器用に茶を淹《い》れてくれるこの人の手元が映っていた。

まだ五十二歳だが、すでに隠居じみた生活が板についたけはいがある。器用であることが、この人の生涯をどこかはかなくしているけはいも、傾ける急須の下から立ちのぼる湯気と共にあった。

二人のあいだの畳に、山里特有のこっぽりとあかるい初秋の陽ざしが延びている。

一口喫しおわって、内蔵助は口をひらいた。

「源四郎どの、一味より抜けてくださるまいか——」

言いつつ彼は顔をあげ、前《まえ》なる人をみた。

湯呑みが源四郎の胸元、両掌のなかで一瞬宙に止まった。

「何と？　どういうことでござる……」

源四郎は内蔵助を視つめた。

内蔵助はそれを受けながら、おもむろに話しだした。

――御舎弟・大学様のご処分すでに決した以上、道は一つ、時来たったと思うこと。大公儀が世の潮の流れの方向を見定め、且《か》つは、松ノ廊下のお裁き片落ちなる過《あやま》ちを胸底では認めざるを得なくなっていること。今に及んで大学様にかくきびしきご処分あるは、赤穂遺臣の一挙を抑えるとみせつつ、実はさせる水導《び》きをすべく方針を変更したと感ぜらるること。されば、われら討入りは必ず成功すると思わるること、いや必ず成功させねばならぬ。成功させた上で＝敢えて公儀の罠《わな》に入って＝、かかる我等をどうお裁きあるか、今ひとたび公儀政道の是非《ぜひ》を世に問うは、われら士たるものの志なるべきこと。……明後日の会合は最後の態度決定となるだろうこと。そのあと上方《かみがた》の同志はそれぞれに江戸へ下ること、等々。――

自身の考えを含めたいきさつを、彼は淡々と、源四郎のまえにつつまず述べた。そして、

「ただ一つ、ここに心懸りがござる」

内蔵助は、言を切って源四郎をみた。

「広島の御本家が阻止なさることでござる」

「……」

源四郎は沈黙のままだ。

内蔵助はつづける、

「御本家は大公儀の意中を、見抜いてはおられますまい。第三者というものは常にそういう

ものでござるまいか。私のような昼行灯《あんどん》にそれが見えましたのも、世に栖んで四十四年、初めて踏まれる立場に身を置いたからこそでござる。もてあそばれ、踏みにじられる敗者の立場になってはじめて、政治《まつりごと》というものが人間にとって何であるか――その全体の諸相が少しづつ見えて来申した。……おそらくは遠つ世のわれらが先祖《おや》たち――弾正《だんじょう》たちの声なき思い……それを近頃はひしひしと胸に感じる私でござる。……いや、話が逸《そ》れ申した。

御本家はこれまで同様、仇討が公儀御政道に弓引く反逆となり、ひいては御本家に迷惑のかかることをも案じて、いや、今となっては殊更にやっきとなって、われらの行動を阻止すべく動かれましょう。探りを、探りの域を越えた行動で、御本家に身内の多いそなたや、私の叔父小山《おやま》源五左衛門どのを通じて。（小山源五左衛門＝内蔵助の亡父の三弟、大石良師《よしもろ》。同族小山姓を継いでいる。前記、広島藩小山孫六のすぐ下の叔父である。赤穂藩士三百石。）われら進藤・小山・大石一族は、余りにも御本家家中《かちゅう》に、深く入りすぎてござる……」

内蔵助は腕を組んでつづける。

「御本家の懸念はもっともでござる。われらが事を挙げたばあい、上杉が動かれましょう。吉良を上杉が助ける以上、これまた浅野本家が動かなんだとあっては、筋はいかがあれ……ご本家として辛《つら》いところでござる。まして、動くにしろ動かぬにしろ、いずれにても、大公儀の言いがかりは付《つ》き得ますする。政治《まつりごと》とはそういうものでござろう。天下に例《ためし》なく威の張ったる御当代、お取潰しされたる諸侯すでに四十数家、ひとつとして国政乱れたるゆえのものはござらぬ。否むしろ善政ちまたに高かりし裕福藩が多うござる。「商売上手の芸州侯」と世評たかき御本家、四十二万石、如何なる些細なことが大事に到らぬといえますまい。もとより賢明のご処世は疑わぬながら、われらも又われらとして御本家に万一の迷惑を及ぼすことを避けねばなりますまい。

宮仕えの身の表向きはいかがあれ、「ふな侍」呼ばわりにもこもる殿の御無念は、われら遠き弾正の血を負うすべての者にとって同じこと。御本家とて、底の底でわれらに心寄せておらることは、この一年あまり、ひそかにこの内蔵助個人に寄せられた、秘められた草々の援けにもかくれなきところでござる。……その心に報ゆるためにも、われらが一挙は、ご本家をもたいかって、の暴挙であった、とせねばなりませぬ。……」

内蔵助の声も目も、この人のいつものごとくやわらかいのである。相手に語りかけるというよりは、どこか相手の呼吸をゆるやかに吸い込むけはいがあって、そのことが源四郎を反ってからめとるようだ。

（この人はいつもこういうところがある。人を見抜いているのか、鈍なのか、大事も小事も等し並みの軽さで運ぶようでいて、いつのまにか自分の水流にひとを引き込んでしまう……）

源四郎ははじめて口を開いた。

「で、この私に、陰《かげ》へ廻れと?」

内蔵助はまっすぐに源四郎のまなざしを受けとめ、微笑してうなづいた。

「いかにも」

内蔵助はつづけた。

「それゆえに、源五叔父共々、貴殿《きでん》、一味から退き、御本家をはじめ諸方を韜晦《とうかい》していただきたいのでござる。……仇討のことはすでに今回の大学さま広島お預けを以て、一切、霧散いたした、と。……お家再興を願うため、不逞にも大公儀に対し奉りゆさぶりをかけて仇討だのと申しておったものの、なに、内蔵助は本性の腰抜け・ものぐさ。その証拠に、大学さまご処分決定を知って、心崩れ、いや内心ほっとして、またまた伏見の悪所へ入りびたりが昂じてござる、と。近々此処も引払い、母方の縁を頼ってか備前池田侯に云々とか、ひそかに漏れ聞いてもござる、と。ひとたびは心激した者たちも、年余、いよいよ生活《たつき》窮し・心疲れ、あいそ尽きて今や散りぢりに散じてゆき申す。まこと人のこころははかないもの……と」

内蔵助は微笑を収め、手をついてヒタと源四郎を見上げた、

「源四郎どの、これは貴殿にしか打明けられぬこの内蔵助の存念。貴殿にしかやっていただけぬ根まわしでござる。

お願い申す。なにとぞ、何卒、泥をかぶっていただきたい」

源四郎は思う、(ふしぎな人だ)と。(ふだんは何を考えているのやらいないのやら、一向にとりとめがない。自分とは累代の血縁であり、かつ相聟《あいむこ》である。しかしこれまで、男同士としても自分をどこまで信頼しているのか、心通うというほどの交わりはついぞ無い。いや、自分に限るまい、誰人にも踏み込まず、茫洋と、構えずして或る距離の存するところが、昼行灯のアダ名の出るゆえんでもあったろう。松ノ廊下事件以来、家中《かちゅう》がひっくり返っているときも、

この人は自分の存念というものを殆ど皆の前に語ったことはなかった。ひたすら衆議の結論をその時々にまとめるだけに見えた。あまたたびの、同志との会合のさいも、ほぼ同様であった。その彼が今、自分の前に、心の底の底をヒンめくり、おのが全体重をこちらに投げ預けて迫っている。……)

源四郎の心は乱れた。せめぎ合うものが自分のうちにある。盟約に加わって来たとはいえ、身を投げだすに足《た》る熱塊をもっているわけではない。しかしそれは、すでに齢《よわい》知命をすぎた男として当然のことと、みずからを疑ったことがなかった。だが、その自分の底に、今、内蔵助に全体重を投げ懸《か》けられて、逆に、ついに何事にも自分の生命を懸けることなく一生を終えるであろう自分の性《さが》が、不意に、一吹き突風に晒《さら》されるわくら葉のように、はかなく目の前に現じたのはなぜだろう……? 内蔵助もさびしい男だ、しかし自分の中に、それとは又異なるさびしさのあることを源四郎は感じる。それはおそらく何ものにも自分全体を与えようとすることのない者だけが受けとる、淋しさであった。

一瞬、彼は内蔵助にねたましさを感じた。

目の前の内蔵助は、またもとのおだやかな微笑にもどっている。その微笑のうしろにゆるがぬもののあるのを、源四郎は見る。

器量、とひとはみるかもしれない。しかしちがう。おそらくそれは、自分の無力を知る者が、天地の間に全身を投げ出しおわったところに生じる、或る「虚」なるものの、かるやかな、威《い》ならぬ威、であろうか……。

源四郎は目を逸らし、つぶやくようにいった。

「しかし……、小山源五左衛門どのと私が抜ければ、重い者はほとんどおらぬではござらぬか。それに貴殿の縁族としても、若い大石瀬左衛門一人ということになり申す」

事実そのとおりではある。――赤穂藩重臣は、禄高千五百石一人、千石三人、八百石二人、六百五十石二人、五百石一人、ちょっと下って、四百石五人、三百五十石三人、三百石十一人、といったところだが、このうち今なお志を共に盟約に加わっている者は、内蔵助（千五百石）を除けば、五百石以上は皆無。進藤源四郎（四百石）、小山源五左衛門（三百石）のほか、片岡源五右衛門（三百五十石）、原惣右衛門（三百石）の四人にすぎない。他の同志は、長老格の吉田忠左衛門 二百石、小野寺十内 百五十石、残りは中堅あるいはそれ以下の軽士ばかりだ。

「いかにも」

と内蔵助はうなづいた。

「しかし、それにこだわることもござるまい。私とてはじめは、一挙は赤穂遺臣上下こぞっての態勢をとりたく思うておりました。が、事は功名や義理ではござらぬ。形の整えではござらぬ。現実に討入る者は、志ある者の一部でござる。多くの心々に支えられての鉾先《ほこさき》でござる。無慮無数の人間の、声なき声に使われて、それを現わさんため世に投じらるる一石に過ぎませぬ。その思いしかとなくては到底われらが本懐は遂げられますまい。

……われら親族の件は、主税《ちから》を連れてゆきまする」

「主税どのを？」

内蔵助はだまってうなづいた。

この一言が、源四郎の中で何かをハゼさせたといってよい。

（ああ、この人は、詫びている。——自分に生命をあずけ、死まで付き随おうとする軽輩たち・若者たちに対して。重臣の然らざることを……。そして今、形のみ残れる二人の親族をすら脱盟させねばならぬことを。そして又、脱盟し陰《かげ》へ廻る自分たちに対しても。この人は詫びている。……）

内蔵助はそんな源四郎に気づくさまもなくおだやかに、

「なに、私も迷うておりました。いや、今もいささか迷うておりまする。だが……」

彼はことば尻を消して、障子のほうへ目を移した。


源四郎の声がして、内蔵助はふり返った。

「内蔵助どの、お受けいたそう」

ゆっくりと、深い声であった。

「それがし、この齢にして目の覚めた思いでござる。世に、毀誉褒貶《きよほうへん》ならざる人のまこと、志《こころざし》というもののあるに、初めて気づき申した。武士の端くれに生まれた身の意味に始めて相会うてござる。

内蔵助どの、そのお役目、この源四郎、しかとお引受け申す」

「おお」

内蔵助がからだ全体で応えた。

「かぶってくださるか、泥を——。かたじけない、源四郎どの、これにてこの内蔵助、後顧の憂いなく江戸へ下れまする」

源四郎はゆっくりとかぶりを振って言った、

「いや、泥ではござらぬ。臆病者よ裏切り者よ、と呼ばれるが何でござろう。人の値踏みは所詮はかないものでござる。短き人の一生、まこと己れに深くうなづく一つだにあれば足りましょう。今、それに気づいてござる。

正直を申せば、それがし、貴殿よりすすめられずとも、あるいは脱落していたかも……」

「仰せらるるな、源四郎どの」

内蔵助がさえぎって言った、

「ひとは皆、使わるるものでござる。一つとして無駄なく使わるるものでござる。生かさるるものでござる。志は一つ、われらが個々のものではござるまい。大きなる一つのものに、われらすべて使われての一生でござろう。…貴殿のお世話にてこの山科に置かれましてから、内蔵助ようようにその事に気づかされました。深く御礼申し上げまする。

だが、事ここに到り、われらが志、かかる形をとらねばならぬ仕儀となったこと、ひとえにこの昼行灯の力足らざるゆえにござる。おゆるしくだされ、源四郎どの……」

その声は低く、おわりの方はほとんど聞きとれぬほどだった。

18　桔梗《ききょう》の水

「そのお役目、お引受けいたしましょう」

山科郷西野山、進藤源四郎隠宅の一室。大石内蔵助と義兄・源四郎、二人膝をまじえての「密約」はこうして成った。

この時以来、進藤源四郎は一挙の盟約から脱落し、吉良邸討入り計画はもはや瓦解したと、浅野本家はじめ諸方を韜晦《とうかい》するための「陰《かげ》の人」にまわる。

内蔵助も源四郎もお互い口にはしなかったけれど、じつは進藤家には、広島の浅野本家とのかかわり以外に、もう一つ、余り知られていない将軍家との関係があった。

この元禄期の五代将軍綱吉の生母・宗子との関係である。彼女は、三代将軍・家光が朝廷からの将軍宣下の礼に上京したさい、駕篭《かご》の中から見染めた、京の夷川《えびすがわ》の八百屋の娘で、二条家（五摂家の一つ）の家司・本庄宗利の養女として大奥《おおおく》に入った。現在は剃髪して桂昌院《けいしょういん》という。じつはこの桂昌院の実の姉が、進藤本家筑後守（近衛家の家老）の次男に嫁いでいた（やはり二条家の養女となって）。この人も今は剃髪して瑞光院《ずいこういん》という。

その息子の進藤新五郎は、叔母・桂昌院の縁で江戸城に入り、綱吉のたった独りの男子・徳松に仕えていたが、徳松は天和三年にまだ幼くて亡くなった。そのあとなかなか将軍の嗣子が生まれないうちに、四年後の貞享四年（翌五年九月に元禄と改元）から「生類《しょうるい》憐《あわれ》みの令」が次々と発されてゆく。新五郎は京に戻って浪人していたが、元禄三年、自害しているのである。……さらにその嗣子・義雪は、父の死後ただちに元服し、祖母・瑞光院の名跡をたてるために五千石で召し出され、江戸城の中奥《なかおく》のお小姓を勤め、同九年従五位下・淡路守に任じられていた。（義雪は『徳川諸家系譜』の「桂昌院殿御姉瑞光院殿之系」によれば、のち不行跡により所領没収、と注記があるのだが、年の記載はないので、時期がこの赤穂事件の後か先かはわからない。）

とにかく進藤一族も、この元禄十五年の時点では、近衛家・広島藩浅野本家・将軍綱吉と、三方、なかなか微妙な関係にあったのだ。

障子にうつる朝日の影が移ろっている。巳《み》の刻（午前十時）を過ぎていよう。源四郎は器用に茶を淹《い》れかえた。

「それはそうと、孫四郎の件は決まりそうでござるか」

内蔵助が湯呑を膝の上にして言った。

「ほぼ内定いたしてござる。旬日のうちに近衛さまより御沙汰がありましょう」

「いろいろご苦労でござった。それにて安心いたしました。本人はまだいこう身をさいなんでいるようでござるが……、わたくしからも手紙にて種々なだめておきました」

孫四郎。――討入りに大石一族としては唯一人加わった大石瀬左衛門の、兄である。祖父信云《のぶこれ》は内蔵助の曽祖父良勝の弟に当る。父信澄《のぶずみ》は赤穂藩組頭四百五十石、その死後、嫡子孫四郎信豊《のぶとよ》が三百石を受継ぎ、弟瀬左衛門信清《のぶきよ》は百五十石を分与されて内匠頭長矩《たくみのかみながのり》の馬廻りとして側近く仕えた。刃傷事件の当日は、江戸城へお供していた。片岡源五右衛門らと共に、大難の一部始終に立合った一人である。主君の遺骸を引取り、その夜、主君切腹お家断絶の確報を、第二の使者として原惣右衛門と共に赤穂へ届けたのが、この瀬左衛門である。

兄弟は赤穂退去後、奈良に潜居し、一貫して盟約の中にいた。共に二十歳代の独身だ。が、最近この孫四郎に、京の公卿・近衛家から仕官の声がかかっている。近衛家の諸大夫をつとめる進藤筑後守から進藤源四郎をつうじてだ。兄弟の老母も昔、近衛家に局《つぼね》として仕えていたことがある。そんな縁から孫四郎に声がかかったのである。孫四郎は肯んじない。内蔵助は出仕を勧めている。兄弟には老母と全盲の姉つねがいた。そのこともあって、弟と兄と、忠と孝を分かちもって志を全うするよう勧めているのである。

だがそれだけではない。家族の状況からみれば、討入った四十七人のうち、もっと悲惨な犠牲をふり切って一挙に加わった軽輩はいくらもいた。大石孫四郎のばあい、この段階で、広島の浅野本家と共に韜晦すべき、京の近衛家への布石として使われた点も全くなかったとはいえない。

こうして内蔵助に近い親戚は、この最後の段階にきてバラバラと盟約から脱落した。

そしてこの「陰《かげ》の布石」は、同志らにも最後まで明かされることはなかったのである。

白い障子に初秋の昼近い日ざしがやわらかい。そのむこうで山雀《やまがら》の声がしきりにする。

源四郎はツと立って障子を開け放った。青い空がいちどに部屋へ入った。縁先に鉢植が並べられている。菊であった。大輪らしい立作りもあれば、懸崖《けんがい》作りもあった。つぼみはまだ固く、うすみどりを絞ったままだ。

「ほう、これはご丹精な——」

内蔵助がゆったりと見まわした。

「見よう見真似ではじめましたが……、思うようにゆかぬものでござるな、植えものひとつ育つるにも。私は、気付くのが遅うござった、何もかも…。そう、何もかも……。

くら殿は牡丹がお好きでありましたな、ずいぶんと年期が入っておらるる」

「さよう、……いや、ほんの気まぐれの捨て作り、ただ何とのうにぎやかなのが性に合うたかと見えまする。菊のような気品たかく育つるにむずかしいものには、遂に心も手も及びませなんだ」

内蔵助はまぶしそうに笑った。

遂に及ばなんだ——と内蔵助はいつか過去形でものを言い、源四郎もまた、呼ぶに、内蔵助どの、から、くらどの、へと変わっていた。

花にこと寄せてさりげなく溶け合う、心と心への謝念がある。袖を分かつ今になって初めてまことの同志となりえた感慨がある。——「密約」が成り立った以上、またこのように膝を交えて談笑する機会はもちえぬ二人であった。

「さいわい無人じゃ、きょうはゆるりと、連句でも巻きますか」源四郎が言った。

「かたじけない、が、可言《かげん》と可笑《かしょう》ではあまりに役者がちがいましょうて」

口軽く内蔵助は応じた。可言は源四郎の雅号である。

「それに」と、内蔵助は脇の帯刀を取上げつつ「これより伏見へ出て、男山《おとこやま》へ参ろうと存ずる。源五叔父と落ち合うことにしております」

あ、と源四郎は心にひびいた。

内蔵助は源四郎を説いたその足で、小山源五左衛門をも脱盟さそうとしているのだった。

京の西南、宇治・木津・桂の三川合流地にある男山（石清水《いわしみず》）八幡宮は大石家と累代の縁が深い。曽祖父良勝が少年の頃その坊院の一つ宮本坊に入ったのをはじめ、大西坊の住職は元禄十一年まで内蔵助の弟専貞《せんじょう》であった。その死後、内蔵助の養子覚運《かくうん》が後を継いでいる。内蔵助にとってと同じく、覚運にとっても小山源五左衛門は実の叔父にあたる。まだ十七歳ながら、赤穂藩崩壊後、内蔵助ら同志の書信往復や連絡場所として、沈毅に、これまた陰《かげ》の働きをつづけている。内蔵助は赤穂退去後の仮住居をこの男山にと考えたこともあったくらい、山科―伏見―男山と結ぶ線は、同志らの頸動脈だった。

その覚運の住する大西坊で、内蔵助は叔父源五左衛門（仮の住まいは伏見である）とこれから、今ここで進藤源四郎と交わしたと同様の密約を行なおうというのだろう。さりげなくそのことを源四郎に告げたのである。

「わかり申した。首尾を祈りまする」

目と目を合わせ、内蔵助は出ていった。

進藤源四郎、どこかシマラヌところのある男のようであった。ひとたびは内蔵助の赤心にほだされ、陰の人にまわる決意に己れを昂場させたものの、逆にこれまで身のうちにせり上がっていた死がストンと脱落し、心の片隅にほっとした隙《すき》からつい連句などをもち出してしまい、やんわり躱《かわ》された自分の不様《ぶざま》が、一抹の羞《はじら》いと濁りとなって心に残った。

翌々日。

七月二十八日、辰の刻（午前八時）から、京都円山《まるやま》の重阿弥《じゅうあみ》で、上方《かみがた》にいる同志たちの最後の会合が行われた。

重阿弥は安養寺塔頭《たっちゅう》の一つで、最も奥まったところにある。遊山客に席貸しなどしてい、いわば料亭のようになっていて、大人数の会合も目立たない。

この日、定刻に顔を揃えた者、十九名。

大石内蔵助　大石主税　原惣右衛門　小野寺十内　小野寺幸右衛門　大高源五
間瀬久太夫　間瀬孫九郎　堀部安兵衛　潮田又之丞　不破数右衛門　武林唯七
大石孫四郎　大石瀬左衛門　中村勘助　貝賀弥太衛門　矢頭右衛門七
岡本次郎左衛門　三村次郎左衛門

もちろん、進藤源四郎・小山源五左衛門は姿を見せていない。それについて内蔵助は何も言わなかった。若い大石孫四郎は沈鬱な表情でひそと座に連らなっている。（彼はこのあと脱落する。）

内蔵助は一同の一人一人に強く目を当て、おもむろに口を開いた。

「大学様お成り行き、かく決定した以上、いまは何を思い残すべき。ただまっしぐらに一挙決行へ進むのみ。長い間の隠忍、心より謝し申す。各々遅くとも十月までには一切を処理して江戸に下向の事。すでに江戸にある同志と力をあわせ、吉良の動静を探ること。抜け駆けは固く禁ずること。また、これまでやむを得ぬ犠牲もすでに出した。我ら本懐を遂げ得るは、様々の見えざる・思いもよらざる形の、同志の支えあっての事、このこと特に忘るべからざること。されば一同、互いの功を量《はか》り内に相争うは最も戒むべきこと。……」

決然と指令は進む。

しわぶきをする者もない。ただヒタと見つめる眼・眼・眼。十九人の輪が、おお、という胸の応えを示すように、じりじりと縮まってゆく気配であった。うっすらと涙を泛《う》かべている者もある。

やがて酒宴になった。一同、酒はすすんだ。事ここに来た思いが、胸のつかえを一挙に溶かしたのであろう。そのとき

つわものの交わり
たのみあるなかの

酒宴《うたげ》かな　うたげかな

小野寺十内《おのでらじゅうない》老人が、手鼓を打って「羅生門」小謡の一節を、意外とつやのあるのどでうたい出した。原惣右衛門《はらそうえもん》も扇子をひらいて立上り、舞った。

富士の御狩の折を得て〱
　年来の敵　本望を達せん　達せん

「小袖曽我《こそでそが》」である。扇が翻える。

小野寺は京にあり、原は大坂にあって、江戸の吉田忠左衛門と共に、常に山科の内蔵助を助け一味を束ね、はやる者を鎮め、幾度の危機をのりこえてここに到った、副首領というべき人たちである。六十歳の十内と五十五歳の惣右衛門は、うたい、舞う。一同、しばし盃の手を止めて見上げ、見守る。視界のうるむのは微醺《びくん》のせいばかりではない。

内蔵助も身体の中で何かが溶けてゆくのを感じながら、頭は次第と垂れていった。

（ありがたし）

それ以外に何の思いがあろう。如何なるえにしかこの世に人として生まれあわせ、互いに近づくことすら奇縁というべきに、今この面々、ひとつのことがらに身を捨て倶《とも》にいのちを賭けようというのである。もはやこの時、世禄の高少も年齢も消え失せている。赤穂家中《かちゅう》、士三百余名。その身分組織の中で、事がなければかく飾《ふる》われ、かく人間として近づくこともなかった、奇しき運命の一人々々であった。つわものの交わり、たのみある中の……。

なにものによってここに運ばれ、倶《とも》に在るわれわれであろう？

ふらふらと内蔵助は背に床柱を負う席から立ち上った。ふだんに似ず目の前はすでに朦朧《もうろう》としている。二三人づつの輪の中へ割込み、無言で銚子を差出した。

（すまぬ、かたじけない）

心はそういっている。

若い者たちのかたまる一隅に来た。こちらの膝に接して、大きな盛り上った膝頭がある。トクトクと盃に受けるとその大男は一息にうまそうに干した。大高源五忠雄《おおたかげんごただたけ》であった。寡黙《かもく》である。内蔵助が笑みかけると、すずやかに笑った。左手は謹直に膝へ置いている。

小野寺十内の甥である彼は、中小姓《ちゅうこしょう》・膳番・腰物方を兼ね二十石五人扶持《ぶち》、軽輩だ。武勇にすぐれ、母親孝行で知られ、酒飲みであることだけが母の嘆きであり彼自身を恥じ入らせているような青年だった。その好青年が今三十一歳。もともと同志の中でも急進派ながら、昨秋、内蔵助が第一次江戸下りをして以来、内蔵助の意を体し、重厚誠実な実行力で、江戸と上方《かみがた》を東奔西走、両者の連絡調整によく働いてくれた中堅リーダー格である。

今、目の前にすずやかな微笑をひろげているこの偉丈夫をつき動かしてここまで来たのは何であろうか？　自分は軽輩とはいえ主君のお側近く仕えた恩顧殊に深き者、というまじりなき忠心であろうか。すまぬ、などと声に出せば怒るであろう。だが、白い歯並すずやかな微笑を見た途端、内蔵助はふいに思い出したのだ、この青年の句を——

手拭《てぬぐい》に桔梗《ききょう》をしぼれ水の色

文雅にも心をよせていた彼は、二十歳まえから江戸の水間《みずま》沾徳《せんとく》に俳諧を学び、「子葉《しよう》」の号をもっていた。

元禄十年——この円山会議から五年前——浅野内匠頭長矩が参勤交代で帰国のさい、その供の中にいた二十六歳の源五は、東海道・山陽道十七日間の旅路に、近侍《きんじ》というせわしい勤務のかたわら、毎日、文と発句よりなる記録を草した。

《文月《七月》九日、朝曇りて涼し、卯の刻《午前六時》に馬をすすめ、いきほひ百里の空に向えば

秋風のうれしかなしき別れ哉

異なる事もあらず戸塚に御止宿《ごししゅく》まします》

にはじまり

《二十五日、朝風馬蹄をすすめていそげば御迎ひの誰かれ道々に参向す、昼のかしら(赤穂)城門に柄袋《つかぶくろ》をはずす》

に至る。なかに句は三十句みえる。

やがてこれは俳文集『丁丑《ていちゅう》紀行』（丁丑は元禄十年の干支）としてまとめられ、赤穂藩士の文雅を世に知らしめるものとなった。内蔵助もそれを贈られていたのである。

集の跋《ばつ》文に師の沾徳が言っている。——旅には公私がある、私事の旅でさえ日々句を作るはむずかしい、「しかるに応命のいとま山川人世の境界をうかうかと見ざる句の妙、うれしき事どもなり。殊に旧知芭蕉翁の墓を訪ねられしも道に深き志なるべし」と。

源五は七月二十日わずかの暇に近江の大津で義仲寺を訪ね、三年前元禄七年亡くなった松尾芭蕉の墓に向かい

《しるしの芭蕉も野分に破られぬ。水向け申し合掌するにぞ、涙いとけやうし。尊霊も却ってとがめ給ふべきやと
　こぼるるをゆるさせ給へ萩の露》

と詠んでいる。

江戸時代をつうじて、参勤交代に従う道中でこのような俳文集をものした武士は他にいない。青年大高源五の文雅とその才は、この紀行文一つでも文学史に遺るものだろう。

さて——、「手拭に」の句は十四日、見付《みつけ》の宿《しゅく》（現、静岡県磐田《いわた》市）に近い大久保村でのことだ。

《村のはずれに清池あり、水の色きはめてみどりに露草の花には一入《ひとしお》二入まさりて、濃く見え侍《はべ》り。立よりて掬《きく》するに、ひややかさ醒井《さめがい》にかはらず覚ゆ

手拭に桔梗をしぼれ水の色》

残暑、行列の道すがら、ほこりにまみれた首すじをぬぐうに、手拭をこの池でしぼったのでもあろう。水は青空を映し、桔梗花の色にも似ていたのだ。

大高源五が討入り直前、蕉門の旧友其角《きかく》に

日の恩や忽ち摧《くだ》く厚氷

の句を托し、さらに、本懐を遂げてのち、二月四日切腹の座についてから筆紙を所望し

梅でのむ茶屋もあるべし死出の山

の辞世を遺したのはひろく知られる。だがこれらはまだ半とし先のこと。

今、酒宴の席で彼は寡黙に笑っている。桔梗の花のごときすずやかさで……。

内蔵助はその青年を見る。武士を捨ててもまだ三十一歳、ゆくゆくは俳諧宗匠《そうしょう》大高子葉とし

て十分立ってゆけるであろう。わたしは当然だ、主税《ちから》もよい。リクもゆるしてくれるであろう。だが、こういう一人々々を、わたしは道づれにしてよいものであろうか？

末席には矢頭《やこうべ》右衛門七《えもしち》の姿もみえる。彼はまだ酒も飲み慣れぬうぶな真面目な少年だ。主税より二つ歳上の十七歳。老父長助は軽禄の勘定方である。今は重病の床に臥している。代理にこうして出て来た。最終的に倶《とも》に事を行うは何人なるや、まだ知れぬ。しかし果してこういう人々を…。筆頭家老としてではない、赤裸な一個のひととして、…ゆるされることであろうか？

酒宴はつづいていた。つわものの交わり、たのみあるなかの…。世の水は濁っている、私の考えも濁っているであろう。しかし今ここに、歓声と共にうたい飲む面々の心の流れの、何と澄んでいることであろう。一人々々、存念と志の依ってくるところは、少しづつ違うだろう。ちがうままに、それがいま一本の火箭《ひや》となって、一つ方向へ放たれようとしている。この私という死の弓手《ゆんで》によって。

道がすでに他に無いこととなった今、内蔵助は改めて、他のどこへも轉嫁できぬ問いが、ずっしりと自分にのしかかるのを感じる。

わが志もまた、つまるところ、罪という名の幻影たることをまぬがれぬのではあるまいか、と……。

19　心月

京都円山《まるやま》の重阿弥《じゅうあみ》で上方《かみがた》同志さいごの会議が行われた翌日——七月二十九日、大石内蔵助はそのメンバーの中から堀部《ほりべ》安兵衛《やすべえ》・潮田《うしおだ》又之丞《またのじょう》の両名を、直ちに江戸へ出発させた。江戸の同志へ決議の報告にである。

堀部はもともと江戸同志のうち「仇討ち急進派」の中心人物だから、かねて内蔵助の慎重さに業《ごう》を煮やし、もはや大石頼むに足らず、と、この六月江戸から上京、大坂の原《はら》惣《そう》右衛門《えもん》らを説き、別派を画策して同志を糾合《きゅうごう》にかかっていたのである。あわや同志分裂の危機であったが、ちょうどその時、浅野大学長広の最終処分が幕府より発せられ、直ちに円山会議招集となって、ここに満を持した大石の賽《さい》は投げられたのだった。

安兵衛は勇躍、江戸への帰途についた。大石は彼と共に自分の姻戚にもあたる潮田又之丞（内蔵助の叔父小山源五左衛門の、むすめむこである）を同行させたのである。

この日をさかいに、一丸となった水勢は、堰《せき》を切って最後の目的へ滔《とう》々と流れはじめる。

偶然にも同じ二十九日、大学長広は江戸を発し、広島の浅野本家へお預けの身を駕籠《かご》にゆられ東海道を西へ向かっていた。

京から江戸へ急ぎつつあった堀部・潮田は、東海道のほぼ中央——掛川と袋井のあいだで大学長広の行列とすれちがう。しかし二人は警護の浅野本家藩士や大学の家来から顔を見られるのを避け、かげながら見送った。

八月十二日、二人を迎えた江戸では、直ちに同志一同が隅田川に舟を浮かべ、ひそかに船中会議が行われた。上方《かみがた》の同志を迎える手筈（五十人を超えるだろう同志の安全な潜居）と、吉良邸の探索。——協議された具体策は刻々実働を開始しつつあった。

一方、大学長広が伏見に着いたのは翌十三日。その時、旧赤穂藩士で上方にある者かなりの人数が、この、いわば罪なくて配所におもむく亡主唯一人の弟君に、挨拶に参上した。が、山科の内蔵助は病気と称して引籠り、先月末重阿弥に集どった面々は一人も参上しなかった。小山源五左衛門と進藤源四郎は行った。むろん内蔵助との「密約」をふまえてのことだろう。

こうして、さし迫った一挙のことは、広島の浅野本家に気どられることなく済んだ。

大学長広の一行は、十五日伏見から渡船で大坂へ、さらに海路を広島へと下っていった。——長広個人の胸中に、内蔵助らの不参が、どのように映っていたかはわからない。

堀部・潮田を江戸へ発たせた一方、内蔵助は、大高源五《おおたかげんご》・貝賀弥左衛門《かいがやざえもん》に命じて、円山会議に欠席した畿内各地・赤穂周辺の同志を歴訪させ、これまで預っていた血判盟約書を返却させていた。「大学様広島お預けと決した以上、お家再興の望みも潰《つい》え去った。よって盟約は白紙に戻す」との理由である。「さようでござるか」とすなおに受取る者はそれまで。「何を仰せらるる」と食ってかかる者は、まことの同志である。そこで改めて円山での決議を打ち明け、江戸下りの指令を伝えよ——。

三十一歳の大高と五十三歳の貝賀は、八月のはじめからこの大役を着々と果しつつあった。（貝賀は、いま江戸で同志を束ねている吉田忠左衛門の、実弟である。中小姓兼蔵奉行、給禄わずかに二石、十両三人扶持であった。）内蔵助は、同志実働隊最後の人選という大任を、この二人の人物力量そなわった、年齢に幅ある、軽輩にゆだねたのである。

多くの人々がこぼれた。様々の事情で。（むろん進藤源四郎・小山源五左衛門・大石孫四郎らも、この内に含まれることになっている。）

こうして、同志実働隊——内蔵助が進藤源四郎に洩らした語を借りれば「現実に討入る者、多くの心々に支えられての鉾先《ほこさき》」——は、このあと、二人、三人、また二人……とそれぞれさりげなく肉親に別れを告げ、遺《のこ》る家族にしかるべき対策を講じつつ、八月、閏《うるう》八月、九月にかけて、続々と江戸へ潜入、結集してゆくことになる。

同志はみなさまざまの状況をかかえていた。だが、それらを踏みこえて（あるいは踏みにじって）彼ら一人々々を突き動かしていったものは何であったか？　現代の意識、そのいわば金属製の目盛りでは測れない、当時の人間のはげしい心情というものもあるようだ。「道」というものが元来はタテマエとして人間を規制するものであったにしろ、それがいつのまにか生命をかけさせるまでに内に栖みついてしまったとすれば、もはや磨かれたホンネに等しい。重阿弥の酒宴の席で、内蔵助に「かたじけなし」と頭を垂れさせた、「もののふの志」である。

それがどのようなものであったか——彼らが家族に宛てた手紙がいくつか残っている。むろん書ける部分だけで書いているとはいえ、なおその行間から立ちのぼるすずやかな「志」の存在は蔽うべくもない。

左はその一つ——大高源五が江戸へ下る前日、赤穂の田舎にわび住む老母にしたためた手紙である。（少し長いが、現代語にうつしてみよう——）

一、私事《わたくしこと》、今度《このたび》江戸へ下ります存念、かねて御物語り申し上げました通り、一筋に殿様のお憤りを散じ奉り、御家《おいえ》のご恥辱をすすぎ申したい一筋でございます。かつは侍《さむらい》の道をも立て、忠のため命を捨て、先祖の名をも現わし申すのでございます。

もちろん大勢のご家来がおられるのですから、もっともっと御厚恩の侍もおられるところ、さしての御懇意にも遊ばし被《くだ》されたわけでもなく人並の私でございますから、此節、忠も人並にしておき、生命《いのち》長らえて、あなた様ご存命のあいだは孝養仕っても、世のそしりあるまじき私ではございます。

けれども、なまじいに殿様のお側近く（中小姓・膳番として）御奉公し、お顔を拝していた明け暮れのこと、今もって忘れ奉りませぬ。

殿様には大切なお身を捨てられ、主君として忘れてはならぬ御家（の安泰）をも放念なされてまで、ご欝憤を遂げようと思いつめられたその相手を、打損じ、あまつさえ、あさましき御生《しょう》害《がい》を遂げられました。このこと、御運の尽きられたとは申しながら、無念至極、おそれながら、其時の御心底、おしはかり申上げますと、骨髄に徹して、一日片時も安き心ございませぬ。けれども、これは殿様の御短慮には違いなく、（勅使饗応という）時と申し、（殿中という）所と申し、ひとかたならぬ御不調法ゆえ、天下様（大公儀幕府）のお憤り深く、ご断罪仰せつけられたことですから、力及ばぬこと。まったく天下様へお恨み申し上ぐべきではございませぬから、（赤穂の）お城は子細なく大公儀へ差上げたのでした。これ、大公儀へ対し奉り、憤りや異議を存じ申さぬゆえです。

しかし、殿様はご乱心遊ばされたというのでもなく、上野介殿へかねて御意趣がおありだった由でお切りつけなされた事ですから、その相手はまさしく敵《かたき》でございます。主人が生命を捨てられる程のお憤りをおもちの敵を、家来が安穏に放っておくのは、昔から唐土《もろこし》・わが国にも共に、武士《もののふ》の道にあらぬことでございます。

それゆえ、早速かたきへ仇討ちすべきところ、ご舎弟大学様閉門のお咎《とがめ》中でございましたから、そのおとがめが解《と》かれました時、もしや故殿様のお蹟《あと》、たとえささやかにでも公儀よりゆるされ、上野介殿へも何らかのお沙汰があって、大学様も世間に面目たたれるようにでもなれば、殿様こそ右の通り果敢《はか》なくなられたとはいえ、赤穂浅野のお家は残ることでございます。

そうなれば、私どもは出家沙門《さもん》となり、または自害を仕《つかま》っても、憤りは休めよう、と日を送り月を送ってまいりました。が、その甲斐なく、大学様はこの度、安芸国《あきのくに》への御沙汰。閉門お赦しと申しても名ばかりでございます。もっとも先へゆけばまた世に出られることもあるでしようか。もしそうであっても、今度の広島ご本家へお預けでもって、もはや赤穂浅野のお家は絶えたこと。此のうえ前後を見合わせ申すのは、臆病者のするところ、武士の本意ならぬことでございます。

事態がこうなっても、まだ此上にも大公儀へ請願申し上げ、相手方吉良様へのご処分と大学様お取立てを、一命かけてお願い申し上ぐべきだ、それで駄目なら、その時、相手方へ取掛り（仇討）すべきだと、しきりに相談している衆もあります。もっともこれも一理あるようではありますが、中々さようの徒党《ととう》がましき事、致すべき道理とは思いませぬ。

その上、大公儀へお願い申上げお取上げないからといって相手へ取掛るというのでは、ひとえに大公儀をお恨み申上げたのに等しい。ですから、以ての外のことで、大学様はじめ御本家や御一門の方々様までのお為にもよからぬことです。

私どもとしては、ただ一筋に、亡き殿様の御憤りを晴らし奉るより他の心はございませぬ。

一、右の段々に申し上げましたように、武士の道をたてて御主君の仇を報い申すまでで、天下大公儀へ対し奉り御恨み申上げるのでは全くございません。

けれども、大公儀がこれをどのように思召しなされて、大公儀へ恨みをなしたも同然とて、私どもの親妻子へ御たたりがありましても、力及ばぬことでございます。

万一さような事になりましたならば、かねて母上も仰せられての通り、何分にも上《かみ》よりの御下知《げち》どおり、尋常にお覚悟をなさって下さいませ。早まられて御自分でわが身を処分なさることなど、呉々も有るまじき事でございますゆえ、かならず〳〵、左様お心得いただきとう存じます。

世の常の女のごとくに、あれこれとお嘆きの色も見えられ愚かにおわしますなら、いかばかりお気の毒にて私の心もひかれましょうが、さすが常々のお覚悟のほどあられて思い切って下さり、かえってこの私に、けなげなるお励ましにもあづかりましたこと、まことに今生の仕合せ、未来のよろこび、何事かこれに過ぐるものございましょうや。あっぱれ、われら兄弟は侍《さむらい》の名利に叶《かな》い申したことと、浅からぬ本望に存じ奉りおります。

行先にての首尾の程、お心にかけて下さいますな。私三十一歳、幸右衛門（小野寺幸右衛門、＝源五の実弟）二十七、九十郎（岡野金右衛門、＝源五の甥）二十三、いずれも究竟《くっきょう》の者どもです。たやすく本望をとげ、亡君のお心をやすめ奉り、未来閻魔《えんま》の金札《きんさつ》の土産《みやげ》に供えましょうから、ご安心くださって、ただただ御息災に、何事も時節をお待ち下さいませ。

御齢もいとうお傾きなされ、（お残りの歳月）幾ほどもあるまじき御身にさぞお心細く、頼れる方とてなくとぼしき月日をおしのぎあそばすだろうと存じ奉りますと、まことに心ふさぎますが、その段は力及び申さぬことでございます。

時に臨んでは、主君の命《めい》にそむき父母を背負っていかなる山奥・野の末にもかくれ、また主君のために父母の命《いのち》をもうしない申す事、いずれも、義というものの止めがたき例《ためし》でございます。

これらの道理に暗からぬあなた様ではいらっしゃいますが、筆にまかせて申し残します。九十郎母公《ははぎみ》（源五の姉）、お千代（九十郎の妹。まだ独身の源五はこの姪をとても可愛がっていた）へも、よくよく仰せ聞かして下さって、かならずく愚かに悲しみ申さぬよう、互いにお力添えあって下されたく存じます。

さいわいにも母様には佛門に入られた御法体の身（源五の母は、夫亡きあと髪をおろし貞立尼といった）、此後いよいよ佛のお勤めのみなされ、憂さもつらさも御まぎれて下さり、来世のこと朝夕にお忘れなく、世も平穏でございましたなら寺へも節々お詣りあそばせば、ひとつにはお足の運動にもなりますかと存じます。乳母にも私のことはあきらめますように、よく仰せくださいませ。かしく。

元禄十五年壬《みずのえ》午《うま》九月五日　　大高源五

母御人様　しん上

山科西野山の里に、蟲が鳴いている。

故主内匠頭長矩の唯一人の肉親・弟である大学長広に会わず西海に去らせた一昨々日は、仲秋名月であった。月は一夜々々、欠けはじめ、江戸の方角から出、赤穂や広島の方へ入る。現実にはこの狭い盆地の音羽山《おとばやま》から昇り、すぐ迫った西野山の藪影に入る。しかし、内蔵助の思いの中を、月はもっと遥かに渡っていくようであった。

今宵、居待月《いまちづき》（十八夜）。音羽山を離れた月は、静かに明るさを増して空に掛っていた。

その月を見ていると、わずかに右上方を欠いたさまが、ふと、自分の心のごとくに思われた。

賽《さい》はすでに投げられてあり、現実に打つ手はすべて打った。たとえこの先き、一挙に何らかの挫折が生じえたとしても、それは世の常なる運命のしからしむるところ。同志には、この凡庸な首領に一味した運のつたなさと諦めてもらうしかない。この事において、己れを知る彼に悔いはなかった。――お家の凶変以来、彼を照らし、ここまで導いてきたものは、彼自身（のうちなる才覚力量）ではなく、あの重阿弥の酒宴のさい、まのあたりに摶《う》たれた、同志たちの、まどかな月鏡の心映えであることを、彼はよく知っていた。

それはまがうかた無き、この世の人の心の「満月」であった。もののふの「道」たるものが、人間の姿をまとって其処にいた。「実の世《じつ》の道」は発想源第一層に属する。しかしそれが、これほどまで円《まど》かに現われうるのであった。……世に生まれ人の中に交わって、かかるものと相遇《あ》うさえ難しい。まして今、内蔵助は、同志の澄みわたる満月の「つわもの心」を統《す》べ、それを「実」の世に問う采配の立場にいた。いつの世どこの武将が家老が、人としてかかる今生の仕合せを得たであろうか…。同志の満月の志をいただいて、彼自身いま、「実」の世の、心の満月の中にいる、といえた。

けれど、同志たちの心の月がまどかに彼を照らせば照らすほど、内蔵助の心のうちに、（かたじけない）と同時に（すまぬ）と詫びる、欠けの部分がひろがってゆく。――一つには、同志の背後でそれを支える無数のいけにえの重さが、その総量が、事ここに来て、なまなましく実感されだしたことども、無縁ではない。だがその総量をも又一つの大いなる「志」とするならば、彼はこれをも、ただいただくほかにすべはなかった。

だが、今、内蔵助が月光の下で彼らに向かって詫びるのは、それらすべてをひっくるめての志・人間の声というものが究極、聞かれてゆくところ・生きるところが、真実在るかどうか――、それは彼自身にもじつは判らぬ、ということであった。

　事果ててのち、われら死人に口無きのち、世のさまざまの毀誉褒貶《きよほうへん》や幕府のすりかえを超え、その先でなお生きると断じる証《あかし》は、何もない。圧しつぶされた敗者の声というものが悉く封じられ・すりかえられ、「無かった事実」化されてしまうのが、古くから「実」の世のご政道なるものに一貫する仕組であった。それでもなお我らの「志」を実の世に問おうとするのは、内蔵助のまことにはかない思念――「虚」の視座よりの発想一つにかかっている。だがそれは、証しのないことであった。

　このたびの一挙断行へ踏み切るにさいして、幕府のいわば「潮見《しおみ》の構え」に対し、内蔵助は、無力な「蜩《ひぐらし》の構え」をとった。「実」の世に敗れるを覚悟の構えである。実において敗れ虚で勝つ。敗れることによってかえって「虚」世界から照り反《かえ》り「実」の世に透《とお》る志もある――その虚実世界のかかわり合いを信ずるゆえであった。たとえわれらの志の在り処《か》がすりかえられようとも、なおそれを超えて生きつづけ・語りつづける場あり、と信ずればこそであった。「信ずる」というその一点に、あまりにかそけき幻のようなこの一点に、同志をふくむすべての人々の志の、究極の生き死にが懸っている。

　この一点が内蔵助という人間の、志に酔った幻影であるなら、一切はむなしい。己れ一人ならよい。が、その幻影でもって、かかる多くの満月の心を道連れにするなら、それは所詮、今かれが切結ぼうとしている実の世の大きな力＝幕府と、人の心の最奥をもてあそぶ点において、同質であり、いや、反《かえ》ってその罪はこの上なく深く重い……。

——これが、重阿弥の酒宴以来、彼の心に沈んできた苦渋であり、いま彼の心の月に、欠けとして映じているところのものであった。

「主君の無念を痛烈におもう一筋に仇を討つ」という同志の義心——発想源第一層の「満月」は、それ自体「実」の世の心的世界で完結する。……が、首領・内蔵助のホンネは明らかに幕府への挑戦であり、政道の是非を問う、第二層からの発想である。彼がこれまでになした様々の段階的布石は、すべてここに照準を当てている。第一層の満月を満月たらしめるためにも、首領として当然の策計であり、そこに首領の負う苦心と孤独はあるが、しかしこれもまた、「実」の世の思念に属した。

　が、今かれの心にひろがるひそかな苦渋は、発想源第三層「虚」の視座をもつ者の、宿命というべきものであったろう。証《あか》しのない彼岸《ひがん》へと、かれは実の世の満月をのせて漕ぎ渡ってゆく……。その櫂《かい》の重さであった。

　草叢に蟲の音は一段と繁く、十八夜の月は中天に輝きを増している。その欠けた部分は内蔵助がひとりで負うべき、肉眼で見えぬ「虚」世界であった。

20　主税《ちから》

八月二十日、西野山一帯の竹藪をうならせて野分《のわき》が吹き、夕刻になって止《や》んだ。

この日誰も訪う者はなく、終日机に向かっていた内蔵助は、書き了えた数通の長い手紙にもう一度丹念に眼を通し、くるくる巻き収めると、しばらく庭に出、走る雲を仰いでいた。

それから久しぶりで主税と差向いの夕餉《ゆうげ》をゆっくりと了えた。そして、こう言った。

「主税――、いよいよわれらの江戸下りも近い。行けばもはや同志は一列じゃ。子といえど、最弱年といえど、特別には扱わぬ。……」

「では、父上――」

座高も恰幅《かっぷく》も、痩せて小柄な父をはるかに凌ぐ十五歳の少年の顔に、色が走った。

それというのも、この山科へ移ってから盟約書を父に差出したさいも、「まだ前髪のそなたを一味に加えることは出来ぬ」と戻され、元服後再び出したときも、「嫡男として母や弟妹を何とするぞ。父が主謀しそなたも行を共にして逝ったあと、遺族の連罪いかばかりかを考えてか？じゃがすでに元服をすませた以上、一人前の男として志だけは一応預っておく。」そう言って懐《ふところ》に入れたままであった。この四月十五日、家族を但馬《たじま》豊岡の母の実家へ去らせ、父と二人ここ山科に残ってからさえ、同志間の連絡に使い走らすのみで、確とした返事は、円山会議を了えた今日まで、未だ口にしてくれてはいなかったからである。

だが、父は今、行けば同志一列と言った。主税の眼は輝く。

「もとより覚悟の上でございます。討入りにさいしては、むしろ手剛《てごわ》い方面に向けて下さることこそ願わしゅう。主税、決して父上を恥しめるような振舞いは致しませぬ。父上、確かに連れていって下さるのですね、江戸へ――」

「うむ」

内蔵助は肯いた。

「じゃが……、わが本心を申さば、主税、そなたには、もっと、もっと歳月をかけて、人の世のさまざまのこと味わわせたかった……」

「父上！」

鋭く、主税が言った。

「人は、つまるところ、唯一つのことを身を以て知ればよいのではありますまいか。もののふの道に歳月の長短はござりますまい。主税はそう思いまする！」

「その通りじゃ、主税よく言った。その通りぞ……」

もともと母親に似てか幼い頃から大柄で、ズイズイ物事を運ぶ率直な児であったが、身心共に急速に伸びるこの少年期に彼をもみしだいた身辺の激変は、一年余とはいえ、この児の心にも身に余る葛藤《かっとう》とあわただしい背伸《の》びを強《し》いたのかも知れなかった。彼は彼なりに己れの道を、自分の一生の意味を、懸命にまさぐりつづけたのであろう。

しかし、人はさまざまのことを経《ふ》れば経るほど、言葉を失う。玲瓏たる言葉を失う。わが身《み》丈《たけ》にすぎた重い言葉を、失う。そのためらいと苦渋のなかに、人の世の、ことばにならぬ味わいの手ごたえもまた、在るのであった。……が、まさにそのために必要とされる歳月をば許されず、無慙な生の急走を強いられ、ほどなく十五歳の生を断ち切られねばならぬ子に、父としてそれを言うことは出来ぬのであった。

たとえ少年の一杯に見開いて迫る眼に光る涙が、彼なりのひたむきな士道への思い入れから、目の前の父の優柔不断をなじる潔癖血気に出づるものであっても、その無意識の底に、つぼみのままで断たれねばならぬ運命への、生身《なまみ》の抗議がこめられていないと誰がいえよう。だがそれもまた、世というもの、無垢《むく》の者たちをも無慙なからくりの中へ巻き込む濁った大人の世界を代表して、この父が負うべきものであった。

重い言葉を、何のためらいもなしに、くやし涙を泛かべて昂然と言い放つわが子に向かって、父は、賞《ほ》め、沈黙した。

「それはそうと、おぼえているか?」

内蔵助はからりと明るく転じた。

「そなた五歳のとき、はじめて亡き主君にお目どおりした日のことを――」

「はい、よく憶えておりまする。殿さまのうしろに金色の屏風があって、なにやら明るうございました。美しい女の方もおられました」

笑えばまだ幼さがのこる口元に、美しくそろった白い歯並みをのぞかせて主税は言った。

「そうじゃ、その時、殿さまは、物おじせぬお前を大層気に入られ、何が好きか、と仰せられた」

「馬が――、と申上げたそうですね。でもそれは憶えておりませぬ。母上からくり返し聞かされました」

「そうじゃ、お前は大きな声ではっきりそう申上げた。殿さまは楽しげに笑われ、では祝いにつかわそうと本物の馬を一頭下された。

じつはわたしは手元不如意ゆえ、飼うておくのも重荷であった。幼なくて亡くなったそなたの腹ちがいの妹の、母もいたことじゃ」

呵々《かか》と父は笑った。

「主税はくやしゅうござりまする。殿様の御無念を晴らすが私の唯一の本望です」

「主税――」

内蔵助は真顔にもどって言った。

「じつはの、この間から考えたことじゃ。私は、明日から三日間、そなたのために、そなたのためだけに使おうと思う。

どうじゃ、われら大石一族のふる里や、男山《おとこやま》八幡宮へ共に行ってみぬか……」

主税の眼は再び輝いた。

「そうか、ではそうしよう。そのあと、そなたは一人で但馬《たじま》へ行ってくるがよい。母や祖父上、吉千代やくうのところへ……。わたしはそのあいだに、この山科を引き払って京の街中へ移る。落ち合う先は、亡き殿様の京での御墓所、小野寺氏《うじ》の住む紫野弾正《だんじょう》町・瑞光院じゃ」

翌朝、内蔵助と主税は野袴《のばかま》装束で西野山の家を出た。野分《のわき》に拭われ、からりと高い秋空である。畑の芋の葉が乱れ、畔みちに点々と赤を連らねる彼岸花も折れが目立った。竹を切る季節で、そこここの竹藪に寝かされたままの孟宗竹が濡れている。

二人はやがて盆地の平坦部に出た。穂を垂れそめた稲田もかなりもみしだかれたあとがあり、水かさを増した田川が音たてて走っている。

主税にとって、父とこのように二人だけで肩を並べて歩いた記憶はほとんどない。赤穂にいた頃、父は母や子供たちを連れて野歩きを好んだ。しかし、山科に来てからは常に一人で出かけた。稀に主税が供するのは、伏見で泥酔した父が山科へ戻るときばかりであった。そのようなときも、父は先に帰れと命じ、しばしば道ばたに寝込んでしまうのだった。……

いま、主税の歩幅は父より大きく、勇む。

野道でわらじが少し湿った。二人は竹鼻《たけはな》村で東海道に出、東へ四ノ宮を経た。追分《おいわけ》の坂にかかる頃から、杉木立の深い山径となる。山城と近江の国ざかい逢坂峠《おうさか》である。

今度は父が先に立った。

「主税、まず大津の親戚によるぞ」

と父が背中で言った。

「そなたの祖母上、つまり私の亡き母上の身内じゃ」

やがてだらだらと径は下り、樹間から一度に青空が吹き抜け、眼下に明るい地平が眺望された。平野――いや、ひろびろと一望の水、琵琶湖であった。

内蔵助は歩をゆるめた。

「むかし、そう千年もむかし、このみずうみのほとりに、都があったそうだ」

父は子をふり返り、「あそこに」と顔を寄せて湖の対岸を指さした。

「美しい山が見えよう」

「あの兜《かぶと》のように盛りあがった小さな山ですか」

「そうじゃ。三上山《みかみやま》、近江富士ともいう。

昔――、都のあった頃よりかなりのちのことか、私はよく知らぬ。とにかくうんと昔じゃ。あの山に、山を七巻半する大きなムカデが住んでおったそうじゃ。それが夜毎、らんらんと燃える灼熱の眼から毒気を吐きかけて、近在の人々を悩ませたそうな。

ここから少し南に、俵ノ藤太《たわらとうた》とよばれる豪勇の若者がおって、その大ムカデを強弓を以て退治したという。俵（＝田原）ノ藤太、のち天朝様に召されて名を藤原秀郷《ひでさと》。――その武者が、東《あずま》の国へ夷《えびす》征伐に遣わされたさい、田原に一子を残していった。それが、大石の遠い祖先、ということになっている……」

主税は汗ばむ額を輝かせて、はるかな三上山を見た。

「まことですか父上。…でも七巻き半とは……」

「伝説ではそういうことになっている。

私は知らぬ。この父は何もわからぬ……。わからぬことが、人の世には満ちている。

田原の藤太が討ったのがムカデなのやら、あるいは人であったのやら、はたまた、藤太自身も同じムカデであったのやら…。夷《えびす》を討ちに遣わされた藤太もまた夷でなかったかどうか……。

それすら、この父にはわかりかねる。

だが……のう主税、子供だましのような伝えの中にも、世々の人々の、せい一杯なしたこと、残したかった志というもの、討たれた者のくやしさ、──そういったものの何程かは、たとえ形を変えてではあれ、こめられ、積もっていようではないか。……いったい、どれほどの数の人々が今までこの地上に生まれ、苦しみ、ときに楽しみ、身の丈《たけ》いっぱいの夢や志をもち、少しは遂げ、あるいは思いの外の力にはばまれ、だまされ、死んでいったことであろうのう……」

みずうみは、秋とはいえ、煙《けむ》るように眼下にひろがっていた。三上山は湖岸から、そこばかりは人界の不可解を超えてすっきりと、穏やかな緑濃い姿を盛上げている。山のまわりはこれも霞むような黄ばんだ稲田であった。

「田原というところはここから見えまするか」と主税がたずねた。

「いいや。あの右手、みずうみが一筋、流れでているところがあろう。そう、橋の掛っているあたり。瀬田《せた》の橋じゃ。…あの瀬田《せた》川が南へ下って山間に入る、もそっと先が田原じゃ。……藤太はあの〈瀬田ノ唐橋《からはし》〉の上から三上山めがけて弓を引きしぼったそうじゃ。藤太の一族は東国で増《ふ》えた。小山《おやま》・大石などを名のった。田原でも一族は増えた。田原——くわしく申せば近江国栗太郡《くりもとごおり》田原じゃ。そのあたり、〈大石の庄〉という庄園であった。世が下って応仁の大乱の頃、田原の大石一族は皆、討死して絶えたという。東国下野《しもつけ》の一族、小山久朝《ひさとも》を迎えて、再び大石の姓を興した。

久朝から四代目のとき、織田信長に抗して、大石の嫡家は断絶、新家のみが残った。われらは新家の末じゃ。あの瀬田川のほとり、田原へ入る途中、〈大石中村〉という。明日行くところだ。そこが私どもの直接の先祖の地じゃ」

内蔵助は草叢に腰をおろしてつゞけた。

「……新家の三代目・大石弾正《だんじょう》左衛門朝良《ともよし》に二男があった。兄は平左衛門良定、弟は久右衛門良信。兄は豊臣秀吉公征韓の役に従い、老いて大石に隠退したが、その子の兵左衛門一定が初めて浅野采女正《うねめのしょう》長重公に仕え、大坂夏の陣で戦死された。

弟の久右衛門良信は関白秀次公に仕えたが、秀次公が高野山で自害ののちは、また大石に隠遁された。……もはや武門の果敢《はか》なきを思われたのであろう、最愛の一子を男山《おとこやま》八幡宮の宮本坊に託された。じゃがの、この子は僧になるを厭《いと》い、十四歳のとき出奔して江戸に出、いとこの兵左衛門一定を頼って浅野家に仕えた。大坂夏の陣に二人伴うて出陣したのじゃ。兵左衛門は戦没。この還俗血気の若者は敵の兜首《かぶとくび》二つをとる武功をたてた。武だけではない。すぐれたお人だったのじゃろう、平和になってからも次第に登用され、遂に、浅野のお家で家老の重責を負うに至った。

これがそなたの玄祖父・内蔵助良勝《よしかつ》どのじゃ。……良勝・良欽《よしたか》・良昭《よしあき》・良雄《よしたか》・良金《よしかね》……そう、主税で五代目になる」

父と子は山科西野山を発って一刻（二時間）ほどで大津に着き、親戚の三尾豁悟《みおかつご》の家に入った。三尾豁悟は内蔵助の母方の血縁である。内蔵助の亡母クマは、備前岡山藩主池田家の枝族で家老として三万三千石・天城《あまぎ》城を預る池田出羽守由成《よしなり》の娘であった。豁悟はその一族で本名は池田宮兵衛正長、阿波徳島藩家老をつとめていたが、故あって隠退、変名して近江大津に閑居していた。

豁悟が大石内蔵助らの一挙になにほどか「陰《かげ》」の支援をしたか、全くわからない。

ただ内蔵助は討入りの前日——十二月十三日、江戸から豁悟宛書状を認《したた》め、私家の下僕二人に託して大津へ発たせている。

その中で、生前殊に浪々中は温い交わりを賜ったことを謝し、事ここに至ったいきさつ、及び、自分の存念の要々を、江戸下行以来の行動の詳細と共に記し、「貴様には心底のこさず申入候」と述べている。そして、人の口ではどのように伝わろうとも自分たち同志の行実《ぎょうじつ》は上記の如くであったこと、それを浪人中なにかと援助を受けた備前の池田血族へも知らせたくは思うが、それもかなわぬこと、何卒自分の死後あなた様から伝えてほしいこと、「此状私死後御届申す可きよう認《したた》め置き使わせ申し候、御披見《ひけん》ののちは火中に投じ下されたく候」と、前後二度も重ねて記している。

また同じ日、赤穂の華岳寺（浅野家菩提寺）の僧恵光・良雪と、神護寺（大石家菩提寺）へ連名宛の、更に長い一通をも認めているが、これも尚々書《なおなおがき》（追伸）に、「直接お手元へとも存じたが考え直し、死後大津よりお許へ達するよう頼み置き申候」と記している。

これを見ても、「死人に口なし、死後色々の批判とりどりに之《こ》れ有るべくと察し」た内蔵助が、自分の死後、連動嫌疑《けんぎ》の及びそうな類縁へ、物証の迷惑をかけることを極力避けつつ、自分たちの志の在りかの真相を残そうと、討入る前日、遺書に等しい数通の書簡をひそかに托したこと。その少くとも二通の托し先として選んだのが、大津の三尾豁悟であったことがわかる。

のちに討入り後、同志らが大名四家にお預けとなって幕府へ提出させられた「親類書」（これは連罪の可能性ある範囲の者――祖父母よりイトコに至る三族――の一覧表となる）の中に、池田一族としては、内蔵助のイトコ池田玄蕃《げんば》・同左兵衛・同七郎兵衛・同長左衛門の名がみえる。

三尾豁悟はそれより薄い血縁であったろう。

（なお、内蔵助のばあい、イトコが非常に多い。彼の父が早世したため、祖父の養嗣子となって家老職を継いだ。したがって実のイトコの他に、ふつうなら連罪範囲外の違イトコ（すなわち父のイトコ）までこの圏内に入ってしまう。例えばあの進藤源四郎、などもそうであった。）

大津の三尾谿悟を重要書置のひそかな托し先として選んだのは、彼が連罪範囲をはずれる血族であり、かつ、よほど信頼するに足る人物と日頃からみていたためだろう。

また、この谿悟への書簡依托といい、同時に討入り後泉岳寺へ引揚げる途中、四十七人の一人で最も身分の軽い、足軽・寺坂吉右衛門をひそかに離脱させ、内匠頭未亡人や赤穂へ報告の密使とした手配りといい、内蔵助の幾重もの用意周到さと共に、彼が如何に自分たちの志を正しく伝えることに心を砕いたか、察せられる。逆に言えば、「事件の真相抹殺の危惧《きぐ》」が、彼を深くとらえていたことでもあろう。


さて、——今、主税を伴って大津の三尾邸に立寄った内蔵助と、谿悟のあいだでどのような話があったか、もちろんわからない。

ただこの時、主税が庭先で近所の同年輩の者たちと相撲をとって興じたこと。食事時《どき》になって座敷へ上がり膳に向かうと、十幾杯も飯のお代りをしたこと。それを見て谿悟が頼もしい若者だと誉《ほ》めると、内蔵助は、いや、浪人の身でこのような大食い者を抱えておりますのでなかなか骨が折れます、と笑って答えたということ。——伝わっているのはこれだけである。

二人は夕食後、ぜひ一泊をとすすめる谿悟の好意を辞し、膳所《ぜぜ》を経、瀬田ノ唐橋のほとりの旅籠にわらじを脱いだ。

めざすふる里はついその先である。

21　ふる里（その一）

瀬田《せた》ノ唐橋《からはし》の下を、菰《こも》荷を積んだ小舟がくだってゆく。船頭が竿をあげるとき雫《しずく》に朝陽が砕ける。岸の柳がゆれている。

右岸に門前町がつづく。茶屋がある。軒にみやげの大津絵など釣るした店がある。名物の小鮎《あゆ》を飴《あめ》炊きする匂いがプンとただよう。

天秤棒を担った小商人がいそぐ。石山寺《いしやまでら》詣での老若男女がゆく。

門前町の朝は活気がある。

そのなかを、内蔵助《くらのすけ》・主税《ちから》の父子もゆく。

両刀に柄袋《つかぶくろ》をかけ野袴《のばかま》姿の二人の武士をふりかえる者はだれもいない。

内蔵助という人の歩みは、こういうところではゆるくなるように出来ている。店先に立止まり、釣るされた大津絵を眺めはじめた。

弁慶が釣鐘を引きずっている図だの、槍持ち奴《やっこ》だの、ひょうたん鯰《なまず》だの、—荒っぽい墨の線描に朱や緑や黄の泥絵具があざやかだ。なかに阿彌陀三尊などのマジメなものもある。

——まあ今でいう郷土民芸みやげ絵のはしりであろう。大津絵は江戸時代の太平とともにはじまったといわれるが、諸街道の交通が整い、庶民の寺社詣でなども盛んになったこの元禄ころは、この種のみやげ絵も最盛期を迎えていたようだ。

それが門前町の店頭に釣るされて、瀬田川《せたがわ》の朝風におもいおもいに揺れているのである。

内蔵助は結局、「鬼の三味線」というのを一枚購《か》った。おおきな田舎徳利と銚子をまえに、どこか間《ま》の抜けた赤鬼が陽気に三味線を弾いている。

「何ともいえぬ雅味ではないか」

のう、主税――。いささか弁解めいて、にっこり大事そうに懐《ふところ》へおさめた。

元来かれは絵ごころがある。それもじつは尋常のものではない。京都狩野《かのう》派の狩野友益《ゆうえき》に付いて正式に習得したのである。号を「可笑《かしょう》」といったと先に紹介したが、これももともと俳号などでなく絵のためのものだ。数多く描いた。現在赤穂大石神社の社宝になっている「四季花鳥図六双屏風」など、全く素人ばなれした繊細巧緻な筆さばきだ。加えて気品も艶もある。

これなどは本格的なものだが、即興にもよくかいた。一枚の戯画がのこっている。

――編み笠に半ば顔をかくし、いづこへか路上を勇む若い武士と、それを後から引留めようと意見しているかにみえる奴《やっこ》姿の下僕の図だ。

この画には、伝えがある。

八助《はちすけ》という下僕が大石家に仕えていたが、老いて自分の里――赤穂城外尾崎村へ帰っていた。お家の大変を聞いて駈けつけた。形見を欲しいというのである。内蔵助はなにがしかの金子を与えた。八助は手も触れない。黄金《こがね》にこころ候や、形見の香り候や？　仇討はどうなさりまする！　声あげて男泣きに泣いた。

　されば……、と墨をすり描いたのがこの図だというのである。おお、憶えておりまする、そうでござった、そうでござった。八助は何度も合点々々し、共に笑い合ったという。――それは、十九歳で家老見習いとして初めて江戸に出た内蔵助が、八助を供《とも》にしきりに吉原《よしわら》通いをしたときの、二人の姿図であった。

　これが後世の道学者にかかると、

「こは人目忍べる姿ながらも、互いに勇み連れたるさま、世の常ならず、八助、身は賤しけれども忠義の志おさおさ劣るべきにもあらぬさまを、詞にいはずして姿に顕し給ふにや。八助もその心をさとりてよろこび侍《はべ》るならんか」

と、ムズカシクなってしまう。（この注釈をつけたのは、のちの赤穂（森）藩の儒者・赤松滄州である。この画軸は現在も赤穂市尾崎の小野家に家宝として蔵されている。）

　とにかく内蔵助は、こういう絵ごころのあった人であり、また、じぶんを戯画化する性癖の持主であった。

　――その内蔵助が、いま瀬田川のほとりの店先で、ひょいと大津絵を一枚買った。

　やがて石山寺の山門にでる。人々の流れに従《つ》いて二人は詣でた。主税は何を祈ったか……。

　参道の白い石畳に萩が散っている。

　寺を出はずれると急にひっそりする。

道はずっと瀬田川に沿う。

青いゆるやかな流れである。低い土堤がそのまま道だ。

やがて両岸が迫り、あたりはいつか山間の様相をおびはじめた。

主税には、あの平らな天地いっぱいにひろがるみづうみが、たったひとつこの小さなひとすじの渓流となって山間に分け入ってゆくさまが、めずらしいことのように思われた。川がすべてを集め海へ入る播州赤穂に生まれ育った彼には、いま瀬田川と共に下りつつ、どうしても逆に遡行しているごとく感じられるのであった。遠い昔のまだ見ぬ父祖のふる里をめざしているという（いわば時間的遡行の）意識が、そんな錯覚をよぶのかもしれない。

ふり返ると、びわ湖はもう見えない。

父は無言で歩を運んでいる。主税もだまって歩く。川床に石礫《つぶて》が目立ち、少し立ちはじめた瀬音を耳にしながら、少年は一つのことを思い出している。

ゆうべ、旅籠《はたご》で父のかたった話である。

ほの暗い行灯のあかりに寝床《とこ》を並べたまま、内蔵助は片身に肱《ひじ》枕をし、遠い思い出のように主税に語ったのだ。


「――むかし、わたしのまだ幼い頃、赤穂の家に婢《はしため》がいた。名は……い、い、いくといったか。乳母ではなかった。だが、その婢が、眠りの浅いやや蒲柳《ほりゅう》の質であったわたしを、よく寝かせつけてくれた。

いろんな話の種《たね》をたくさんもっている女でのう、どこともしれぬ国々の昔話など、手品のようにつむぎ出しては語ってくれたものじゃ。何度も聞き馴《な》れた話も、それはそれで又よけいになつかしゅうて、すんなりと夢路へさそわれた。そなたにもおぼえがあろう。

そのいくが、あるとき、こんな話をしてくれた……」

……

いつのころでありましたやら、おうみの国のみいという寺に、ひとりの小坊ン《こぼ》さんがおりました。その小坊ンさんはみなし子でありました。いえ、ほんとうはととさまもははさまもいたのではありますが、わけあって幼いころみいの寺にあずけられてしまったのであります。そのわけと申しますするのはのう……。

小坊ンさんのととさまはびわこというみの漁師《りょうし》でありましたが、あるとき浜辺で美しい乙女《おとめ》に出会いました。そしてお嫁さんになすった。美しいばかりか気だてもやさしくて、それはそれは働きものの女でありましたと。

やがて玉のような男の子が生まれました。手首が、そう、松之丞《まつのじょう》さまのようにこんなにくびれて、それはそれは可愛らしい男の子でありましたそうな。

——（と、こんなふうにいくは話すのだった。知ってのように、わたしはそなたと同じく、幼名を松之丞といった）——

ある春の日、浜辺で働いていたははさまは、のどかにうち寄せるびわこの波をうっとりと眺めているうちに、つい、とろとろ、とまどろみました。そうしてととさまにそのすがたを見られてしまいました。ははさまはいつか、たつのすがたになっていたのです。ははさまはひとのすがたをしてはおりましたけれど、じつはびわこのうみの底にすむ、竜《たつ》であったのです。

ははさまははずかしさに泣きました。ほんとうのすがたをあなたさまにみられてしまっては、もうおそばにいることはできません。どうぞあの子をおねがいいたします。……せつない声でとどさまにそうたのむと、ははさまはさっとびわこのうみの波まに身をおどらせて消えてゆきました。

男の子は、くる日もくる日もははさまを恋うて泣きました。ははさまよう、ははさまよう。その声はうみの底のははさまの耳にもとどきました。ある日、男の子がいつものように浜辺ではははさまを呼んでおりますと、やおらおおきな波がもりあがって、夢にまでみたやさしいははさまが現われました。そうして、男の子に一つの玉をにぎらせました。

これはははの眼です。これをおなめ。

それからしばらく、男の子の泣き声はきこえませんでした。けれど、その目玉は、なめてなめて小さくなり、やがてなくなってしまいました。

ははさまよう、ははさまよう。またうみのほとりに男の子の声はひびくようになりました。目玉をおくれよう。

ははさまは、うみの底でながらくもだえておりました。そうして……、ある月の明るい晩、ははさまはふたたび浜辺に姿を現わしたのであります。

「これはははのさいごの玉です」

ははさまは、残ったじぶんのもう一方の眼を男の子に与えました。

男の子はよろこんでなめました。ははさまはいいました。「もうこのははおまえをみることもできません。一つだけやくそくしておくれ。お日さまがあのひえのお山のむこうに沈むとき、おまえはみいのお寺にいって、あそこの鐘をついておくれ。ははくらいうみの底でその鐘の音を聴いて、おまえがきょう一日をそくさいでくらしたことを知りましょう。」

男の子はやがて小坊ンさんになり、いちにちいちど、お日さまがびわこのうみをあかく染めて西のお山に入るとき、ゴーン、と鐘をつきました。

いまも、ついています。

……

「たった一度であった。いくがこの話をしてくれたのは……。

だがのう主税、この話は幼いわたしに、生まれてはじめて、世の哀しみと怖れにふれさせた。

武士の子は泣くものでない。だが、夜、ひとりこの話を思い出すたび、身がよじれた。……世の中にはどうしてこんな哀しいことがあるのか、人とはなぜこんな哀しいものなのか。……自分もいつかこのように母を困らせ、苦しめ、無慙な仕打ちを犯すことになるのではないか？　そのえもいえぬ冥《くら》いやるせなさ——誰にもいえぬ不安と怖れが、私をとりこめつづけたのだ。……母とは自分の母だけではない、世の、母とよばれるすべての女人たちといってもいい。有縁の、恩あるすべての人たちといってもいい。……自分はきっといつか……。何事かをするのがこわかった。自分というものがこわかった。

のぞき込んでも見えない自分のなかの未生《みしょう》のくらやみ。その芽を未然に摘み除《と》るには出家するのがふさわしくないか……子供の頃はそんなことも思い詰めた。知ってのように、わが一族からは代々男子の一人が男山八幡宮の坊に入る。そう、四年前亡くなったそなたの叔父・大西坊専貞もそうだった。私のすぐ下の弟だ。弟が出家したのは十三歳だった。私どもの父上が亡くなられた年で、私は十五だった。……私がすべきだったかも知れぬ。だが私は嫡男であった。三弟・良房ははたちそこそこで亡くなった。年長の私だけが――昼あんどんの私だけが、いままでこの世に置かれた。……人のさだめは測りがたい……。

わたしはながい歳月、いくの話を忘れておった。それが、われらの父祖のふる里、近江《おうみ》の、三井寺の晩鐘《ばんしょう》にまつわるかなしい伝説であることをも……。四十年の余をへて、いま思い出したのだ、主税、そなたとこうして二人でいて……。

先ほど膳所《ぜぜ》のあたりできこえた鐘は三井寺であったろうか、それとも石山寺か……。」

父が主税のためだけに使おうと約束した三日間の第一夜に、語ったのはこの話だけであった。

そうしていいま、山間にこだまする瀬音のなかで主税は思い出している。語りおえたあと、つぶやくようにいった父のことばを――

「主税、伝説とは何であろうのう？　田原《たわら》ノ藤太《とうた》は三上山《みかみやま》のムカデを退治《たいじ》たという。三井の晩鐘の伝説の母はみづうみのタツであったという。キツネである本性をみられた母が子を残して去っていった信太《しのだ》ノ森の葛葉《くずのは》の物語もある。……世には人間がいるばかりじゃ。異類のすがたを借りてしか伝えられぬ、人の哀しみというものが地上にはあるのかのう……。

タツであったという母が幼な子を残して淋しく帰っていったうみの底とはどこであろう？　キツネである母が姿をかくした森とは……？　ひろやかな平野の人里とは通婚《まじわり》をゆるされぬ、山のかげ・川谷のかくれ里であったろうか。なにゆえにいけにえはそこに強《し》いられるのであろう。そういう人々のたたなわる哀しみの声が、人としての真実の心が、どうしてむなしく消されたままでよかろうか……？

伝説とはいつの世にも、そういう押しつぶされ、無きものとされた人間の、血と涙からつくられたものかも知れぬのう……」

22　ふる里（その二）

並んで歩けぬ崖っぷちの径《みち》である。

瀬音が両岸に谺《こだま》し、樹洩れ陽をふるえさせている。流れは眼下に青い。巨岩がごろごろする川床を、激しつつ走る。

「主税、先ほどから何を考えておる?」

ふいに内蔵助がふり返った。

「昨晩《ゆうべ》の　三井寺の鐘にまつわる母の話をおもいだしておりました……」

あとに従《つ》きながら主税がいった。

「ああ…、鐘といえばの、あの伝説の小坊主の撞《つ》いた三井寺の梵鐘は、例の田原ノ藤太《とうた》が寄進したという。そういえば、瀬田の唐橋《からはし》の上でながくと横たわり通せんぼして、藤太にムカデ退治を請うたのは、一匹の大蛇《おろち》（竜神の化身）であったそうだ。退治した礼に藤太は竜宮《りゅうぐう》へ招かれ、手厚いもてなしを受けたという伝説もある。

竜宮は、唐橋から一里半ほど下流だったそうじゃ。どうやら、これからゆく大石の辺りになる。大石にはたしか竜門《りゅうもん》という名の村もあったようじゃ。——とすると、主税、われわれもまた、ひとならぬ異類の子孫であるかも知れぬではないか……。あの、本来の姿を夫にみられて琵琶湖の底に戻って行った、小坊主の母なる竜のように……」

背中を見せたまま父は、伝説の謎を愉しむように明るく言った。その声も瀬音にまぎれがちだ。

径がさらに険《けわ》しくなった。樹々の緑が肩にふれる。

やがて流れはしばらく瀞《とろ》をなし、右へおおきく曲った。

と、前方に、からりと開けた土地が望まれた。

光がまぶしく、川音が八方に拡散している。

木橋が架《か》かっている。二人が渡ると音たてて撓《しな》った。

「鹿跳《ししとび》橋という」

内蔵助がいった。

「ここから奥が大石じゃ」

鄙《ひな》びた山峡の小天地である。

左右の丘陵に抱かれ、藁屋根が点々とつづく。なだらかな盆地は前方へ扇状に展《の》び、黄ばんだ山田のあわいを野みちがくねっている。

二人は集落の中を避け、その野みちを往く。

足元に名も知らぬ紫の草花があり、溝ほどのせせらぎが流れ、水車が音たてて廻り、小屋のなかからかすかに糠《ぬか》のにおいがする。

すべてが穏やかで、からりと明るい。

薄《すすき》の光っているむこう、丘陵のすそに、石垣と土壘《どるい》が見えだした。椿や椋《むく》であろう色濃い樹々を繁らせたその高みは、一つの森のようにも見えた。

（屋敷跡であろうか？）

と主税はおもう。が、その深い木立のなかに邸らしき茅《かや》屋根は見えない。

内蔵助はそれを遠望するあたりで、しばらく歩を止めた。何も言わない。

また同じ調子で野みちをゆく。

父上――、と呼びかけたいのを主税は控えている。何がなしそうさせるものをもつ内蔵助の背であった。彼もだまってそんな父の後に付いてゆく。

一つの集落をすぎ、野は潤《ひろ》やかさを増した。川（大石川）に沿う低地は稲田。左右のなだらかな丘は幾すじもの緑の帯でおおわれている。茶畑であろう。点々とまた藁屋根が山麓に寄り添う。鎮守の森の鳥居がみえる。白い径がひとすじ、はるかな西南の茶畑の丘へと消えている。

「むこうに見える丘沿いの村が大石の南の限り、小田原《おだわら》じゃ。禅定寺《ぜんじょうじ》峠を越えて、宇治田原《うじたはら》へとつづく。その先は和束《わつか》、笠置《かさぎ》、そうして奈良じゃ。――この径は、大和や近江に都があった昔から人々の往き通うた道だ」

言葉すくなく父は言った。

不意に淙々《そうそう》と瀬音が湧いた。

気がつくと足元は崖になっており、瀬田川の青い流れが渦をなして走っている。

いつのまにか主税は父のあとについて、大石の中心部一帯を、中村・竜門・淀とひとまわりして来たのだった。

其処に、古い社《やしろ》があった。

式内佐久奈戸《さくなど》神社——とよめる。

しばらく拝殿の薄暗い梁《はり》を見上げていた内蔵助が、一つの額《がく》を指さした。

「奉納絵馬《えま》じゃの」

梁は高く、蜘蛛の巣が張っており、横二尺縦一尺半ほどの一枚板に画《えが》かれたそれは、見上げれば小さい。

一人の武士のきりりとした騎馬姿である。馬上の人は折烏帽子《おりえぼし》・直垂《ひたたれ》姿である。直垂は白っぽい。馬は連銭葦毛《れんせんあしげ》である。高らかに脚踏みし、太り肉《じし》の首をねじまげた馬。その口元から、軽やかに馬上の人がさばく手綱の真紅が、あざやかに浮き立つ。

「願文が書かれてあろう、そなた眼が良い、読めるか?」

よめまする、と丈高い主税は応じた。

「絵の右側は
掛奉善神御宝前

寛永六己巳暦三月二十三日

左側は、武運長久息災延……そのあと二字、何でござりまするかなァ？　末尾は、あッ、

施主　大石内蔵助　白敬

とありまする！」

驚きの眼をかがやかせ主税がふり返った。

「そうじゃ、これは、そなたの玄《げん》祖父上——初代大石内蔵助良勝《よしかつ》どのの奉納された絵馬じゃ」

父は微笑して自分より丈高い子に寄り添い、ややうすれた字の一ところを凝視した。

「…息災《そくさい》、つぎは、延《えん》—命《めい》—願《ねがい》、のようじゃのう、どうやら……」

そう読んでふたたび頬をゆるめた。

——この初代内蔵助良勝は慶安三年八月二十三日に六十四歳で没している。とすると、この絵馬を奉納した寛永六年には四十三歳。少年のころ一旦僧となっていた身を浅野長政に仕えて大坂夏の陣で武功をたて、主君の三男長重が常陸《ひたち》国笠間《かさま》藩主となるさい家老千五百石に出世したのが元和八年だから、絵馬奉納はその七年後にあたる。戦国の世に身一つでこの大石の里を出、ひろい社会に一つの場を築いた誇りを、年齢的にも脂ののり切った男の更なる心願にこめて、彼は、遠い東国常陸から、ふるさとの産土《うぶすな》神社にこの絵馬を掲げたのであろう。（浅野の分家——のちの赤穂浅野藩はこの長重・良勝の主従によって創成された。良勝五十九歳のときである。）

絵馬奉納から七十三年。いま、赤穂浅野藩は崩壊した。幕府へ不遑の一挙を心に秘め、残る

わずかの地上の日々を嫡男主税と共に、四十四歳の曽孫・四代目内蔵助良雄がこれを見上げている……。

父と子は、境内のすぐ下にひろがる岩場に降り立った。

瀬音だけの世界である。右手に鹿跳橋が見える。琵琶湖の水を集め一すじにここまで南下して来た瀬田川は、東から信楽川《しがらき》、南から大石川をも合流させ、神社の脇をえぐり、渦をなして西へ奔《はし》る。岩場の一部は流れの中央にまで張り出して、広い常滑《とこなめ》(川床の平らな岩)をつくっている。(ここで瀬田川は、宇治川と名をかえる。現在、「宇治川ライン」とよばれる景勝は、この地点から少し下流までだ。)

社名「佐久奈戸」(佐久奈度とも書く)とは、佐久奈度《さくなだり》に落ちたぎつ速川の瀬戸、の意味だそうだ。上古、罪けがれをはらう「大祓《おおはらえ》」の神を祭るミソギの場であったという。いかにもこの東西南北に清流の交わる、陸路でいえば辻のような岩場と常滑のひろがりは、禊《みそぎ》の場にふさわしい。——中世の「大石党」がこの水路の要衝に発生したのもうなづける。

一つ岩に並んで腰を据えた父の横顔は、口をかすかにあき碧い流れに注がれている。子も無言だ。

ふいに、飛鳥の影が水面を斜めによぎり、東に畳《たた》なわる山なみへ翔《かけ》っていった。父が首をあげ、その消えた方向を指さした。

「あれが笹間《ささま》ガ岳、その右奥が太神山《たなかみやま》」

また森閑と、瀬音だけの天地である。

内蔵助と主税はふたたび鹿跳橋のたもとへ戻った。今度は東方へ信楽《しがらき》川に沿って遡る。行手に笹間ガ岳が緑濃い三角錐の姿をみせている。こちらの山峡は宇治田原への里々よりはるかに狭い。大石東村《ひがしむら》の民家は丘陵の南斜面に数珠《じゅず》のように連らなっている。

内蔵助は、時々ひょいと屈《かが》んで路ばたの桔梗《ききょう》や野菊を摘んだ。それから山腹へ分け入った。集落の裏山である。落葉が匂う。草鞋の下で温かくきしむ。木洩れ陽のわずかに射しこむ樹間に、切揃えた櫟《なら》が組まれ、点々と椎茸《しいたけ》が付いている。村人の生活の知恵だろう。

林を抜け、十坪ほどの平坦な壇場に出た。

巨きな山桜が一幹《もと》、枝をひろげ、その陰に、三基の墓石が横一列に並んでいる。

真中の一基はかろうじてこうよめた――

良信院山翁宗安居士

慶長四年正月廿日没

「絵馬を奉納された良勝どのの父君、大石久右衛門良信どのの墓じゃ。豊臣秀次公に仕え、晩年隠居してここに眠られた。

慶長四年……関ヶ原の戦《いくさ》の前年じゃの。今からちょうど百年ほどまえになるか」

内蔵助がいった。

その右隣は

清光院心誉栄受大姉

　慶安元年十二月十八日没

左端の一基も、……大姉、とあるから女人のものだろうが、戒名の部分は苔のために判読できそうもない。

内蔵助がさきほど摘んだ桔梗と野菊を差し出した。

「主税、そなたの手で供えるがよい……」

――右端の清光院心誉栄受大姉は、良信の妻――良勝の母、志茂《しも》である。この人は山科の進藤筑後守長治《ちくごのかみながはる》（この稿の「9　鮒」に出てきた、公卿近衛家の諸大夫）の娘だ。じつは主君・関白太政大臣近衛《このえ》前久《さきひさ》の落胤で、進藤長治が預って育て、大石良信に嫁いだものという（「進藤系図」による）。――とすれば、大石家には近衛の血も入っていることになる。

もともと中世以来、大石ノ庄は、隣の信楽ノ庄と共にながらく近衛家の庄園だったし、大石一族はその下司《げす》職（庄園の現地に住み、庄務を実際におこなう）を勤めていたから、あり得ることだ。

このように、大石家が今は播州赤穂藩士ながら、京の朝廷公卿と親《ちか》しい事情には、ながい来歴があるのである。

また、赤穂浅野家も、長矩の祖父・長直のとき、寛文二年、火災で焼失した禁裏御所の再建に奉仕したことがある。もちろん幕府が諸大名に命じたのだが、そのとき浅野藩はみずから進んで、紫宸殿《ししんでん》・内侍所《ないしどころ》（ここに三種の神器の一つ、鏡が安置されている）など、最も重要な建築とその内装を担当した。莫大な財政負担を伴うこれを、小藩である赤穂浅野藩（裕福とはいえ、十三年かけた自城完成の翌年だ）が敢えて引受けたには、そこに藩主と重臣の慎重な協議と朝廷への見識があった、と見ねばならない。当時の家老は、二代大石内蔵助良欽《よしたか》およびその弟・大石頼母《たのも》良重《よししげ》である。

御所造営の成就はとうぜん、赤穂藩に一種の誇りを生んだろう。宮廷の文雅にも多くの藩士が触れた。京との交流は後々までつづいた。小藩ながら京に藩邸をもち、留守居役も駐在させた。藩士のなかに文芸や画をたしなむ者の多かったのもこういう事情が預っている。

徳川幕府は一方で諸侯が朝廷と近づくことを嫌い、さまざまな牽制策を講じたが、諸侯の中で赤穂浅野家がこの造営後、朝廷と心情的に親しい一大名となったことは確かであった。

長矩と吉良上野介との確執にこのことが伏在したかどうか……たしかな証拠はむろん無い。ただ吉良は高家《こうけ》としてあくまで幕府の側に立って朝廷と折衝する立場。出自も室町幕府足利家一門だ。浅野とは朝廷への心情にズレがある。勅使饗応役となった浅野長矩との間に、準備の段階で調度一つ選ぶにも摩擦の生じることはあり得ることだ。吉良は浅野を指導役たる自分にヘンに不従順な田舎侍《ざむらい》とみるし、浅野には宮廷風を知っている自恃《じじ》がある。長矩も鬱屈し、上野介もイラ立ツ。

その積み重なりが、吉良の差別的言辞となり「刃傷」に暴発したとしても、そこに至る深い心情の根は、物的証拠としては全く残らない。

「此の段兼て知らせ申すべく候得ども、今日やむを得ざる事に候故、知らせ申さず候。不審に存ずべく候」——切腹に先立ち長矩の遺した言葉はその意味でも謎に満ちている。

差別言辞と、朝廷への親近性と。——これはまったく関係ないようだけれど、それもすぐ後で述べるように深いところでつながるのだ。

とにかく事件直後から、朝廷では浅野に同情的な見方が澎湃《ほうはい》と湧いていた。——勅使お成り中の江戸城本丸を刃の血で汚すことは最大の「穢《え》」であり「不敬」である。にも拘らず、勅使は、「浅野、問罪《もんざい》に及ばず」と幕府へただちに直言しなかったことを、帰京後叱責されている。

さらに、天子みずから

「浅野、不憫《ふびん》」

との一言を洩らし給うた、とのうわさが京の巷間に流れた。

このことをキャッチするや、家中《かちゅう》上下ひっくり返る国許《くにもと》赤穂の内蔵助へ告げに飛んだのは、赤穂藩京都留守居役・小野寺十内秀和《じゅうないひでかず》だ。

朝廷は事件をいかが見ておらるるか？——この点が内蔵助にとっても心懸りであったろう。そして今、幕府政道批判への一挙を起こすに当り、大石の心を支えるおおきな一つに、この朝廷の見解があることも確かだった。（小野寺は現に、大石ら同志の副将格である。討入りには四十七士のうち最も多い四人を親族から出した。そして十内の妻・丹《たん》も、かれらの切腹から百日後、みずから食を断って殉死した。）

幕府体制のなかに身を置く士分でありながら、このように幕府よりむしろ、朝廷につながる心の糸の太い者たちもあったのだ。

そうして、もう一つ興味をそそるのは、朝廷寄りの心情をもつ武士に、その出自が「弾正」系のものが多かった事実である。

浅野・大石・進藤……みなそうであった。この稿の「12　弾正の謎（その二）」で述べた、中世の楠木・名和・結城《ゆうき》（藤原秀郷の流れ、下総国の大族。小山・大石と同系である）もみな。

そこに秘められた情念はどんなものだったろうか……？

もともと「士《さむらい》」は、朝廷への「侍《さぶらい》」という発生源において同格だ。将軍も直臣も陪臣も。将軍（幕府）が事実上の政権を握っているといっても、それは朝廷から委託されたものだという観念がある。その政権・政道に批判を向けるばあい、依るべき内的権威として朝廷へ眼がゆく。中世においても、近世においても、さらに幕末においても、心の動きの型は一貫して変らない。それがこの日本列島の人間の心性の底に潜む根《ね》であった。

「列島、横なる差別」——ということについて、この稿の8章で触れたけれども、何らかの社会的差別を受けている者たちが、それへの抗議の心的支点《てこ》とするのはおおむね、朝廷とのかかわりだ。——ある場合は、たとえば木地師《きぢし》など「山の民」が奉じるような、自分たちの血筋のなかの貴種伝説であり、ある場合、政治的には、朝廷への忠勤観念である。

武士が政治の実権を執るようになって以来、朝廷とは「昼行灯《あんどん》」のような権威ではあった。だが、ひとたび公害が鬱積して世が曇《くも》ると、その光は見直される。——中世の「弾正たち」楠木らもこの権威を借りて鎌倉幕府を討った。明治維新もまた、トコ、トンヤレ、トンヤレナ、と「錦の御旗」をかついだのだ。

巨きく視れば、そういう列島の心的構造のなかに、内蔵助らもいる。しかも彼のばあい、血も心情も、濃厚に上方《かみがた》風のひとなのだ。

むろん内蔵助は、主税に何をも告げてはいない。今この子が草花を手向けている「栄受大姉」――彼の遠いオバアサンについても……。


雲が切れ、南面した墓域に秋の午《ひる》ちかい陽光がふりそそいだ。

父と子は墓を背に草叢に腰をおろし、山峡の村々を眺めおろしている。

信楽川の川床は深く、両側にわずかな山田と畑がある。対岸の山なみは呼べば届くほど近い。正面に笹間ガ岳が突兀《とっこつ》と立つ。

この山腹のすぐ下に大石東村の家々は藁屋根を寄せ合っている。はずれに一つ、寺の瓦屋根がみえる。この墓をも守る菩提寺であろうか。もちろん父は立寄らず、人目を避けて村をも迂《う》回《かい》したのであろう。

そんなことを思っている主税に、内蔵助が今しがた二人がくぐり抜けて来た林の中を指して言った。

「あの椎茸を作っている奥のあたり、平らになっておろう。良信どのの隠宅跡はその辺と聞いたが……」

主税は樹洩れ陽すらあまり通わぬその叢《しげ》みの奥をすかし見た。わずか百年の歳月は、もうかつて人が栖んだと思いようもない雑木林に帰らせている。

「みんな、旅立ってゆくのでございますね」

「そう、みんな旅立ってゆく。ふる里から。ふり捨てねばならぬ事情の者もある。ふる里を未来に、どこか知らぬところに求めて、旅をつづける者もある。ふる里はうしろにも、前にもあるのかも知れぬのう……」

内蔵助は西野山の寓居をおもいうかべている。むろんあそこから眼下にひろがる山科盆地七郷は、この墓域からのそれよりずっと広い。だか、山腹の屋敷から里を眺めおろすその角度が、ふと錯覚をおこすまでに似ているのだ。わが家族のさいごの団欒《まどい》であったあそこもまた、やがて草叢と化すことであろう……。

陽が翳り、風がでた。

うしろの墓石で桔梗と野菊がゆれている。

23 ふる里（その三）

その日、父と子は、大石から宇治川を西へ下り伏見を経て男山八幡宮へでるはずの予定を変更して、逆に、大石東村の墓前から信楽《しがらき》川を東へ遡り、さらに田上《たなかみ》山系の奥深くへと山道を辿っていった。

主税がたってこう望んだからである――

「父上、私はもっともっとふる里を見とうござります。もっと広くこの足で……。男山は京に移ってからでも機会はありましょう」

主税ははじめ不思議におもっていた。きのう山城から近江へ出る国境《くにざかい》――逢坂《おうさか》ノ関――を越えた辺りで、あれほど詳《つまび》らかに田原藤太のこと、大石家の父祖たちについて語ってくれた父が、現実にその父祖のふるさと大石の地に踏入った途端、まるで人の変ったように押黙ってしまったからである。むろん、山・川や、村々の名は教えた。絵馬や墓もそれと指摘した。が、何と最小限にとどまったことだろう。

だが、多くを語らぬ父の背に付いて歩きまわっているうち、主税には一つのことがわかってきた。

――人はふる里とこういうふうに出会うものだ、ということである。

父は背だけを自分に見せて歩いていた。そのゆえに自分は、野菊を、水車を、小径《こみち》のうねり具合、山田のつづき具合、森のたたずまい、それらを囲む丘陵の起伏、……総じてこの大石という小天地のおのずからな息づきを、そうしてそれが今かく在り、かつて数百年にわたって自分の先祖たちがここに生き継いだその息づかいを、それらをひっくるめた全体を、自分の毛穴から、直下《じか》に吸うことができたのだ、と。

山があり、山に名があり、川があり、川に名があった。笹間ガ岳にも、遠い父祖の畳《たた》なわるさまざまな思いが、抱負が、映えていた。宇治川の瀬音は彼らの心の滾《たぎ》りと変転を、そして、彼らのなかを通りすぎた時間をも、語っていた。

そういうことに主税が思い当ったのは、佐久奈戸《さくなと》神社の崖下に並んで坐り、青い流れに放心していたときであった。

その時、彼の身体に、大石というこのふる里がすっぽり全体入って、もう出てゆかない確かなものと化すのを彼は知ったのだ。

この感覚は、単にふる里についてのものでなかったかもしれない。――そう、一人の人間が天地というもの、世界というものと、まさしく「出会う」その在り方であった。

会う、とは説明でも註釈でもない。もともと天地は、外界は、誰の前にも其処に横たわってはいる。しかし、それと会うことによって初めて、それは一つの新しい総体として起《た》ちあがり、己れと共に生きはじめるのだ。

一人の人間が生きるということは、そういう世界をおのれのまわりにつくるということだ。そうして一人の人間の生の充実は、彼が心のうちにもつそういう世界の、深さ広さと共にあるだろう。

十五歳の主税はこの体験の入口にいた。

そのことが彼に、「もっともっとふる里を見とうございます、この足で……」と言わせたのだった。

「主税――、」と内蔵助は応えた。「この三日間はすべてそなたのものぞ、むろんこの父も……。私はそなたの望むがままにしたがう」

大石郷の東端・富川《とみかわ》集落はもはや田上《たなかみ》山地のふところである。左手の間近かにそびえていた笹間ガ岳はいつか後方へ去り、かわって矢筈《やはず》ガ岳、その奥の手に、田上連山の主峰・太神山《たなかみやま》が山頂の露出した岩々を現わしはじめた。

歩く――道を辿るという行為は、じつは人生そのものでありながら、普段ひとは何かの目的のための手段・途上として歩きがちだ。だが今の内蔵助と主税には、歩くということに奇妙な純粋さがあった。もはや父と子と、こうしてこの世を共に歩くことはおそらくない。そのことをそれぞれ暗々に知っている。歩くという行為に没入し、その時間をいとおしむ思いがある。

そのことが彼らを寡黙にしていた。二人のまわりには、やがて来る紅葉の季節を蔵した森閑たる緑の天地が歩々のままに少しずつ動き、聞こえるものといっては、擦れあう自分たちの野袴《のばかま》の音と、ときどき樹間を裂く鳥の声、それに、ところどころで岩を噛む渓川のひびきだけだ。

「父上、あれは——？」

主税がすぐ左手の山を指さした。

渓流をへだてて突兀《とっこつ》と杉や雑木に蔽われた独立峰があり、その中腹に露出した巨きな岩が見えた。そこに何やら人形《ひとがた》めいたものが彫られているようなのだ。

橋が架かっている。「岩屋不動」——と彫りの深い石標が傾いている。繁みを分け樹根を踏みしめて、くの字なりの細径を登ると、中腹の岩場に出た。

巨大な、垂直にそそり立つ一枚岩である。主税の背丈の六、七倍はあろう、平らに削がれたその表面いっぱい、阿弥陀三尊が浮彫られ、秋の日ざしを正面から吸っていた。左下に小さな不動明王の姿もみえる。

この山間に、いつ、誰の手によるものか……。最初は鋭かったろう鑿《のみ》の跡もおそらく数百年の歳月に風化して、まるで御影石の肌色の岩そのものの中から、生《な》ま身の三尊が忽然と前半身を現わしたような姿だ。

今も多くの人々が詣でるらしく、本尊の足元に真新しい草花や線香やろうそく、団子《だんご》などが供えられている。

シタ、シタと音がする。よく見ると、本尊阿弥陀佛の耳朶《みみたぶ》あたり、わずかな岩の亀裂があり、そこからにじみ出るらしい鉱泉が茶褐色の水尾《みお》を佛の肩に垂れているのである。

「富川の耳だれ不動とはきいた記憶があるが、このような磨崖佛《まがいぶつ》であったとは……。わたしも初めて見る」内蔵助が言った。

してみれば様々な供物も、耳を病む人々のものであろうか……。

あたりは益々深い山間の様相を示して来た。頭上にかぶさる緑の洞《ほら》。信楽川の渓声が足下から湧き、この世の胎内を往くような奇妙なやすらぎが、歩む二人の心をひたしている。

「あのような人間の志《こころざし》というものもあるのでござりますね」

主税がひとりごつように言った。

「うむ。……名もわからぬ。一念発起して刻んだものか、命じられてしたものか。一人で彫ったものか、幾人もの手によったものか……。が、いつの世にか、岩へ佛を刻むという人間の志があったことは確かじゃ。当人は語らない。が、こうして今も私どもの前に在る。このような深い山里にひっそりと……。われわれのように思いもかけずその志に触れる者もある。もっと長いく歳月のあいだにはやがて元の岩に戻りはするだろうが……。

だが、彼らとて、自分たちの此処に残した阿弥陀佛が、偶然の岩の亀裂から、遠い後の世の耳を病む人々にこのような信心を呼ぶことまではむろん想像もしなかったろう……」

内蔵助は崖にひょいと片手をのばし、岩蓮華の一茎を手折った。無意識のようにその小さな白い花を頬に振当てながら歩く。

「のう、主税――。人間の志というもの、己《おの》れのものであるようで、己れのものでない。……なにかこう、おおきなものの志に使われ、運ばれての、その一駒のような気が、この頃の父にはする。……

ひとりの志が、いつしか鎖帷子《くさりかたびら》のように次々と他の人々の志と組み合わされ、ときには様変《さまがわ》りしながら、きわまるところ、世の底のおおいなるものの志の画《え》を描いてゆく。形のあるものも、無いものもあろう。いずれにしてもその元は一つではあるまいか……。

己れをむなしゅうすれば、その元のからくりもほのかに把《とら》えられようやもしれぬ。じゃが……人の心はなかなか無にはなれぬ。己れにこだわる。己れの名を求めるものじゃ。恥をすすぐためには生命《いのち》を惜しまぬ者すら、名は惜しむものじゃ。

そんなわれわれ凡夫にも、ときたま、不意と心の澄むしじまがないでもない。おおくそれは、己れの無力を心底知るときに、かなたよりフト訪れてくるもののようじゃ。……そんなとき、世の底を貫くおおいなるものの志の瀬音もまた、かすかに聞こえてくるようでもある。

だが、無心にそれを聴くことの、何とむずかしいことよのう……。

あの、岩に佛を刻んだ石工《いしく》たちはどうであったか……、はじめより名を求めぬゆえに、反《かえ》ってこのつまずきをスイと超えられたでもあろうか。それとも、佛を造るという志につらなり、それを岩に刻むという形あるいとなみをつづけるうち、世の底の元なる志の瀬音にもわれ知らず触れる歓《よろこ》びの刹那もあったろうか……。

人のいだく志には、形と結びついたものも、そうでないものもある。形あるものは他へ伝わりやすい、何といってものう。だが、形なきものは……

主税。そなたどうおもう？　志——士の心とかく。士《もののふ》のこころとは、つまるところ、どんなものであろうのう……？」

内蔵助は主税に問うようにつぶやくと、沈黙した。

両側の雑木林に美しく刈り込まれた杉の木が多くなった。茶畑も目立ちはじめた。一つの村落が現われ、過ぎた。

内蔵助はつづける。

「主税、わたしはのう、あの日以来、亡き殿《との》のこころざされたところについて考えつづけた。なにゆえに殿はあのような挙《きょ》に出られたのであろうか？　江戸城中それも本丸での刃傷沙汰は誰の目にも不調法《ぶちょうほう》に違いない。また、その汚名と、一藩家中《かちゅう》三百、その家族を含めて千に余る人間の生活《たつき》を擲《なげう》ってのなされようは、余りの短慮であること、これも疑いようがない。それがわからぬ殿でどうしてあろう。

それを百も承知で敢えてなされた殿の存念は奈辺《なへん》にあったのか……？

殿はたしかに癇癖《かん》があられた。しかしのう、主税、考えてもみるがよい。殿はたった九歳で父君に先立たれ、藩主の重責を負われた。子供らしい心を抑《おさ》えに抑えた少年期を過ごされたのじゃ。わがままの通らぬくらしであった。いや、みずから進んで抑えられた。世の常のおとなにもなき重い責務を自覚されてのことじゃ。それへのご努力、まわりへの気配りは痛ましいほどのものであった。——のちに殿のご持病ともなった疝気《せんき》（＝癪《しゃく》＝腹が急にさし込むように激しく痛む病気）も、この長いあいだ自分を抑えに抑えた結果ではなかったかと思えるのじゃ。気のあまりな抑制は、腹の腑《ふ》にひびくと申すからの。

さらには御母方の伯父君・内藤侯の刃傷事件じゃ。先代将軍家四十九日御法要のさい、芝の増上寺でのことじゃ、聞いておろう。むろん内藤藩は相手の永井藩ともどもお取潰しとなった。その時、殿は十五歳であられた。そう、今のそなたと同年じゃのう……。

母君は「兄上は乱心召されたのではありませぬ。もののふがかくするは、生命《いのち》や名に代えがたい深いわけあってのこと」と繰返し殿に仰せられたそうじゃ。その母君も翌年、実家の悲運に寄添うように亡くなられた。

かくすればいかがなるか――感受性強いさかりの怜悧な殿に、なんで深い思いを刻まずにいよう。

その殿が二十年後、分別盛りの齢で、伯父君と同じ運命をたどられたのじゃ……。

今度《こたび》の勅使饗応役は、殿が十七歳のとき一度ご経験済みじゃ。しかし何ぶん十八年も経っていることゆえと、近年に同じ役を勤められた従兄弟《いとこ》・大垣藩の戸田様に問合せもされた。さらには、五年前に勤められた御内室のお里方・備後三次《みよし》浅野様から内証帳まで借りて、遺漏《いろう》なきよう万端の配慮をなされたのだ。そうして費用に万一の不足があってはならぬと、国許《くにもと》赤穂から五千両を送り届けさせられもした。これほど用意周到な殿のことじゃ。

なぜ、憤りを発せられたのか？

吉良上野介を討つとならば、勅使ご宿泊所たる伝奏屋敷でいくらも機会があったはずじゃ。連日、単身でここへ訪れる吉良殿、警護に詰めているのは浅野家臣ばかり。その確実さはいうも愚かじゃ。それがなぜさいごの日に江戸城中において、家臣の手も借りず唯一人あの挙にでられたのか？

二、三日前から疝気が出て、薬湯を用いておられたという。だが、はじめての病ならいざ知らず、今日で大任の果てるその日に限って持病が御《ぎょ》せなんだとはどうしてもおもわれぬ。

わからぬ。一切がわからぬ……」

屏風のように連らなる杉山の嶺線に陽がかくれ、渓間の径ははやくも夕暮れのけはいの底に沈んできた。信楽川の瀬音だけが薄明の世界にひびいている。

「大公儀の断罪はあまりにも早かった。このことも不審じゃ。いやしくも一藩の主《あるじ》に対する仕置ではない、何の論弁も許さず即日切腹ということは。遺言すら許されておらぬ。ただ、二つだけ、シカと判っていることがある――

一つは、殿が「乱心ではない」とはっきり仰せられたこと。乱心――病のゆえと言えば、身は処断されようとも藩そのものへの処置は一縷《いちる》の望みはある。それを承知なさらぬ殿では更にない。しかも殿は、乱心に非ず、みずからそう明言された。

第二は、お腹を召される直前に、お預け先の田村右京太夫家の臣を通じて口頭でわれら家臣に遺された言葉じゃ。直接筆をとることすら許されなんだ。口伝えの留《とめ》書きじゃ。

『此段、兼て知らせ申すべく候得ども、今日やむを得ざる事に候故、知らせ申さず候。不審に存ずべく候』

主税──。わたしはのう、あの早駕籠《かこ》到着以来、このお言葉を心頭に千転した。何をも言うてはおられぬ。言うてはおられぬことが、まさにその存念の出どころの深みを──一ときの乱心にあらざる・一朝一夕の怨心にあらざる・士の心の奥処に発するものであることを、おのずからに告げておる。語のうらを流れる哀しいまでに平静な孤心《ひとりごころ》がそれを証しておる……。

ご辞世もまた追って伝えられた。

風さそふ花よりもなほ我はまた
　春の名残を如何にとやせん

そなたも知ってのように私は文雅の男ではない。腰折れ一つ満足に詠めぬ、よめばざれ歌となる。だが歌の品《ほん》というものはわかるつもりじゃ。殿はすがやかに去っていかれたとおもう。怨みを遺してはおられぬ。これがこの父にとってはなぐさめでもある。……

家中《かちゅう》の者はこれらに接して哭《な》いた。むろん突如ふりかかった怒濤に動転してはおった、が、濤はやがて退く。退いてのちもなお心の奥底に鳴りひびく殿の心音《しんおん》あったゆえに哭《こく》したのじゃ。のう主税。人の心は、深いところで通底《つうてい》しておる。日頃、われわれは其処のところを意識せなんだ。泰平の世に、利と計数に忙しきままに、眠っていた心の部分じゃ。

それが突如として揺り起こされた。

主税よ――。士は何のために世に置かれているのであろうか？　人は地上に生まれるや、みずからの手で食・衣・住を作らねばならぬ。農工商、その他、いかなるなりわいにたずさわろうとも人は、いずれもみなそうして一生を終える。士のみがなぜに直接、生《せい》のなりわいにたずさわらぬ？　たずさわらずして民の上に立ち、禄を食《は》んでおる？

みずからの生計《たつき》を無からつくり出す者は、みずからの「利《り》」をはかる。それのみで貫くも当然じゃ、天の理にかのうておろう。じゃが、しからざる士は、――「願《がん》」に生きねばならぬ。

われらの忘れていたのはこの「願」の世界じゃ。

願とはおのれ一個の利益《りやく》ではない。世の人の心のねがいじゃ。それは例えば、あの三井の晩鐘の伝説に秘められた、辱《はずかし》められた声なき声をも、ときに身を捨てて代弁するものであらねばならぬ。それがむなしく葬られようとするとき、憤りを以て起《た》つ心。

士の心＝志　とは、そういう無償のものではあるまいか？

殿の憤りがそこに発すること。私怨でない、士の「志」に発すること。――これだけは私によう判った。具体的に如何なるいきさつがあり、何に憤られたかは告げられてはおらぬ。だが、出処だけは疑いもなかった。でなくて、なんでいまはの際《きわ》にあのような透明な心情が残ろうぞ……。

その具体が何であるか？　主税、わたしは心に探りつづけた。そして、二つの根に、私なりに思い到った。――それはもはや殿のではなく、この内蔵助良雄《よしたか》の忖度《そんたく》かも知れぬ。しかし、世の底のおおいなるものの志からみれば、さして様変《さまがわ》りともおもえない。それがわたしによって引継がれた、殿の形なき志の出どころじゃ」

また村落が現われた。小屋に木挽《こび》きの音がする。その老人にきくと此処は朝宮《あさみや》だという。もう甲賀《こうが》郡、信楽《しがらき》の里であった。

なお一里を歩き杵原《ほそはら》の村に入って寺に宿を乞うたとき、山間の冴えた空に星がまたたいていた。

主税のためにのみ使おうと父が約束した三日間の第二夜である。——この山寺の一室で内蔵助の語った「憤り」の出どころは、主税にとって思いがけぬものであった。

24　憤り、第二の根

甲賀郡信楽郷《しがらきごう》、杣原《ほそはら》のその小さな寺は、鐘楼で若い住持が暮六つの鐘を撞き了えたところだった。

「山科に住する播州浪人、大石内蔵助と申す者。これなるは息子主税。水口《みなくち》へ所用のところ、途中、富川にて岩屋不動に詣で、思わず時を過ごし山道に日暮れ申した。卒爾《そつじ》ながら、一夜の宿をお貸しいただけますまいか」

作務衣《さむい》姿の住持に向かい、べつに変名を使うでもなく、穏やかに内蔵助は言った。

こういうさい、何のゆかりもない村の寺に浪人の身で宿を得られるか否かは、相手に己れの人品の映ずるがままに任すほかかない。

しばらくして本堂の小部屋に案内された。片隅にざぶとんや火桶が積んであるのは檀家の寄合などに使うのだろう。してみればここは畳敷きとはいえ本堂の納戸らしかった。

見たところ三十そこその住持は、先ほどのこちらの名乗り以上に突っ込んで穿鑿《せんさく》するでもなく、茶と蒲団二重《かさ》ねを出し、厠《かわや》のありかを丁寧に教えると、淡々と去った。

夕《ゆうべ》の勤行《ごんぎょう》も済んだとみえ内陣の扉は閉ざされている。家族がいるのかどうか、別棟の庫裡《くり》もかすかに燈《ひ》が洩《も》れるだけで閑《しづ》かである。

二人は、今朝がた瀬田の旅籠《はたご》でつくらせた、焼にぎりの残りを包みから取出した。

「疲れたか」

「いいえ」

低い声で内蔵助は言った。

「この信楽一帯は、天領（幕府の直轄地）じゃ。代々、旗本多羅尾《たらお》氏が代官を勤められておる。──本能寺ノ変のさい、伊賀の服部半蔵らと共に、家康公を泉州堺《さかい》から三河へ脱出させた甲賀衆じゃ。宇治田原からこの信楽への間道をの。われらが先程、朝宮から歩いてきた道がそれじゃ。

主税、国土というものはの、平地の里だけではない。その背後に広大な山がある。里には里の民、山には山の民の、異なった生きざまがある。東海道のような陽《よう》の道もあれば、陰《かげ》の道たる山道もある。大石郷などはその接点じゃの。世の双方が見える。

信楽は、大石と同じく、もと関白近衛家の庄園だった。多羅尾氏は近衛家の庶胤だという。庄園の被官をしていたのも大石家と似ている」

「それが幕府のお旗本になったのですか」

主税はにぎりを頬張りながら言った。

「そう。人も世と共に生きねばならぬ……。

織田信長が尾張から近江へ攻入ったとき、栗太《くりもと》郡・甲賀郡一帯の土豪らはみな抵抗した。大石のわれらが嫡家も滅ぼされた。多羅尾氏も六角氏の配下で抵抗したが、六角氏が滅ぶと織田方に服した。十年後の天正九年、信長の伊賀攻めには、多羅尾光俊は織田方に属して活躍したそうじゃ。伊賀の土豪たちは壊滅した。伊賀と甲賀——国に境こそあれ一続きの山岳地帯じゃ。豪族の武術も同じ。山岳党といってもよし、平たく「忍《にん》」といってもいい。信長伊賀攻めの先鋒に、皮肉にも甲賀衆がいた。多羅尾氏はその功で大名になった。

本能寺ノ変はその翌年じゃ。そのとき家康公を無事脱出させたのは、今言った光俊父子。宇治田原の城主も光俊の子じゃ。

秀吉公の治世に多羅尾氏は八万石の大名として勢威をふるった。だが——、戦国の世の明日は知れぬ。光俊は晩年、関白秀次公付きであったために、秀次公追放自刃のあと、多羅尾氏も領地一切を没収された。……これを拾われたのが家康公じゃ。脱出の昔の功を忘れず、関ヶ原の役後は旗本・世襲の信楽代官として、ふる里の統轄を任されているというわけだ。

これは珍しいことじゃ。僻遠の地は別として、大名や代官は他所者《よそもの》を以て当てられるが慣《なら》いだ。——だが、おそらく家康公は、伊賀は伊賀者、甲賀は甲賀者を以て治めねばむずかしい、と見られたのであろう。ただ、藩として独立はゆるされておらぬ。いま伊賀は伊勢藤堂藩の支藩。伊賀上野城代・藤堂采女《うねめ》家も、もとは伊賀忍・服部党の出身じゃ」

「今日、墓にお参りした私どもの先祖、良信様も秀次公に仕えておられたではありませぬか。では、多羅尾氏とは同じ家中《かちゅう》だったわけですね」

「今のことばでいえばそうなる。秀次公は近江八幡《はちまん》城主だった。その頃、近江の地侍《ちざむらい》たちが続々と出仕したらしい。われらの先祖もそのうちじゃ。もっとも大石党は多羅尾氏ほど大きな豪族ではない。……」

内蔵助は笑いつつ言った。

「その後、良勝様が浅野のお殿様に仕えられたのはどういうわけですか」

主税は次々と尋ねる。

「それはの、一つには、浅野様の始祖・長政公が、大津城主だったからじゃろう。——およそ天下統一をめざすものは皆、まず近江を押さえる。主税、近江は東西交通の要《かなめ》、日本六十余州のへソぞ。殊にも琵琶湖ののど、も、と、大津・膳所《ぜぜ》の辺りは——。秀吉公も、身は大坂にあって、義弟浅野様をここに置き、大津城を築かせた。

今、大津は幕府の天領。大石郷を含む栗太郡一帯は、譜代《ふだい》・本多様の膳所藩領じゃ。膳所城主はの、昔から江戸幕府の軍備金を預っておる。彦根の井伊藩が兵糧米五万石を常時あづかっているのと並んで。西国雄藩に万一謀反ある時に備えてじゃ。近江とはこういう地じゃ。

殊に瀬田唐橋《せたのからはし》は、古来、軍略のカナメだった。戦《いくさ》の折、唐橋を押さえたものが勝つ。この橋と下流の宇治橋を落とせば、西国と東国の道は断たれる、——といわれてきた。

だがの、主税。じつは一ヵ所、軍勢が徒歩《かち》で渡れる浅瀬がある。それが、大石に近い「供御瀬《くごせ》」じゃ。昔から知っているのは地元の者ばかり。だが、幕府は知っている。そして、譜代大名膳所藩にこれを監督させている。幕府の軍事機密として。関《せき》もきびしい。じゃによって、今朝も対岸の杣《そま》道をまわったのじゃ。…大公儀の諸国掌握はじつに細密なものぞ」

内蔵助のひたいにフト翳《かげ》がよぎった。その大公儀に対してする、迫った一挙を思ってのようでもあり、今更こんなことを主税に話して何になろうか、との自嘲のようでもあった。

「少し、まどろめ」

「主税は、途《みち》々のお話のつづきを聞きとうござりまする。殿の志されたところ、憤りの出どころを……」

「する。そのために、まず身体を休めよう。六里は歩いたぞ」

「主税は疲れておりませぬ。父上は日頃の酒でなまっておられまするか」

絶えてない主税の甘えた言いぶりに、内蔵助は頬をゆるめつつ、横になり、眼を閉じた。

第二夜である。一刻半（三時間）ばかり眠ったであろうか。障子をあけると薄藍色の空に星々が冴えた光を発していた。闇が地上に一層濃いのはすぐ周りに迫る山々のせいだろう。その底で遠く犬が二声ほど吠えた。夜気が冷える。小用を足してもどった内蔵助に

「父上、……」

並んだ床から主税がそっと声をかけた。

「主税、よく眠りました。スッキと目が覚めておりまする。父上、二つの根とは、――夕方、途で洩らされた、亡き殿のお憤りの二つの根とは何でござりまする？　そして父上が引継ごう

となされる、形なき志とは……」

少年の匂いと、抑えた声にこもるひたむきなものが迫る。

「うむ……」

内蔵助も暗がりに坐りなおした。

「主税、まずきこう。そなたはどう思うぞ?」

もはや十五のわが子に対する父の声でなく、一人の同志に対する首領の声である。

主税が、きっぱりと言った。

「やはり、根は——天朝様へのお考えの違いかと私は思いまする。吉良どのとの間に」

主税はつづける。

「『義を守るは勇士の本意なり。王を勤むる(=勤王《きんのう》)は道を糺《ただ》すの本なり』——これが赤穂浅野藩伝統の教学・山鹿《やまが》流の根本ときいておりまする。ならば、われら父祖代々弓馬の家に生まれた者、天朝《みかど》への御奉公を第一に心がけるべく……。亡き殿様は少年の日より、親しく山鹿素行《そこう》先生に弟子の礼をとってその訓育をお受けなされたとか。してみれば、あの勅使ご接待の折、高家《こうけ》吉良様のおやり方——おそらくはその、前例形式ばかり重んぜられるやり方との間に、何らかの根本的なご意見違いがあったのではないかと……。

主税思いまするに、事の本質は形式でござりませぬ。義であり勤王の赤心《まごころ》でございましょう。殿のお憤《いきどお》りは、まさにその点におわしたかと……。誠《まこと》なき形式への、武人の義としてのお憤り。

『死生存亡に於て変ぜざるはまことの義士と云ふべきなり』——殿様は身を以てそれをお示しなされたのだと存じまする」

一息に、太く言った。

内蔵助は沈黙のままだ。

「このこと、言葉を以ては示し得ませぬ。また、事了ってのち、その因《よ》って来るところを、公儀お目付《めつけ》がたの訊問《じんもん》の席で述べることも能わぬ性質のことでござります。そこに殿様の、吉良をふくめた大公儀幕府への、直臣としての御配慮ゆえの、深い沈黙がおありだった、と。それゆえ、『乱心に非《あら》ず』とただそれだけを……。

主税はそう思いまする。

ただ……、父上のおっしゃる二つの根というのが、主税には解かりかねまする……」

暗がりの底から、低い無表情な声がした。

「主税、それは小野寺氏《うじ》のお考えか？　それとも、そなた自身がこの日頃考えてか……」

すこしムッとしたように主税がこたえた。

「それは主税、しばしば小野寺氏へ父上のお使いにいきまする。いろいろお話も伺いまする。けれど、これは主税自身が考えです」

暗がりというものが二人を助けている。

主税の、抑えてはいるが率直に注ぎだす言い分に、内蔵助は耳を傾けていた。まだ子供だと思っていたが、いつのまにかここまで考えが届くようになっている。少年特有の、理に依りかかり道義を追求する一途《いちず》な青さも匂うとはいえ、それはこの年齢にとって尊いものであった。この齢頃にこれがシカと据わらぬと、人間の骨格は、そのあと齢を重ねても、徒《いたず》らに邪智にまみれ、崩れることとなろう。

ふと思う——事がなければこの子は、わが齢には少なくとも自分より上をゆく家老となったろうものを……。その一瞬の心のうるみを振切るように、内蔵助は言った。

「主税、よう見た。よう考えてくれた。おそらく殿のご存念、そこにあられたかとこの私もおもう。——忠は朝廷へか大公儀へかの二者択一ではない。だが、義がいつのまにか形ある利に変じる風潮は、大公儀政道そのものの土台をも根から蝕《むしば》むことになる。それを指摘するは一見、現実から遊離するに以て、そのもとを堅《かた》めることじゃ。殿は政道の中へその問題を提起された。言葉に言わずして提起された。お憤りは其処にあった。

それなればこそ、反《かえ》ってその憤りの出どころをもみ消し、あるいは、衆の目に分かりやすい私的な利のところ——いびりだの・塩だの・恨みだの——に引きおろし、殿のご短慮のせいにすりかえる。そこに我ら同志の憤りも又ある、と。——そうじゃの？　主税」

「そうです。主税は殿のお志の根をそこに見ます。一身一藩の恨みなどで、あの場あの時、あのような挙に出られるお方では、われらが殿はあられませぬ。士の心ばえが全く判っておりませぬ。士が士を辱《はずかし》めるものです！」

「それが第一の根じゃ、と私も思う」

「二つめがあろうとは思えませぬ！」

「うむ。第二の根とて、もとの心は一つかもしれぬ。じゃが……」

声を抑えた二人の語らいは、闇の中につかのま途切れた。


「それはそうと主税、そなた『論語』の中で殊に好いている一節があったの」

内蔵助の声が言った。

「は？　はい。――《敝《やぶ》れたる縕袍《うんぼう》を衣《き》、狐貉《こかく》を衣たる者と立ちて恥じざる者は、それ由《ゆう》か》」

「そうであった。が、なぜ好きじゃの？」

「人間はうちに志の自恃《じじ》をもてば、ボロをまとって、着飾った人と並んでも、ちっとも恥ずかしくありませぬ。主税は、そのような、子路《しろ》（＝由《ゆう》）という人の、心のすずやかさが好きです」

「そうじゃの」内蔵助の声がゆるんだ。

「だが主税、そのようなすずやかな人間の心が、まとったボロゆえに踏みにじられ、卑しめられ、もてあそばれ、生きる道を狭《せば》められつづけるなら、何とする？　そなた自身なら憤りを発するか？」

「発しまする。それこそ武士の憤りを！　そのような卑情《ひじょう》を糺《ただ》すことこそ、武士の義ではありませぬか！」

「はたして士のみのことであろうかな？」

「父上！」主税の声が思わず高まった。

「なぜ話を逸《そ》らされまする⁉　父上——。

父上が山鹿《やまが》流教学をあまり好いておられぬことはうすうす知っておりまする。若き日、京の堀川塾の方へしげしげと通われたことも。そこで論語の講莚につらなりつつ、しきりと居眠りをされたことも……。でも、なぜ今、論語などに話が逸れまする！」

なじりを含んだわが子の鋭い切込みに、内蔵助は一瞬、心地よい揺らぎにひたった。

「いや、あれはの……、仁斎《じんさい》先生の講義は子守唄のようにこころよかったまでよ。たしかにわが家の家学はどちらかといえば堀川塾流の『論語』じゃ。私が年来そなたに手づから講じたところも、の。……が、何も赤穂藩伝統の山鹿流教学をきらってではない。——ただ、そなたが先程引いた素行先生の『聖教要略』は論じゃ。説じゃ。衣類でいえば裃《かみしも》じゃ。『論語』は語録じゃ。脇の下から風もかよう春服じゃ。そこに多くの人々のさまざまな心が、世の風光の種々相が、交叉して見えがくれする。その汲めども尽きぬかるい奥深さ、ひろやかさがこの父の肌には合うまでよ。

が、私がいま論語の、そなたの好きなあの節を言いだしたのは、殿のお憤りの第二の根と、まんざら無縁ではないからじゃ」

内蔵助はちょっと語を切った。それから、同じ平静な声で、ゆっくりと言った。

「主税よ——、殿のお憤りが、もしそのような、着飾った者が、そうであらざる同じ人間の身をふみにじる、理不尽な蔑《はずか》しめを受けられたゆえであったなら、何とするぞ？

……どうであったか、しかとは判らぬ。だがじつは、これが私の想像する第二の根だ。破れた緼袍と狐貉とは、必ずしも着衣のみのことではない。……」

闇の中で父はいつのまにか部屋の片隅から火桶の一つを引寄せ、鉄火箸で火のない灰を撫でやりつつ、うつむいて声を出しているようであった。が、その言うことはしだいに謎めいて、主税には一向に取りとめもない。

声は、夜の底からのせせらぎのようにつづいた。

「江戸からの凶報第一報が赤穂に届いたとき、その書状にこうあった——『上野介殿、理不尽の過言《かごん》をもって恥辱を与えられ、これによって君、刃傷に及ばれ候』

主税——、この世には理不尽なことがいっぱいある。力ある者はそれを砕き、少しでも皆の住みよい世をつくろうと新たな理をたてる。世の旧い仕組をこぼち、新しい仕組を工夫する。だが一旦その新しい仕組のほどよいところに身を置けば、素志《そし》を忘れる。その中の新たな理不尽が見えずなる。身の痛みが無くなるゆえじゃ。

机の上で理をたてるは易《やさ》しい。だが身を以て行じるは避ける。それこそそなたもいう、まことの士の義であろうに……。

身を以て理に気付かせる者——それは必ず仕組から理不尽なところに置かれた者、破れた緼袍を着たる者じゃが——そういう者を、逆に、世の仕組という筏《いかだ》の上から、湖の底へたたき落とそうとする。——そのような心は、誰でもがひそかにもっておる。士とて例外でない。いや、士こそ、ほどよいところに身を浮き上らせたがゆえに、力をそのように用いる業《ごう》に陥ちる。政道とは、人間のそのような繰返しの如く私には見える。……」

ふいに、語調が変った。

「殿は阿呆《あほう》じゃ、大阿呆じゃ」

暗がりの中で喉《のど》がククと鳴った。

「あまりに純粋でおわした。いっそ、そのことが私にはおいたわしい。

主税――、殿のお憤りにはの、そしてこの内蔵助の憤りにはの、この日本国六十余州に千年の昔からこもる、奇妙な、理不尽な、血筋・地筋のアラガイがあるのじゃ。

そこからして殿は刃をふるわれた。私も又ふるうだろう。――決して世の表《おもて》にはそれ故と示される日は来まい。すりかえる力が働く慣《なら》いじゃ。が、わかるものにはわかるはずじゃ。これが第二の根ぞ。――第一の根が天の眼とするなら、これは湖の底からの眼じゃ。二つであって元《もと》は一つじゃ。士の心――志はこの二つをおのが血肉に併せもつものじゃ。……それをこれから話そう……」

25 白山《はくさん》神徒「田原」族の謎

「――亡き殿や私の憤りの底には、この日本六十余州に千年の昔からこもる、血筋・地筋の見えざるアラガイがあるのじゃ。敗れ・卑しめられ・別視されつづけた筋目の者の、声なき念《おもい》にもとづく「願」があるのじゃ。だれもほんとうの意味は口に出しては言わぬ。……が、これが憤りの第二の根ぞ。

主税よ――。この国にいまだ、まことの士道《しどう》は立ってはおらぬ。生まれておらぬ。学者の論は道ではないのじゃ。千年をかけての血であがなう志ではないゆえに。われらが死かばねの丈《たけ》だけ、かっきり、道はつく。そこに又さまざまの論がたかろう。蝿のごとく。世とはそういうものじゃ。が、われらはわれら。

それゆえに主税――、われらの一挙を、吉良どのの首一つをめざす仇討と考えてはならぬ。大公儀への謀叛《むほん》ですらない。――あえていわば、理不尽にも人間の血を卑しめたこの六十余州、千年の歳月への仇討と思え。

士道はこの上にはじめて樹《た》つ」

すらり、と内蔵助はいってのけた。

言いながら、声に、夫子《ふうし》の笑いがある。

——江州《こうしゅう》・信楽《しがらき》山中、日暮れて宿った小さな寺の、納戸の暗がりである。もう真夜中に近かろう。

「……わかりませぬ。……」

しばらくして主税の発した声が、低く、ただそれだけだったのは、わからぬながら、父の言葉の背後にあるらしき、史の闇の奥行きが、ゆえ知らず感知される、血の緊張からであったろうか……。

「主税——。さぶらいとは、その遠い生まれからして、コウモリのような珍妙な生きものじゃ。トリかネズミか、自身でも判然とせぬ。矛盾した存在じゃの。かかる意味で心もまた、卑《いや》しきに堕《お》ちかねぬ者じゃ……」

独白のように内蔵助の声は、ふたたび暗がりの底から洩れはじめた。

「この六十余州山河に、人間はの、遠い〳〵昔から、派閥の争いを繰返してきた。幾つかのおおきな血筋・地筋の集団が、じゃ。むろん末端では事の本質がボケたり、離合・裏切りも果てしない。だが大本のところは、それら幾つかの派による権力争いが、この島国千年の来歴であったごとくに見える。

なにゆえに、理でなく、ひたすらに血筋の争いが、ながい慣わしとなったのか、……この私などには到底わからない。

おそらくは遠いく昔、人もまばらなこの島国へ、海をへだてた朝鮮《から》や大唐《おおから》など、異なる地域筋から、次々と強力な人々が、あるいは戦乱などで押出され、部族ぐるみ党をなして押渡ってきた、この国の成立《なりたち》によるだろう。

新しい土地へ根づくには、血縁が力を合せて切り拓かねばならぬ。そのきびしさが同族の結束を深め、さらには、生業《なりわい》や風俗習慣・信心の異なる他集団との緊張関係を強めたためでもあろうか。

武力と策謀において優れた集団が勝つ。支配権をにぎり、支配地を拡げる。地上の単純な原理じゃ。そういう政争をくりかえし、千年ほど前、京に都が置かれた頃にはもう、現在にまで連らなる支配秩序の大本は、あらかた定まっていたようだ。

公家《こうげ》（朝廷と藤原氏）と、地家《ちげ》（＝地下《ちげ》、他のもろもろの敗れた族《やから》）じゃ。

勝者は貴い種族《たね》、敗者は卑しい種族《たね》とされる。貴い者が政《まつりごと》の道を正しく行使すれば世は理想境じゃ。だが人は聖《ひじり》でなく、世の仕組も桃源郷《とうげんきょう》でない。ただ力が、仮りに正とされるまでじゃ。

正義とは支配者の秩序に他ならぬ。

勝者―貴い者の数はほんの一握りで、敗者―卑しい者の数は世を重ね山野に満ちる。

主税――、敗者の思いはどうであろうの？

自分らなりの秩序と工夫で穏やかに暮らす山野に、或るとき何のかかわりもない新参の、支配者と称する他族がその支配秩序を押しつけて臨むとき、反撥するは人間の情理の自然じゃ。

戦う。敗れる。新しい進んだ武器をもつ集団が勝つ。が、敗れてもまた新たな芽はふく。時はめぐる。支配秩序のゆるみの隙に、敗者は動く。大同し、結束し、大がかりないくさをいどむ。

京に都が置かれて百年程のあいだ、そのような大規模な叛乱が、六十余州の西と東の争いとしてあったそうじゃ。西とは京の勝者—公家じゃ。東とは、まだ京の支配が実質強くは及ばぬ辺境じゃ。其処は、東へ東へと後退させられた先住の民や、政争に敗れた者たち、海のかなたから遅れてこの島国へ移住してきた集団の置かれた、広大な山野だ。

刃向うそれらを討つことを「夷《えびす》征伐」の名で呼んだ。（夷とは、中央支配者にまつろわぬ、辺境の野蛮民の謂《いい》じゃ。）

公家はみずからの手を汚さぬ。すでに服した夷を以て夷を撃つ。

主税——。士《さむらい》とはの、こうして生まれたものだそうだ。公家に侍《さぶろう》て、いわば同族や、自分と同じ立場の異族を討つ夷《えびす》の、名じゃ。（鳥となってネズミを襲うコウモリじゃ。）

士《さぶらい》は、もと、血筋・地筋のたたかいに敗れて、山野に追込められた者の裔《すえ》じゃ。山野は人を鍛《きた》える。自らを衛《まも》る闘術も、血族の結束行動も育くまれた。サナギがマユの中で蝶に転生するごとく、嶮《けわ》しい山谷から、泥濘《でいねい》の荒野から、弓馬の戦闘にたけた敏捷勇猛な武士《もののふ》団として甦ったのじゃ。

主税——。王朝時代の公家はふしぎな支配者だと思わぬか？　自身で武力をもたぬ。服した夷《えびす》——すなわち源氏をはじめとするあの蝶に転生した武士団を、おのが軍団として操ったのだ。これが「侍《さぶらい》」とよばれた。

運よく転生できた敗者エビスのうち、公家に侍《はべ》った者が、支配に服さず野に在って抗する敗者エビスを撃つ。新たな敗者が生まれる。俘囚《ふしゅう》（＝とりこ）は次々と特定の地域に追込められる。諸国にこのような山里が、俘囚《えびす》郷や別所《べっしょ》の名で置かれた。三十五カ国二百ヵ所を超えたという。稲田を作る田夷《でんい》となったものもある。農になじまぬ山夷《さんい》もある。さらに奥へ逃亡したものもあろう（山中の「鬼」とよばれたのは、こういう者たちであったろう）。

こうして支配秩序は、血筋の尊卑として固まってゆく。……人間は自身の手で、人の上に人を作り、人の下に人を、さらには人とも扱われぬ「異類」をつくって来たのじゃ。

士《さぶらい》もまた、それを推し進めてきた一味じゃ。

だが、誰が、日々汗して生きる己れの生活《なりわい》を、卑しと自《みずか》ら思おうぞ？　支配に服し、編戸《へんこ》の良民「大御宝《おおみたから》」と称されて稲田を作り、貢《みつぎ》を納め労役にも従う「里人《さとびと》」には、里人の哀歓がある。同様に、支配の外にあって焼畑をつくり山野に狩りし獣《けもの》を食らい、皮を剥いで衣《ころも》とする「山の民」、川に海に漁《すなど》る「川の民」――まつろわぬ夷《えびす》・異類《ことのもの》とさげすまれるこれらには、また別の生活《なりわい》の流儀と誇り・哀歓があろう。

尊卑はつねに、力をもつ一握りの者（みずから尊しとする立場にある者）が作る。横に列《つ》らなるものを縦にするだけのものじゃ。元へ返せば、遠い血筋・地筋に淵源をもつ、暮らし方の異る派の争い、勝敗の結果にすぎぬ」

「侍《さぶらい》は、公家の走狗《そうく》として生まれた。これは確かなことぞ、主税」

と、内蔵助はつづけた。

「われらが遠祖とされる田原藤太《たわらのとうた》も、若き日は東《あずま》の国下野《しもつけ》の罪囚だったという。公《おおやけ》の文書にちゃんと記録があるそうじゃ。それが京の公家に見込まれて侍《さぶら》い、公家に反抗の軍《いくさ》を挙げた下《しも》総《ふさ》の夷―平将門《たいらのまさかど》を討ったという。夷が夷を討つに使われた例じゃ」

「お待ちください、父上――」

主税が口を挟んだ。

「でも、田原藤太は、鎮守府将軍・藤原秀郷《ふじわらひでさと》の異名ではありませぬか。公家・藤原氏ではありませぬか」


「なんの。姓など、支配者はおのが手足となって働かせたい者には下《くだ》さるものよ。げんに、今の世とて、大公儀は松平（徳川のもとの姓）を、多くの諸侯に与えているではないか。――浅野の御本家も表向《おもてむ》きは「松平安芸守」、備前岡山の池田侯も「松平伊予守」であろう。藤原といえば、昔の奥州藤原氏もそうであった。同姓とて同系ではない。そこに厳然とした血流の区別があるのじゃ。

藤太よりもっと昔、伊賀の山中で公家に刃向《はむこ》うた藤原千方《ちかど》という土豪がいたという伝説がある。陰形鬼《おんぎょうき》・水鬼・土鬼・火鬼など、怪しき術者を率いて、都からの討伐軍をなやませたという。おそらく伊賀忍の原型じゃろう。これも姓は藤原じゃ。

主税――。田原藤太はあくまで、卑しき地下《ちげ》・夷《えびす》・田原の藤太じゃ。

その証拠に、鎮守府将軍・藤原秀郷として、まつろわぬ東夷・平将門を討った藤太が、将門をはじめ主《おも》だった敵将の首級十九をたずさえて遠州掛川まで戻ったとき、そこに京の勅使が待っていた。夷の首をここより西へ持参はならぬという。藤太は首級をねんごろに埋め弔《とむら》ったという。今の東海道掛川の宿《しゅく》に、十九首町《じゅうくしゅちょう》の名で塚と共に残っている。

藤太自身、そこから再び東《あずま》へ追いやられた。名目は下野国押領使《おうりょうし》じゃ。（兵を率いて部内の凶徒を鎮圧する令外の官。かれの場合、国司・郡司を兼ねた。）ていのよいお払い箱でもあり、更に今後の叛乱防止の楔《くさび》でもある。これが、公家走狗の運命であったろう。

が、彼は、敵地であったはずの東国で、殺されもせず、族流おおいに栄えた。これがのちの関八州秀郷流武士団――小山《おやま》・結城《ゆうき》・大石《おおいし》の淵源じゃ。

おそらくこのさいの東国大叛乱は、藤太には同族だったろう。そのゆえに彼が鎮圧に遣《つかわ》されたのであり、主だった頭《かしら》の最小の犠牲でおさめたがゆえに、彼はその後もかえって同族のひろがる東《あずま》の国で安住しえたのだろう。

あるいは、叛乱軍と藤太との間に、同じ血筋につながる者としての、密約があったやも知れぬ。

すなわち「征夷」の立場にありつつ、彼の心は、同族「夷《えびす》」のうえにあったと見ねばならぬ。その痕跡の一つが、「掛川の首塚」じゃ。その地の人々――彼らも他ならぬ夷であったろう――が、将門や藤太の秘められた志をまもり、伝えつづけた。そこに、無名の人々の志もまた、あったわけじゃ。

主税。世の底の志とはこのようなものじゃ。支配者の作る記録から抹殺されたところで、民の心は真実を伝えてゆく。史の表層の裂目から真実は覗《のぞ》いているものじゃ。除《ひ》いてもひいても石畳のあいだから芽ぶく雑草のようにの……。

そうしていま一つ――。

侍《さぶらい》・田原藤太の屈折した行動からも透き見えるように、世のことは、表向きだけで運ばれてはおらぬ。六十余州の史の流れのあらましはそなたも知っておろう。――主税、そなたは私とちがう、性率直豪邁なところがある。幼い頃から勇ましい話を好んだ。じゃがの、史のたび〳〵の戦《いくさ》も、世直しの蜂起《ほうき》も、じつはこの、遠い世からの血筋・地筋のアラガイに深い根をもっているのじゃ。敗れた者の思いがあるのじゃ。「夷《えびす》」の裔とて、穏やかな歳月には世の様々な立場に居はする。が、地底の見えざる火山脈のごとく、時に、地鳴りを伴って烈しく連動し、世に噴き出る。昔の公家はこれを「下剋上《げこくじょう》」と呼び、かれらを「悪党」と呼んだそうじゃ。

そうはいっても、ただ噴出し、相手の座に取って替るだけで何としよう。この国に「士道」は未だ生まれておらぬと言ったのは、そこのところじゃ。千年の仇討と言うも、ただの仇討なら同じことじゃ。だが、新しい士道を世に問おうためには、卑しめられた者の来歴を自身でシカと踏まえねばならぬ。

主税――。私は若い頃、ひまであった。笑うか？　そう、昼あんどんじゃ。――で、少しは調べた。田原藤太の流れについてじゃ。

それを話そう……」

『田原《たわら》』という地名は、畿内から東国までの間だけでも、数えきれぬほど多い。河内。大和。山城……。そう宇治田原。それと地続きの近江大石村の小田原（今日見たろう？　われらのふる里じゃ）。伊勢。美濃。三河の渥美《あつみ》半島の田原。相模《さがみ》の小田原。上総《かずさ》の田原田。下野《しもつけ》の太田原……。すべておおきな平野の水田地帯でない。山・河にへだてられた隠れ里的な盆地じゃ。しかもみな、古来、裏街道的交通の要衝じゃ。

そうしてこれらの殆どが、田原藤太の裔と称する豪族を生んでいる。

おそらく田原とは、まだ大和に都のあった大昔、田原部とよばれる品部《しなべ》（敗れて朝廷に隷属した手工業民）が置かれた居住地域だったろう。

いかなる生業《なりわい》の種族であったか、今となってはもはや分かりようもない。ただ、想い出されるのは藤太のムカデ退治の伝説じゃ。それに、いま挙げた諸国の「田原」に共通するのは鉱山《かなやま》を控えた地だということだ。

赤くただれた目から毒を吐くムカデとは、タタラ（製鉱炉）の象徴ではないか。

田原部じしんがタタラ族のような純粋の採鉱製煉技術種族だったと考えられる根拠はうすい。藤太も竜神に頼まれてムカデを討ったのじゃからの。そうしてお礼に、使えども尽きぬ米俵《たわら》をもらったとも伝説はいう。つまり、米の獲《と》れる領地を……。「田原」がまた「俵」とかかれるゆえんじゃ。だが、農耕種族ではあるまい。弓矢に長ずる者は、決して稲田の農民からは生まれない。

主税――。今日われわれが歩いてきた田上山中《たなかみ》、ここは大昔以来の鉱山地帯じゃ。奈良の大佛を鋳たのも此の山中の鉱。その東大寺建立の指導者良弁《ろうべん》僧正も、この地の金勝《こんぜ》族とよばれる採鉱族出身という」

「……そういえば父上、今日詣でた富川の、大きな岩壁に刻まれた佛。あの本尊から耳だれのように滴《したた》っていたのは、確かに鉱泉でございました」

「そうじゃ。田上山地の鉱脈はいまだ地底に尽きてはおらぬ。

主税よ――。天下を支配する者は、貢租たる食糧を生む田のみでない、鉱山を掌握・独占せねばならぬ。政治力と武力はこの上に成り立つ。

田原族は、どうやら諸国の、そういう鉱山と平野を結ぶ交通の（陸路と川双方の）要所に巣くっていたように見える。稲里の民にも、川の民（竜神）にも、山の民にも、接触する地点だ。この中間地点ということは重要だ。異種のものに触れつつ、自身の中にせめぎあいと緊張がある。双方から別視されつつ、いざというとき双方を己れの手で引寄せて成《な》り上《あが》る。コウモリたる夷＝侍《さぶらい》の出そうな地ではないか……。

田原の藤太はおそらく、諸国に巣《す》くうそういう部族の力ある首領だったのであり、それゆえにこそ、公家は、藤原の姓を与えてまでも、彼をみずからのいわば傭兵軍団の長《おさ》として抱き込んだのではあるまいか……。

それにの、主税。今でこそわれわれは日常、一国（＝一藩）を単位としてその中で暮らしておる。だがの、大昔は農民以外はもっと行動範囲がひろかった。殊に、おのれの血筋につながる人々（昔では先祖伝来の一つの職種・一つの神信心につながるということじゃ）の住まう地域とは、遠方であれ、あらゆる情報もつながっていたものじゃ。通婚もまた同族で行われた。

諸国同族の、そういうめじるしは何か？

社《やしろ》じゃ。大きな、お上《かみ》によって建立されたそれではない。村々で、いつからとも知れぬほど遠い昔から、血筋・地筋につながる村人らが、ひっそりと祀《まつ》ってきた、おのが種族の「守り神」じゃ。

遠い地へ旅するとき、山道のほとりにフト生まれ在所の鎮守と同じ名の社《やしろ》に出会う。そのさいのゆえ知らぬなつかしさの情は、血としか言えぬものであろう。あたりの地相・たたずまいまで故郷《ふるさと》のごとく感じられる……。

主税――。田原につながる族流の山には、かならず、「白山《はくさん》神社」が祀られている。あの栗太郡大石村一帯の奥の手に突兀《とっこつ》とそびえる山――そう、笹間《ささま》ガ岳。権現《ごんげん》山ともよばれるあの頂上に鎮まるのも、白山権現じゃ。

宇治田原にもある。もちろん遠い東国の下野《しもつけ》や武蔵の大石村にもある。たとえ里の名に田原はなくとも、俵山《たわらやま》などのあるところには必ず、白山神社もある。同じこの近江の湖西、高島郡の大俵《たわら》山《やま》などがそうじゃ、ここには三つもの白山神社が、山の三方の麓に在る。

白山神は、たずねようもないほど古い。この日本六十余州を国生みされたイザナミ女神だともいう。菊理《くくり》姫だともいう。加賀の国に雪をいただいてそびえる白山、――女神《めがみ》にまがうその美しい姿を神と仰いだ太古の人々が、おのれの守り神とし、住むさきざきの諸国に勧請《かんじょう》したのが初まりだともいう。

知ってのように、社《やしろ》には一柱の神でなく、幾柱かの類縁の神々が併せ祀《まつ》られていることが多い。白山社にも男神《おとこがみ》はある。スサノオ、オオナムチ（大国主命）、コトシロヌシ……。主税。ふしぎなことに、神代の昔、敗れ・追放され・国譲りした男神ばかりじゃ。そうして境内の片隅には、名もさまざまな竜神の祠《ほこら》も、ひっそりと散らばっている。

宇治田原の白山社は、菅原道真をも祀る。政治《まつりごと》が公家藤原氏によって占められた中で唯一人、異族土師《はじ》氏から出、下々《しもじも》・鄙《ひな》の民々をおもんばかった改革を進めながら、讒言《ざんげん》によって流罪死した、あの悲運の宰相《さいしょう》を。

白山神社と、田原と、敗者と。――

この三つのつながりを最もあらわに伝えるのは、上総《かずさ》国君津《きみつ》郡小櫃《おびつ》村俵田《たわらだ》の白山社だ。（オビツという村の名もエビスが訛《なま》ったのでないかの?）

この白山神社ははっきり別名「田原神社」とよばれている。祭神は菊理姫と、大友皇子《おおとものみこ》じゃ。しかも、この神社の真背後《まうしろ》に一つの古墳《ふるつか》があり、大友皇子の墓と伝える。そう――都がこの近江にあった千年以上もの昔、壬申《じんしん》の乱で敗れた、天智の帝《みかど》の皇子じゃ。近江の瀬田ノ唐橋の西岸・粟津《あわづ》栗栖《くるす》の岡下で自刃したというこの皇子の墓が、あんな遠い東《あずま》のくにに房総半島の山陰にあると伝えるのはなぜであろうか？（もちろん彼の墓は今も大津の粟津栗栖の茶臼山《ちゃうすやま》にある。にもかかわらず、じゃ。）

しかもこの俵田に近い久留里《くるり》城は、平将門《たいらのまさかど》が築いたもの。のちに藤原秀郷つまり田原藤太の一族が拠り、その子孫には、近江へ移住した者もあるという。

将門の叛乱を藤太が討った時より更に三百年も昔の、政争の敗者・近江の大友皇子。

その墓をおのが白山神社に隠し造り（墓があとで造られたか、墓を造るさい神社をつくったか、それはわからぬ）、その墓を守り、いまに到るまで祀りつづける上総の田原神社。

このように諸国にひろがる、白山神徒「田原」族とは、主税よ、どういう筋目の民であろうか……？」

余談を加えておこう――。内蔵助・主税はむろん知ることはなかったのちのことだが、将軍綱吉の死後、六代将軍家宣《いえのぶ》の治世となってすぐ、浅野内匠頭の弟・大学長広は、安芸浅野藩へのお預けを赦免され、五百石の旗本として復活した。（この元禄十五年から八年後のことである。）領地は、右の上総田原神社に近い房総半島の先端、安房《あわ》国朝夷《あさひな》・平群《へぐり》の両郡であった。

26　塩の心

信楽《しがらき》山中、寺の納戸の暗がりの中で、主税を相手に内蔵助の話はつづいている。

「国土創成のイザナミ女神や、その何者とも知れぬ菊理《くくり》姫を主神とし、併《あわ》せ祀る男神にはスサノオやオオナムチ（＝大国主）、下っては大友《おおとも》皇子・菅公《かんこう》など、政争の敗者ばかりを加える白山神社。――諸国の居住地にそういう神々を己れの守護神として祀りつづけて来た「田原」族とは、如何なる筋目の民であろうか。

主税よ――。田原藤太を祖とするというわれら「田原」族とは、さらに淵源をたどってみれば、今の天朝の祖――いわゆる天孫族――がこの日本国にやって来る以前から住んでおり、もう歴史の記録の上で辿りようもない太古、政争に敗れた族《やから》の裔かもしれぬのう……。遠い昔、何度もそういうことが度重なって在ったにちがいない。そういう敗れた民の一つの流れだったろうか……。それらはみな「夷《えびす》」と呼ばれた。「荒《あら》ぶるエビス」「まつろわぬ夷」と。

抵抗してさらに敗れ滅びる者。勝者の支配の仕組の中に自らの生きる道を見出し、同化し勢力を伸ばしてゆく者。……田原族などは後者だろう。そうしていつしか公家の姓をも与えられ

「秀郷《ひでさと》流藤原氏」として大族となった。

だが、ひそかに祀りつづけた血筋の守護神――神社だけは、その来歴の痕跡を残しつづけたようじゃ。

今日訪れた大石郷の奥どころにそびえる笹間ガ岳。あの山巓《さんてん》に鎮まる白山神社が、いつ頃、誰の手でまつられたものか、もはや知りがたい。だが、われら大石一族が「白山神徒」であったことは、まぎれもない事実じゃ。

げんに、武蔵国八王子の白山神社は、関八州武士団「大石党」の拠地じゃが、これも百六十年ほど前、一族の大石源左衛門尉縄周によって社殿が新たに建立されておる。そのような例はまだまだある……」

「お待ち下さい」と主税が言った。

「でも、初代内蔵助良勝どのは、あの佐久奈戸《さくなど》神社に絵馬を奉納されていたではありませぬか！　われらの産土《うぶすな》の神社に」

「そのとおりじゃ。たしかに、ふる里を出られ立身された良勝どのは、佐久奈戸神社へそれを納められた。佐久奈戸の神は、中臣《なかとみ》神道のミソギの神といっての、公家藤原氏のもとの神じゃ。大石郷一帯のおもての産土じゃ。あの地に残っている大石一族からはその神官も出しておる。が、それはおもてのこと。つまり、田原藤太が藤原秀郷であり、今の安芸《あき》の浅野本家が松平姓であるのと似ている。

こういう二重性は、主税、この国のあらゆる面に見られることなのじゃ」

主税は、父があの佐久奈戸神社の崖下の岩場で宇治川の青い流れに見入りつつ、ふと頭をめぐらせ、東方にそびえる笹間ガ岳の名を教えたことを思い出した。

「しかし、あの大石の村人たちとて、あのあたりを遠い世に拓いた「田原」族や、かれらが斎《いつ》き祀った山巓の白山神社の由来を、おぼろにも伝えてはいまい。富川の磨崖佛《まがいぶつ》と同様じゃ。……忘れるということもまた、大いなるものの志の一つのありようかも知れぬの」

闇の中で内蔵助の声は、なごやかな笑いをふくんだようだった。


「そうじゃ、田原藤太に討たれた平将門《たいらのまさかど》のことじゃが、その木像をいまに寺宝として大切に伝えている寺があるという。武蔵国円通寺《えんつうじ》といって、秩父郡の大達原《おおたわら》にあるそうじゃ。どうやらこれも田原族がまつりつづけてきたものではあるまいか……。ここにも白山神社がある。

もちろん、白山神徒は田原族だけではない。さらにひろい敗者エビス——出雲《いずも》国譲《くにゆず》りの神々を祀るゆえに、出雲族の筋目とよばれることもあるらしい。——そのエビスの末裔たる者の間に、白山衆徒は地下水のごとくひろがっておるそうじゃ。……そういえば白山信仰のそもそもの源である「白山」—越前・加賀・美濃にまたがるこの霊山の主峰の名は、ずばり、大汝《おおなんじ》（＝オオナムチ＝大国主神）であるそうな。

じゃがの、スサノオ・オオナムチをはじめとする出雲の神々や、白山信仰そのものが、更にその元をたどれば、海のかなた朝鮮からこの日本へ渡来した人々であり、かの地の「太白山《たいはくさん》」信仰に発するともいう。他の多くの天《あま》つ神、天朝系の神社も、もとはといえば同じ来歴にちがいない。

すなわち、夷《えびす》とは、この日本六十余州、吹き溜り島国で、政争の結果、勝者が敗者に名づけた蔑称《べっしょう》にすぎぬ。

話がつい扇のようにひろがったの。ゆるせ。士《さむらい》とは、そういう血筋・地筋のあらがいの中から、敗者がそれなりに甦り、勝者に侍《さぶろ》うて生まれてきた、ということじゃ」

内蔵助は一息入れた。


父の話は主税にとって、思いもかけぬ世界であったが、それだけにまた、十五歳の好奇心をおおいにそそるものであった。

「そういえば……」と主税がいった。

「小野寺氏《うじ》は、万葉《まんにょう》という古い歌の集に収められた遠い昔の人々の歌が、神代を偲ぶに、なぜ〈アマテラスの世〉といわず、〈オオナムチ・スクナヒコナの世〉とよぶのか、不思議じゃと言うておられました」

主税は京の同志・小野寺十内《じゅうない》夫妻のもとへ、山科からしばしば使いにゆくのだが、すでに嗣子幸右衛門も成人している老夫妻は、少年の主税に、殊に母や弟妹を但馬《たじま》へ送り、父と二人住まいとなってからの主税に、わが子のような慈《いつく》しみを注いでいるのだった。十内のみでなく妻の丹《たん》女もすぐれた歌人であった。主税は、年少にして幾首かの歌を遺したが、彼に手ほどきをしたのは丹女である。

「ほう、小野寺氏がの？

……そうであろう。遠い〱世のすがたは、もう尋ねようもない。だが人々の心は、歌や、さりげない森かげの社《やしろ》・童《わらべ》に語る昔話などのなかにも蔵《かく》れているものらしい。田原藤太の伝説などもその一つじゃ。顕《あらわ》れているものの奥に、隠れたものの筋書きが見えてくる。こちらがその気になれば……」


内蔵助はくつろいだ声でまた語りだした。

「田原藤太の流れは、士《さむらい》というものの一つにすぎぬ。が、士というものがこの国に生まれたそもそもの昔からそれは、「夷《えびす》」と卑しめられつつ、卑しめる者に使われて同族を討たねばならぬ立場に往々いた、という事じゃ。

己の中に深くせめぎ合うものがある。

しかしナ、主税。人間の「考え―道」というものは、そういう身のきしみの中からこそ、つむぎ出されるものではあるまいかの？

考えと、生活――実の世のからくりとは、常に結びついたものじゃ。安固たる高みにいてみずからを疑わぬ者は、ただ、人をどのように使い動かすか――権謀術策だけを考える。一方、あまりにも生活《たつき》の苦渋深きところでは、みずからの一日をまもる実利で手一杯じゃ。

だが、実の世を動かすのは必ずしも「利《り》」の工夫のみではない。そこに士道がある。――主税。それは身のうちで異なるものがせめぎあい・きしむところから生まれるのであるまいかの？　昼間、山路で、士は「願《がん》」に生きねばならぬと言うたのは、ここのところじゃ。公家に侍《さぶろ》うていた地下《ちげ》——武士団が、一つ目覚めたのは、侍《さぶらい》というものが生まれて四百年もたった頃じゃった。東国に自らの政権を打ち樹てたときがそれだ。鎌倉幕府じゃ。夷《えびす》が、東《あずま》えびすが、実質、公家に代ろうとした。いわば飼犬が自立せんとした。だが政事《まつりごと》とはむずかしいものよ。志の一半は成り、一半は潰《つい》えた。夷同士の中から割れた。御家人の中に利の不満が欝積したゆえじゃ。

やがて、世直しのため幕府を倒そうとされた後醍醐《ごだいご》帝。——そう、鎌倉に武家の政権が誕生してから、百五十年ほどのちのことじゃ。その召しに応じたのはむろん鎌倉武士＝幕府御家人ではない。楠木《くすのき》・赤松《あかまつ》・名和《なわ》・結城《ゆうき》ら——かつて山野に追われた敗者＝夷のうち、隠れ里で実力をつけた身分低い土豪——「弾正《だんじょう》」たちだった。南北朝争乱の幕明けじゃ。

このとき「白山衆徒」はことごとく南朝に味方した。弾正たちは裏からいえば多くがこの白山神徒だった。そうしてこの衆徒を統べる「白山長吏《ちょうり》」の多くは、秀郷流の藤原氏（結城・小山・大石らもその一つ）であり、利仁《としひと》流藤原氏（山科の進藤氏などもその一つ）であった。尤も彼らのうち、私の見るところ、利だけでなく願に生き行動したのは、楠木ばかりであろう。

だが、彼らも結局は、使われ、捨てられた……」

「父上！」

と主税が言った。

「なにゆえ彼ら士は、天朝と結ぶのでござりまする？　父上のお話からすれば、天朝様と公家に敗れ、夷《えびす》として、侍《さぶらい》として卑しめられながら、なぜ、自らの力で起ちませぬ。みずからの士道で世の政道を樹てませぬ！　おかしいではありませぬか？　主筋にはばかりあることながら、浅野様とて、なぜあのように藩の財政を傾けてまで、御所の再建など、天朝様に肩入れなさりました？

忠とは……？　主税にはわからなくなりまする。いずれへ忠を尽くすにしろ、つまるところ飼犬根性ではありませぬか！」

「そのとおりじゃの」

暗闇の中の穏やかな声がいった。

「なぜわれら民、殊に卑しめられた者の末裔が、心のどこかで天朝をひいきにするか。

主税、おそらくそれは……、一に、ながい間支配されることに馴れた者は、あるじがいないと心細いこと。二に、天朝がすでに敗れつづけて久しいからであるまいかの？　そこに反って自分たちと奇妙な同質性を、またそこからくる親近性を、無意識のうちに感じているゆえであるまいかの？」

声がまた笑いをふくんでいる。

「鎌倉幕府以来、天朝様は何の力ももたぬ、実質的には。王朝時代の公家に当たるものは、その後は武家じゃ。政権をじっさいに執るのはの。

ただ天朝という無に等しいものは、敗れつづけても、いつも新しい権力に「冠《かんむり》」として頭上に戴せられつづけてきた。――そこに日本六十余州の政体の、一貫するオカシナ、そして見様によっては巧妙な、仕組がある。

無力・無害であるゆえに、われら民の多くは天朝に(正確にいえば公家とも切離した天子様に)親近感をもち、肩入れもし、時にこれをカツグのじゃ。判官びいきの如く。また、渦まく世の流れの中心なる静点として。――静点なるがゆえに世を見はるかす一種の天の眼となりうるのじゃ。――政道批判・世直しの憤りが、とかく天朝と結ぶを常とするのも、おそらくそのゆえでなかろうかの……」

「田原族といえば……」と主税がいった。「いま田原藩のある三河の渥美半島は、浅野様ご親族の戸田様の本貫《ほんがん》ではありませぬか」

「そうじゃ、戸田弾正の地じゃ。それに、相模の小田原は後《ご》北条氏の拠ったところじゃ。北条早雲は伊勢の田原から出たともいう。やはり同族のところで旗上げしたのだ。後北条氏には結城《ゆうき》(白河弾正)や小山《おやま》も連携した。戦国の世とて、どこの誰将に無差別に組《くみ》するものでない。やはり血筋・地筋の縁でゆくのじゃ」

「判りましょうか、それが?」

「判る。口伝えにそれとなくわかる。……主税、『藩譜』などに記された諸侯の家系なども、多くはタテマエじゃ。別段殊更に偽わってというわけのものでもない。が、一種の衣装・あいさつのようなものじゃ。何とのう千年の血筋の尊卑が定まっているゆえに、貴種へ結びつけねば治者として尻のすわり具合が悪い、とでも言っておこう。徳川将軍家の出自からしてそうじゃ。タテマエなど実体なしと知りながら、やはりそれをタテねば人マエが立たぬ。それがこの国土千年を通じての、世のタテマエというものらしい。

だか主税――。それはそれとして、士がみずからの屈折多き来歴を忘れて何としようぞ。しかるに、一たび天下に覇《は》をなすと、もはやそれを脱ぎ捨て、反《かえ》って同族を弾圧する料とする。その隠然たる力を自身知り尽くしているゆえに。戦国統一期にも激しくそれがあった。乱世の謀叛《むほん》・叛乱はつねにそこから起り、覇を成した後の権力はまた、その予防弾圧に力を注ぐ。じつは今、この元禄泰平の世、新たな弾圧が兆《きざ》している。「生類憐《しょうるいあわれ》みの令」はその隠微な跫音《あしおと》じゃ……」

「浅野様はどうなのですか?」

主税が遠慮がちにきいた。

「もはや言うに及ぶまい。真岡《まおか》―真壁《まかべ》―笠間《かさま》―赤穂、次々に移封された領地をみれば瞭然じゃろう。すべてその昔、夷が収容された隔離地帯じゃ。前三者は下野《しもつけ》・常陸《ひたち》にまたがるとはいえ一衣帯水の地。われら小山・大石一族の故地じゃ。われら同族は昔より同族以外の者の支配は受けつけなかった。それを知っての大公儀の配置じゃ。すなわち、浅野様も、われら大石・小山・進藤ら、すべて同じ種族ぞ。遠つ世よりの白山神徒の血族ぞ。この筋目に多い名のり

「弾正」が、浅野様にみられるのもこのゆえじゃ。——われら大石家、累代家老とはいえ家臣の身で、殿様のお血と婚姻関係もあり、分家の寄合旗本、浅野美濃守家・同左兵衛家を構成しておるのもこのゆえじゃ。そのゆえに殿のお憤りは、即ちわれらがものでもあるのじゃ。今度《こたび》の赤穂浅野のお家取潰し、その根は深い。陰々として深い。ひとは塩をめぐる吉良とのいきさつをいう。それもある。だが、塩すらもっと根は広い。私の見るところ、事はあの「生類憐みの令」とも深くかかわる。殿《との》は挑発にのられた。……」

内蔵助の声は一瞬ため息とまじった。

「鉄（鉱山）をおさえ、塩をおさえ、皮（武具をはじめ日用品に欠かせぬ獣皮）をおさえる。——みな、遠い世から天下国土支配の最も基本の策じゃ。生類憐みの令も、犬への慈悲などでどうしてあろう？　これらは皆、それを扱う専門の技術《わざ》を要する。その技術《わざ》集団、それの掌握者の勢力伸長を抑え、大公儀に独占化するのが、語られざる本意なことは、かくれもない。

七年前、私ども赤穂家中が城受け取りにいったあの備中《びっちゅう》松山藩——あそこも西国で最も豊かな鉱脈に立地する製鉄小藩であった。大藩は潰《つぶ》せない。小藩がねらわれる。

田原族も最もはじめは自身タタラ（製鉄族）であったやも知れぬ。その棲息地から推すに。同集団間の争いもあったろう。やがてタタラから弓矢の者に転生し、公家に抱えられ、同族をも討ち、土豪として大を成した。だが、その曲折の千年ののち……」

内蔵助の声は途切れ、そして、全くちがうことを言った。

「今にして思えば、……五十年前、一つの士道は樹《た》った。柳生《やぎゅう》どのは立派じゃった。主税、大和の柳生を聞いておろう。伊賀・甲賀の地続きじゃ。あそこも又、われらと同じく遠い昔、追込められた者の隠れ里だった。その一族が、天下の統一にかかわった。剣などではない。伊賀者・甲賀者（忍者）が家康公の走狗となって統一に働いてのち、泰平の世が来ると同心お庭番として体制の中で埋もれ消え去ってゆく。だが、柳生はちがった。

政道の中枢部で今の大公儀幕藩体制を整え、戦乱の世を泰平に堅めたのは、柳生の「陰《かげ》」の力あってこそ。そのゆえに一旦は大名に列した。だが、但馬守宗矩《むねのり》は死に際して、一代でそれを返上した。辞したのではない、拒否したのじゃ。私はそう思う。一万石を切ればもはや大名ではない。石高《こくだか》を三子に分割してくれるよう将軍家光に遺嘱《いしょく》し、大名とならずに済む手順を踏んだ。大公儀の顔は立てつつ、拒否したのじゃ。

将軍家兵法指南役として江戸に残ったのは三男宗冬じゃ。嫡男・十兵衛三厳《みつよし》は柳生の里に帰した。本貫へ。……柳生の嫡系は幕藩体制の諸侯としてより「山の民」たる誇りに生きる者、――それを行為で示したのだ。

一たび里に下りて天下のために粉骨するも、身の「利」ゆえに非ず、事成れば亦《また》、故山に帰る。――そこに、ゆえなく卑しめられつづけた「山の民」を代表する「志《こころざし》」があった。

これがまこと「新陰流」の士道であろう。

主税よ――。人間は一生のうちに、いや、一族は数百年の長い歳月のあいだに、一つの「志」を世に顕《あらわ》せば足りるものかも知れぬのう。

だが……今や、時代は移っている。われらはみずからの「士道」を工夫せねばならぬ。理は血に深く根ざさずては生きぬ。同時に、血は理にまで昇華されてこそ「願《がん》」となる。願とは普遍の福祉をめざす志じゃ。

一振りの太刀を作る砂鉄を選《え》るには、どれほどの鉱山の土と、川水と、タタラ炉《ろ》を燃やす薪《たきぎ》が、そして人々の労力が要ることであろう。一つまみの塩を製するもまた同じこと。主税、そなたも見てよく存じておろう。

われらの士道もまた、「田原族」千年の薪に恥じぬ一太刀でありたきものよ、の。

塩は、身を消してモノの腐敗を防ぐ。世における士道を考えるよすがとはなるまいか？

今生を赤穂藩に生き赤穂藩と共に終えるわれら――赤穂塩の心はそのようでありたい、と私はおもうのじゃ。

のう、主税――。

世を糺《ただ》すとは、人の心をわが思いのままにもてあそぶことではない。高みから人を裁くことではない。みずからの心を、いとなみを通じて世に残すことじゃ。心を残すとは、自身の未練や恨みを世に残すことではない。行動によって、人間の証《あか》しを残すことじゃ。

一枚の小さな花びらが風に飛ぶとき、花というもののすがた全体がおのずから現われる。

仮りにこれを、飛花残心とよぼう。

そこに、士の心＝志《こころざし》、がある。

主税、私はながい間、われらのふる里、近江の湖《うみ》の青さを忘れておった。——琵琶の湖の青さは天を映したものか、湖の底の深きがゆえか……、双方であろう。

憤りの第一の根は天の眼じゃ。第二の根は湖の底に通ずるものであらねばならぬ。あの、湖の底から、三井寺の晩鐘を今も聴いているという、卑しめられ・盲いた母＝竜女《りゅうじょ》の心にかようものでありたいことよの……。

夜も更けた。丑三《み》つに近くはないか……。主税、もう一息眠ろう。そして明日は、心ゆくまで、ふるさと近江の天地から、その心を聴こうではないか……」

27　石塔（その一）

山腹の杉木立から朝霧が湧き、嶺線へと巻き昇って、青い空へ溶けてゆく。谷間の村のすがやかな夜明けである。

内蔵助が主税と共にすごそうと約束した三日間の、第三日も、からりと晴れた。

二人が身仕度していると、若い住持が来て、粗末ながら粥《かゆ》を進ぜたいという。

野宿でも致し方ないところを、一夜の宿り賜わっただに忝《かたじけ》なし……、と辞したが、結局、作務衣《さむい》姿の彼のうしろについて廊下を庫裡《くり》へ渡った。

昨夕すでに暮れなずんで定かに見分けがたかった寺の庭は、小さいながら手入れもゆき届き、白砂に萩の紅が散りこぼれて、庫裡につづく三畝《うね》ほどの畑には、青菜もとりどり目にしみた。

湯気のたつ粥に今しがた摘んだのであろうその青いものが入っている。

他に家族の気配はなく、すべてが若い住持の手作りであるらしい。

やがて茶を淹《い》れると、住持が言った。

「昨夜は失礼いたしました。……大石様と伺いましたが、もしや、大石村のお出《で》ではございませぬか……」

「いかにも。——今は浪人いたし、山科に仮寓しておりますが、四代前に大石中村《なか》より出た者の末でござりまする」

たいらかに内蔵助が言った。

「あの……」住持はすずやかな瞳をあげて

「この寺は真徳寺と申し浄土宗でござりますが、じつは拙僧、大石富川《とみかわ》村の往生寺二男にて、此処が無住となりましたゆえ、縁あって最近、留守を預りおりますまだ修行中の身。大石東《ひがし》村の浄土寺とも遠縁になりまする……。」

ほう——、と内蔵助は頬をゆるめ、若い住持の顔を眺めた。

面長《おもなが》に鼻すじが通り、地蔵のような眉が、切れ長の眼の上にある。眉と眼のあいだがゆったりとひろく、それが一種高雅な風貌をつくっている。近江によくある顔なのであろう。

内蔵助は、傍らで少々緊張した面持を注いでいる主税にかまわず、磊落《らいらく》に応じた。

「いや……じつは私ども、昨日、浄土寺の裏山なる先祖の墓にも詣でたのですが、急に思い立った道中ゆえ、浄土寺様へもご挨拶すら致しませなんだ。……それにしても、富川のご出身なる貴僧にここでお世話になりますとは……。有難いご縁でござりました」

若い住持はつつましやかな節度をくずさぬままに、

「いえ、……浄土寺さんも、富川の拙寺の義民祭《ぎみんさい》には毎年お越し下さりますゆえ」

「義民祭——?」

内蔵助があいかわらず茫洋とした面持でたずねた。

「はい。大石義民祭というのを毎年二月、富川の往生寺でいたしまする」

そういって若い住持は、次のようなことを語ったのである。

――慶長十八年というから、今からちょうど九十年ほど前になる。天下は徳川幕府の手に帰し、大坂夏の陣で豊臣家が滅びる前々年のことだ。大石の富川村に、彦治《ひこじ》という若い庄屋とその弟源吾《げんご》がいた。当時、大石一帯の米や薪やその他の産物は、関津《せきつ》を通って、膳所《ぜぜ》・大津へ運ぶのであったが、関津の関所には膳所藩の代官が置かれ、駒口銭《こまこうせん》という通行税をとった。人ひとり三文《もん》、牛馬一頭六文の高い税である。ために、大石一帯の村民は苦しむことひと方でなかった。（関津は、先に触れた瀬田川の「供御瀬《くごぜ》」畔に設けられた、関所である。当時、大石は膳所藩領であったが、途中、この関を通らねば貢租も納入できなかったのである。）

慶長十八年十一月、富川の庄屋、彦治・源吾兄弟は、大石農民の苦境を打開すべく、折から諸国巡察中の幕府巡検使に、伊勢・近江の国境、鈴鹿《すずか》峠で直訴した。

直訴はもとより、極刑である。彦治兄弟は翌年二月二十四日、近くの佐馬野《さまの》峠で磔《はりつけ》となった。だが、訴えは幕府に聞かれた。三ヵ月後、膳所藩主戸田氏より大石五ヵ村に対し、向後《こうご》人馬通行税一切を免ずる赦免状が出ることとなった。

大石の村々では、兄弟の生命を捨てての働きに永く報ゆるため、富川の往生寺に碑を建て、以来、毎年二月二十四日、彦治・源吾の命日に、富川・東・中・淀・竜門――大石五ヵ村総出の義民祭を行いつづけているのである。云々――。

内蔵助と主税は草鞋《わらじ》のひもを締めて本堂を降り立った。発《た》ちぎわ、内蔵助が若い住持に腰をかがめた。

「来春の義民祭には、私どもの心も共に参らせていただきましょう。なにとぞ、往生寺様、浄土寺様へもよしなに。

このたびは、まことに忝《かたじけ》のうござった。深く御礼申上げまする」

――むろん翌年二月二十四日、大石義民祭の当日、内蔵助も主税も、もうこの世にいなかった。彼らが江戸で吉良邸討入り後、それぞれのお預け先で死を賜ったのは、二月四日である。

父と子は黙々と歩いた。

山間の径はひとすじである。どこへ……という確かな宛てがあるわけでない。「ふるさと近江をみとうござりまする」――そう言った主税の所望のままに、第三日――最後の一日を、今朝もまた東へ〳〵と辿っている。

二人の、野袴《のばかま》の擦れ合う音だけがする。

主税は、若い住持の話を反芻しているらしい。ややひろくなった径の端の方を、内蔵助から少し離れて、口を一文字に結び、黙って歩を運んでいる。

チューイ、と一声、何の鳥か、すぐ脇の叢《しげ》みから鳴いて、谷渡りに峯の方へかけった。朝日が径の上にこぼれる。

歩みつつ内蔵助は、心の中に一つの、さびしいが或るやすらぎの立ちのぼるのを、じっとのぞき込んでいた。――それは昨夜主税に、おおよそ自分が知れるかぎりの・思うかぎりのことごとを、話し尽くした気のくぼみでもあった。

赤穂開城この方、そして、山科に来てよりこの方、彼には迷いがあった。第一に、主税を一《いっ》挙《きょ》に同伴すべきか否か、第二に、主税に対し「実の世」の表《おもて》には決して露《あら》われぬこのような話をしたものかどうか、――。

主税を一挙に伴うとすれば、残された短い日々しかもたぬ彼にこのような話をすることで、年少の彼を混乱させるのは酷に過ぎまいか、という懸念。また、このような話は、あとに残る者にこそ伝えておくべきではないか、との迷い。

だが、これらの迷いは、すべて己れの未練の影にすぎなかったことが、いま、このさわやかな山路の朝の冷気のなかで、うなづける。

十五歳という最年少で、死の道へ伴わねばならぬ我が嫡男であればこそ、語るべきことであった。わが知れること・わが思いは、主税に、主税ひとりに注がれ、彼の死を以て地上から失せる。……それでよい。

おのれの志の最奥をのちの世に言葉で伝えようとの願いは、人間の純なる望みに似て、未練にほかならぬ。わが一個の望みを断念するところ――かたち・行為のみを行《ぎょう》じて中空なるところ――そこに如何なるこころを汲みとるかは、人々に任せる。そういう営為《いとなみ》のうちにこそ、大いなるものの志は現ずるらしい。

それは、「実《じつ》」の世と、「虚《きょ》」の世界との関係のありようを、暗示している如くにも思われた。内蔵助のなかに、遜《へりくだ》った気持が、湖水のようにひろがって来た。それは何か、大いなるものの志という山ふところに抱かれて、自分という個我が失せてゆく錯覚に似ていた。

左右の丘陵がしりぞき、野が潤《ひろ》くなった。黄ばんだ稲田のところどころに集落があり、煙がたちのぼっている。信楽《しがらき》の窯場《かまば》らしい。

「父上……」

と主税が身を寄せて来た。

「さきほどの柞原《ほそはら》の寺の住持の話でござりますが……」

「うむ?」

「ふるさと大石には、義の血が流れているではありませぬか。主税、奮《ふる》いたつものをおぼえました。士道はさむらいのみのものではありませぬ。富川の若い庄屋のなしたること、まこと士道。……義民とはよく言ったものです。人々にはやはりわかるのです、何が義であるか……」

「うむ……」

内蔵助はうっそりと肯《うなず》き、しばらくは無言で歩いた。やがて路に目を伏せつつ言った。

「主税。庄屋という立場もむずかしいものじゃ、上と下に挾まれて。公《おおやけ》の立場でいえば、村びとの代表でもあり、藩の在方《ざいかた》役人の末端でもある。じゃが、日常は地主《ちぬし》として、必ずしも他の百姓から心ゆるされてはいまい。怨念の身近な対象ですらあろう。それが、それゆえにまた、いざというとき、村の人柱《ひとばしら》に立たねばならぬ。……その辺の村びとの心の動きは微妙じゃ。……人柱、人身御供《ひとみごくう》になるのは、庄屋、さもなくば、流れ者じゃ。……そこに、人間がつくるムラという集まりの、無慙なからくりも透き見えるではないか……。人身御供を出さねば関所の駒口銭《こまこうせん》一つ改まらぬ政道というものも、同じくわれら人間のつくる世のからくりじゃが……。

義民碑を建て香をたく。義、義、と口に言うはやさしい。が、義が犠《いけにえ》の死を伴わねばならぬ「実」の世というものこそ、私にはうそ寒くおもわれる。

他人《ひと》の死はあくまで他人の死じゃ。自分の死ではない。人間はひとり生まれ、ひとり死ぬる。親子兄弟、夫婦《めおと》とて同じことじゃ。独りの生《せい》を生き、独りの死を死ぬるには、己れだけの心備《そな》えが要るであろうの。義民といい、義士とよぶ。みな、死なざった他者《ひと》の着せる衣《ころも》じゃ。自身の義は、自分ひとりで考えねばならぬ。生《せい》の爽かさはそれを掴《つか》んだ者の上にあろう。おそらくは己れの死の瞬間に、己れひとりの心に現ずるものであるまいかの……。

主税、私は、死ぬのは好きでないぞよ」

言って、内蔵助は顔をあげ、うっすらと笑った。

「理由はただ一つ、死が怖いゆえにじゃ。

義のためであれ、愛憐のためであれ、自分の死が怖いゆえに、人をも死なせとうはない。人間は穏やかに生き、再び赤児《あかご》のごとく何事をも思い惑わずなって、しづかに消えゆくが一番じゃ。だが、世が複雑になればなるほど、それは難《かた》い。

死が怖いゆえに死にとうない私が、多くの私より若く有為な人々を巻込んで、死の旅へ発《た》たせることになってしもうた……。

それゆえにの、主税。……首の座で身の慄《ふる》え止まぬ時は、もっと慄えたヤツがいると思え。ほかならぬこの父じゃ」


空は、湖のように青く、二人の上にひろがっている。

それはそうと、——と内蔵助がその空を見上げつつ言った。

「主税、そなた、どこへ行くつもりじゃ？　こうして歩いておるが……」

「あれ、父上は——」

「ばかを言うでない、主税、そなたの思いのままにこの父は三日間したがうという約束ではないか。考えてお呉れ、そなた」

それは一種の掛け合いにすぎなかった——二人にとって、こうして残された一日を共に歩くということの中に、すべての思いが籠められていたから……。だが、内蔵助にしてみれば一つには、主税に父の後を付いて歩くのでなく、自らの意志で選ぶ歩みを自覚させたい気持があった。今日一日が父と子としての終りの日、とひそかな心定めもある。それゆえにこそ、さりげなく、死に臨む人間の弱さをも、父の弱さとして見せているのだった。

しばらくして主税が応じた。

「粥の馳走を受けているさい、寺の住持が言ったではありませぬか……、何とかいう山の上の寺、あそこへ行けば近江がわかると……。

主税、できればそこまで歩いてみたい気がいたしまする」

——それは次のような対話であった。

今朝、あの富川義民の話のあと、住持が尋ねた、「水口《みなくち》までゆかれまするか」——昨夕宿を乞うたさい内蔵助がそう言ったためであろう。

内蔵助は率直にこたえた。

「いや、じつは大した用があるわけではござらぬ。もともと、これなる息子——柄は大きゅうござるがまだ十五でござる——が、先祖の地・近江をおのが足で歩いてみたいと申しましてな……。浪々の身とても何かととりまぎれる日頃、ようやく二、三日をつまんで墓参傍々《かたがた》伴うたような次第。特に目標《めあて》のある道中ではござらぬ。あまり遠くへも日がありませぬ故、昨日は湖南より大石一帯を見せ、これよりはまあ路すじとして水口に出、蒲生野《がもうの》あたりを歩こうか、というだけの漫然たる旅でござりまする。もはや明日中には帰着せねばなりませぬ。

拙者はずかしながら近江はとんと不案内、——貴僧より何かお教えいただければ有難く存じまするが……」

若い住持は少し考えていたが、

「やはり湖東では蒲生野でござりましょうな。何があるというのでもない、茫々たる田野《でんや》ですが、何もない中に人間の心に当るものが立ちのぼるげにござりまする。ちょうどあの琵琶《びわ》の湖《うみ》づらがそうであるように……」

それに——、と顔をあげて、

「蒲生野の、布引山《ぬのびきやま》という丘に、奇妙な塔が立っておりまする。大きな石の塔です。三重の。——いつ誰によって建てられたものか、いわれは種々ありますが、定かではありませぬ。おそらくはこの近江に都のあった天智の帝《みかど》のころのものか……、とても古いものらしゅうございます。いつ頃よりかこの湖東地方の人々は、宗派を超え、その塔のある丘一面におのれ達の小さな供養塔を納める慣いが続いておりまする。無慮数千基はございましょう。大きな石塔を囲むがごとく、赤松に蔽われた丘一帯、奇妙といえば奇妙、壮観といえば壮観……。麓に寺があり、石塔寺《いしどうじ》と申しまする。そうして昔から誰いうとなく伝えてまいりました……石塔寺の丘へゆけば近江がわかる、と」

「ほう——」、内蔵助の目がキラとさざ波をひろげた。

住持はつゝましさを失わぬ態で、

「いえ、どういう意味であるのか、拙僧などにはまだわかりませぬ。ただ……、何というか、得もいえず浄らかな気の満ちた丘でござりまする……」

——こういう話があったのである。

主税は今、それを言うているのだった。

柞原《ほそはら》から水口まで四里半、そこから石塔寺まで三里ちかくあるという。昨日にまさる強行軍となろう。だが主税は望んだ。

「そうか、ではそうしよう」

内蔵助はうなづき、二人はまた東をめざした。

野洲《やす》川を渡るさい、遥か川下にあの秀麗な三上山《みかみやま》の姿が浮き立つように望まれた。そのむこうに、ここからは見えぬけれど、大きな水鏡《みずかがみ》のごとく、琵琶の湖《うみ》は秋天を映してかがやいているはずだった。

二人が川の対岸水口《みなくち》の町に入ったのは、ちょうど午頃《ひる》だった。東海道水口ノ宿《しゅく》である。内蔵助と主税が歩いて来、これからも行く路と、右手・伊勢鈴鹿ノ関から野洲川に沿って左手・近江草津へとのびる東海道とは、ここ水口で十字に交叉する。

二人はしばらく茶店に憩った。さすがに人が多い。……内蔵助は人の往き来を見るのを好む。ぼんやりそれを眺めるのを好む。

若き日、はじめての家老見習いに、老僕八助を伴ってこの道を江戸へ下《くだ》った。そのときこの茶店に憩った。……一年半前の三月中旬、早駕籠《かご》が赤穂へ向けて突っ走ったのもこの障子の前の道であったはずだ。昨年の今頃は江戸の同志急進派を抑えるために下っていった。

そうして……、やがて間もなく又、この道を東するであろう。それは、主税にとっては江戸への初旅でもあり、共に、再びは西へ帰らぬ旅となるはずであった。

ぼんやり店先から人々の往来を眺める内蔵助のなかで、一切が、しだいに湖の底での出来事のような夢幻に沈む。

傍らで主税がせっせと、うどんのお代りを食べている。

28　石塔（その二）

近江《おうみ》はかわった地形のくにである。一国がおおきな一つの盆地であり、しかもその真ン中に、くにぜんたいの六分の一を占めようという広い湖水が、ひょうびょうとひろがっている。

四方より花吹き入れて鳰《にほ》の海――と芭蕉は幻想したが、国境の山々から流れくる川や、風ばかりでなく、周りの野や森かげに暮らしつづける人々の、心の視線もまたおのずから、この湖面へとかたむき、吸われるにちがいない。

意識の重心につねに湖《うみ》がある、という心象風景が、ながい歴史のなかで何らかの特性を人間に付与するものかどうか……。ただ例えば、活火山が風土の中心に据わっている地方などとは、いいいい、かもされるものも、しぜん異なってくるだろう。

これまた一種の幻想にすぎないが、どうも近江のふるい血につながる人々に共通するのは、その生きざまの芯に、透明な「虚《きょ》」空間を栖まわせていることであるように、筆者《わたし》にはおもわれる。このばあい――、

「虚」とはいわば詩《し》をかもす洞《うろ》である。

地上は「実《じつ》」の世界だか、実のからくりは詩がなくても成りたつ。早い話、商売や政治や軍事《いくさ》はすぐれて「実」のいとなみである。だが稀に、そのようないとなみのなかにすら、無意識に詩をもちこむ人々がいる。本人は「実」そのものと思いつつ、それを行なうに知らずしらず「虚」をもってしているのだ。そこに詩がたちのぼる。

似たものに、「実」の地殻からじかに噴火する熱塊というものもあろう。が、「虚」からの詩は、湖面にゆらぐ陽炎のように、つかみがたい一種の気《き》である。おおくそれは清白な、広義の美意識につうずるといえようか……。気節もまたそこにゆらめく詩の一つである。

近江商人というのがある。天秤棒一本の行商からはじまった。全国をめぐり、鋸《のこぎり》商法といわれた。往きも還りも他地域の特産でフルに商《あきな》う。二倍の働きと利だ。節倹また節倹、勤勉また勤勉、ついに日本商業の型を打樹て、のち、江戸時代の流通経済を征覇した。大名でそのぜにを借りぬものはなかったほどだ。

筆者はそのような豪商の裔である一老翁を、金持村《かねもちむら》と異名のある湖東の或る町の本邸に訪れたことがある。翁は木綿筒袖に紺の前垂れ姿で座敷へ私を招じられた。座蒲団はわたしどもが日常使うそれの三分の一ほどの薄さであった。番茶がでた。小皿に一個のちいさなおはぎが載っていた。翁もそれを食べられた。それから——、いかにも身についた風儀で小皿を取上げた翁は、人差指の腹で、わずかに残った餡《あん》をスッと撫で、白髯のあいだの口へ運ばれた。

動作の一つ一つが茶の湯作法のごとき無駄のなさであり、あでやかさであった。

筆者などが真似て到底さまになるものでない。——貧《ひん》のかたちそのままが、かほどの品《ひん》に昇華するには、「実」の贅《ぜい》肉そのものである富《ふ》に住しつつ、その脂《あぶら》を抜くよほど確かな「虚」の遠心力がはたらかねばならぬ。

近江の詩のヘソが垣間見えた……と感じた。


商人にかぎらない。

戦国末期といえば天下統一へむけて諸国の武将が、切取り強盗といってよいほど権謀術数を傾けた乱世だ。むろんまだ士道などというものは混沌未分で、利害による選択眼と果敢な実行が、領主でもある武将の力量であり、時に裏切りや日和見《ひよりみ》も技《わざ》のうち。律儀さという信用も、これらの布石に生かしてこそ美質とされた時代だ。

そのなかにあって、近江の武将たちに共通する異色さは、領国経営における「実」の眼の合理性と共に、友誼《ゆうぎ》・信義を重んずる気節の高さだ、とよくいわれる。気節とはただの律儀とはちょっと違う。律儀それじたいにないその一種さわやかな香りは、おそらく「実」をはなれた生理的「虚」から発する。が、それゆえ、時に、怜悧な彼らにして実利からは選びようもない殉節めいた道をアッサリ往く。浅井長政しかり、石田三成しかり。——明哲保身に徹すべき封建領主として、これは欠陥だろう。かれらのばあい、すぐれた明哲が、どうも「実」の保身（一身、一家、領国の保全）につながらない。さいごのところで別物に羽化《うか》してしまう。

三成などは、豊臣政権に吏士道《りしどう》的観念や規律を注入したのも彼だし、九州の島津氏に流通経済（商業）というものを教え、大名家政の帳簿のつけ方まで指導して感謝されたほど、理財計算に明かるかったそうだ。島津氏は江戸時代三百年をつうじ、その知識や思考法を藩経営や貿易におおいに活かすのだが、教えた三成のほうは、直後、何が正義であるか、といった計数ならざる・「実」ならざる情熱のほうへ身をのめらせ、関ヶ原で散った。

いわば薩摩人は教えられた経済観念を「実」の腹へ十分に咀嚼《そしゃく》し、もちまえの卓越した政治感覚とからめて身の血肉としたのだが、近江人の三成は、きわだった経済合理感覚すら、彼の中心に巣くう気節という名の「虚」のエネルギーへと最期には収斂《しゅうれん》してしまう。――どうもうまく言えないが、「実」の緻密さを、「虚」の創出方向へつかうのだ。

敗れて処刑される直前、群集のひとりが柿をさしだした。「かたじけない。が、わしはいま下痢をしておる。志ある者は死の寸前といえど養生せねばならぬ。」そういって食わなかったという話がある。ふしぎな論理であり、怨念からも遠い。詩を食うて己れの人生を馳せぬいた男であったろう。

このように近江の武人は、政治の世界では往々悲運だが、すずやかな影をやどす人物が多い。大坂夏ノ陣に殉じた木村重成（湖東、蒲生郡）も出ている。

蒲生《がもう》といえば、同じ豊臣時代の武将で、抜群の勇猛と気節の高さを謳われたキリシタン大名・蒲生氏郷《うじさと》の出身地でもある。

ちょうど内蔵助と主税は、その氏郷のかつての居城の地、日野《ひの》にさしかかっていた。

水口《みなくち》の宿からしばらく丘陵のはざまを抜けると、めじのかぎり黄金波うつ田野がひらけた。蒲生野である。右手に遠く、伊賀伊勢との国境・鈴鹿《すずか》連山がかすむ。路はしぜん日野の城下へ入る。

「戦国期ここに蒲生氏の日野城があった」

主税をふり返りながら内蔵助が言った。

「蒲生氏郷はここから伊勢の松坂へ、さらに奥州会津《あいづ》へと転封され、四十歳の若さで亡くなっている。松坂へ移るさい、日野の商人の多くを連れていったそうだ。伊勢商人の発祥だ。奥州へも彼を慕って近江や伊勢から多くの者が移住したという……」

元禄のいま、城はなく、仁正寺《にんしょうじ》藩一万八千石の小さな陣屋があるばかりだが、町並は依然日野商人の本拠にふさわしく、整い、活気に溢れていた。蒲生郡は東西交通の要衝であり、肥沃で、良質な江州米《ごうしゅうまい》を産する。天下の覇者たちはここに在地の大勢力が育つのを欲しなかった。今も数十の大名領・寺社領・公家領に細分され、入りくんだ管轄下にある。

だが、そんな人為に関わりなく、野は一望にひろがっている。

「もし氏郷がここにそのまま置かれていたなら……」と内蔵助が言った。

「また、もう少し長生きしていたなら、……天下はどうなっていたか知れぬのう」

若い氏郷が奥州の要鎮・会津《あいづ》に置かれることになったのは、伊達政宗や江戸の家康への牽制と同時に、かれの大器ぶりが怖れられたためという。——それほどに、信長・秀吉という二人の覇王に仕えた氏郷が、数々の戦陣で現わした知略猛勇ぶりと家臣団の統率力と上下の信望と、領国経営に示した感覚力量は、水ぎわだっていた。

彼は近江が生む「実」の資質のもっとも良質の部分を兼ね具えていたがゆえに、近江に住まうことをゆるされなかったといえる。

会津へは小田原合戦の功による大増封ではあった。武将への最大の褒美《ほうび》は領地拡大にある。何しろ日野（蒲生）が六万石、松坂で十二万石、会津は四十二万石（諸説あり、七十万石とも九十二万石ともいう）。三十五歳の少壮武将として空前のことだ。だが、氏郷の内心はどうだったか……。直筆の七言絶句が遺っている。後半は「山川顧望ス前封ノ地、涙下ル関東ノ一布衣」。……小封であれ、都近くいてこそ天下の望みもある。北漠の曠野に追放のおもいが深かったのが真実だろう。

それでも彼は責務を誠実に十二分に果たした。氏郷が伊達氏を睨みつつ奥州の鎮めとして在るがゆえに、中原《ちゅうげん》の統一はどれほどスムーズにはかどったことか。一方では彼は会津の経営も着々と進めた。奥州で城下に町人まちを組みいれ商業発展をはかったのは彼が最初だ。軍団は規律の厳正と勇敢で知られた。

城下や藩の気風というものは、それを創成した初代藩主の個性が巨きければ、ながく影響を及ぼす。――余談になるが、幕末（もうそのころは松平藩だったが）、官軍の猛攻に屈しなかった堅固な会津若松城と、崩れ落ちる江戸幕府に殉死したといえる会津藩の節義。――その武士美のなかに、三百年の昔その城を造り・その藩を創ったひとりの近江武将――蒲生氏郷の風韻が、こだましていないといえようか……。

氏郷は会津に移ってからも、しばしば京大坂、あるいは九州まで出動した。秀吉の朝鮮出兵である。何と、その東奔西走のなかで彼は、紀行文を草し、和歌まで挿入した。

思ひきや人の行方は定めなし
　わが古郷《ふるさと》をよそに見んとは

琵琶湖と蒲生野が眼にしみたのであろう。戦国武将のなかでは出色の歌人であり、茶は利休七哲の一人にかぞえられた。彼は会津若松城の襖《ふすま》をヨーロッパ王侯の騎馬絵で飾ったが、キリシタン信仰が彼の「虚」の部分と、どう、どこまで、かかわったかは定かでない。

多くの戦国武将のうち、彼ほど歴戦の範囲と密度の高かった者はない。その「銀鯰《なまず》の冑《かぶと》」はつねに戦陣の先頭を切って駆けた。信義に篤いかれは身を顧るいとまがなかった。あまりの激労が早い死をもたらした。（毒を盛られたという巷説もある。）関ケ原は五年ののちである。家康より十七歳下だったから、じっさい生あればその後の天下はどうなったかしれず、なお言えば、日本の近世のすがたや気風もすこし違っていたかもわからない。

「彼の辞世がある――」と内蔵助がいった。

「　限りあれば吹かねど花は散るものを
　　こころ短き春の山風

たしか、こういうのだった
「何だか亡き殿《との》のご辞世に似ていますね」

主税がつぶやいた。すこし傾いた陽ざしが二人の影を前方へ引きはじめている。

「そうじゃ、主税、だいじなことを忘れておったぞ」と内蔵助が明るい声でいった。

「蒲生氏郷も、田原藤太の末裔であった」

天が潤《ひろ》い。稲に身が没するような野路がつづく。あちこちにゆるく隆起した牧草地があり、薄《すすき》がなびいている。ちぎれ雲が陽にかかると野づらぜんたいがくっきりと陰翳をおび、天の湖水の底にあるかと澄みわたる……。

遠いむかし、天智の帝《みかど》は、湖畔の大津京のほかにもう一つ、この蒲生野に壮大な都を造ろうとされていたという。

主税は、けさ柞原《ほそはら》の寺の若い住職が、蒲生野を最初に開いたのはそのころ百済《くだら》から海を渡って来た人々だ、と言ったのを思い出していた。……田原藤太を祖とするという蒲生氏やわれら大石一族も、さらに遠くたどればそのような人々に行きつくのだろうか……。

蒲生の都は成らなかった。氏郷というこの野から生まれた一人物も去って遠い。

茫々《ぼう》と、秋の蒲生野がひろがっている。だが……なぜか主税には眼の前の風景が、春の気をたちのぼらせているように思われた。この国の遠い青春の地であるゆえか、主税じしんが人の齢のその時期を生きているためか……。

むろん、このとき主税も内蔵助も知ってはいない――十年ほどまえ、芭蕉という俳諧師が「行く春を近江の人と惜しみける」と吟じたことを。

詩人の直観が近江に「春」を射抜いたのは、すべてのものが足ばやに通過するこの地への愛惜ゆえであったか。近江の生む良質のものに在るさわやかさに、湖の春の清気を感得したためか。あるいはまた――、すべての地上の生命《いのち》が春のうみの渚《なぎさ》から発生したように、この近江に生まれるものは、商も、詩も、志も、(すなわち「実」も「虚」も)やがてさざ波のように日本六十余州へとひろがり伝播してゆくという、史の律動のふしぎさを洞察していたためか……。生前諸方をさすらった彼はいま、末期の望みどおり、骸を湖畔大津膳所《ぜぜ》の義仲寺に埋めていた。

行手に低い丘陵が見えだした。石塔のあるという布引山《ぬのびきやま》らしかった。仰ぐと、なまこ型に延びた端山であった。赤松が山腹から頂上を蔽っていた。そのうえに深い青空がある。石塔らしいものは見えず、麓の山田で百姓の一家が早稲《わせ》の刈入れに動いている。尋ねるとていねいに登り口を教えてくれた。

畔みちは丘の裾に沿うてくねり、やがて消えた。そこに忘れられたような石段があった。それはかぶさる老樹のかげにひっそりと、小暗く急な傾斜の洞を山腹に穿《うが》っていた。

「ここでしょうか?」

「とにかく登ってみよう」

二百段はあろうか。落葉の堆積に湿った石組みがきしむ。内蔵助は何度か息を切らした。

石段が尽きた。からりとひらけた丘の上である。眼の前に白い巨きな物がぬっ、と立っていた。塔であった。

四角い石柱と、四角く広い石板とを交互に三回かさね、同じく石の九輪を先端にささげた、その巨大な三重の石塔は、くすんだ人肌色をおび、これ以上ない簡素なすがたを、のびやかに天に曝《さら》していた。

九輪の上に張りつくような青空があり、あたりに建物らしきものは何もない。五百坪ほどのあき地の背後はまばらな赤松が十数本。

……どういうことなのか、いつからここにあるのか、だれがつくったのか……、そんな主税の思いも、眼のまえに堂々と在るもののじかの確かさにけ押されて、言葉にならなかった。

森閑と其処に立つ石塔の足もとを、びっしり小さな五輪塔（供養塔）が囲んでいた。その群れはあき地の周辺にも層をなして並び、右手にのびる丘の松林のなかへ累《るい》々とつづいているらしい。

内蔵助と主税はしばらくそれに沿って歩いた。色づいた灌木の茂みのそこかしこ、赤土の丘一帯が、茸《きのこ》ほどの五輪石塔の群落だった。土が鉄分を含んでいるのか、無数のそれはいずれも錆《さび》鉄色をおび、いつの世のものとも判じがたい。なかに、半ば自然石にかえりわずかにそれとみえる目や口が笑っているような、可憐な石仏もあった。

かすかに風が渡り、蜻蛉《とんぼ》がとび交っている。その羽根がかがやくほどの透明さだ。

……このふしぎな静謐《せいひつ》はどうしたことであろう？　ふつうこれほどの墓域には何かしら念《ねん》の気がただよっているものだ。怨念とまではいわずとも、かすかな妖《よう》の気が……。ここにはそれがない。むしろ、極度に浄化された、あかるい静寂が丘ぜんたいを包んでいる。……

内蔵助はさきほど灌木の茂みでくっついた一ひらのわくら葉を肩にのせたまま、ぼんやり石塔を眺めあげた。九輪の先端を茜雲《あかね》がうごいている。凝視《みつめ》ていると、雲でなく石塔の方が、この丘もろとも、時のなかへゆっくりと傾き動いてゆくようだ。

主税はさき程から、少し離れた草叢に大の字に寝てうごかない。

内蔵助はふたたびそぞろ歩いた。五輪塔が足もとに隙間もなく肩を寄せあい並んでいた。その一つ一つが、かすかに息づいているようにかんじられてきた。ほどよい空間を隔てた中央に、西陽をうけた石塔が陰翳に紅をふくんでゆらぎ立っている。

一つの幻覚が彼をとらえた――

……如何なる生か、志か、わからぬながら、無数のものがここに会《つど》い、一つの大石塔を圍んで倶《とも》にやすらかに憩っている！

それは、事も、名も、思いも、いっさいが時の流れに風化され・浄化されたのちにのこる、人間の志《こころざし》というものの、最も抽象されたかたちとも内蔵助の心に写った。

もはや人のことばはここにない。念すらない。在るのは、丘を埋めつくす同じかたちの小さな石と化した千万霊の志であり、それが一志に凝って天を指す、目のまえの大石塔であった。

内蔵助の心の湖底から、なにかの経典でよんだ句が泛かびあがってきた。くえいっしょ。彼は確かめるように低くつぶやいた。

……倶會《くえ》一處《いっしょ》――。


陽が赤松の枝に落ちようとしていた。

眼下の蒲生野が西の果てから紅を散らして染まってきた。一瞬、石塔が、天を支える逆鉾のように炎え立った。

「父上――」

ふいに後ろから声がしてわれにかえった。

真近く主税が寄った。

「主税、ここにてお別れ致しまする」

「……」

そうか……と内蔵助はうなづいた。

どうするのか、今夜どこで宿ろうとするのかを訊《たず》ねようとはしなかった。たしなみとして、いささかの路銀はこの道中に発つさい持たせてある。

「往け。心してな」

「では。ご免――」

目礼して主税は石段を一気にくだっていった。その後姿を眼にやきつけつつ、内蔵助は、主税が残るわずかの日々をおのれ独りで考え・生きることに決めたこと、および、この三日間の目的、いや父としての十五年間の役目が、今ここに終わったことを知った。

瞼からしずかに伝いおちるものをぬぐわず、彼は、刻々たそがれの迫る石塔の下になお佇《た》っていた。

29　のこる言《こと》の葉《は》

蒲生《がもう》・布引山《ぬのびきやま》の石塔寺《いしどうじ》で主税を見送った内蔵助は、その夜、一里半ばかり北の八日市《ようかいち》に泊まり、翌朝、中仙道《なかせんどう》の近江八幡《はちまん》に出、湖畔を守山・草津・大津と経て、陽の高いうちに山科西野山の隠宅へ帰着した。

どっと疲れが出た彼は、近江八幡から中仙道を駕籠にのったのだが、揺られつゝ、おそらくは誰の目にも晒されずただ一人在ることの今生最後のひとときであろうその道中を、窮屈な姿勢のまま、うつら〳〵眠りつつ過ごした。ときどき、雨がぱらつき、いぶし銀のような琵琶湖の湖面が、睡魔のなかへ乱れ入ったようにおもう。

その翌日も主税は山科の家へ姿をみせなかった。たぶん彼はそのまま京に出、かねての話合いどおり、遠く但馬《たじま》豊岡なる母リクの実家へと赴いたのであろう。

人は、ひとり旅のなかで己れ自身と出会う。父・内蔵助と共に歩いたこの三日間が、主税の身の中に確かに根づくには、彼ひとりの時間が必要であった。豊岡まで四十里。そしてそこに待つのは、十五歳のかれ主税にとって、母や弟妹・祖父ら、肉親との今生の別れである……。

山科、西野山の寓居に灯が入り、内蔵助の机上をほのかに照らしている。帰宅後、主税さまは？　と下僕の問いに、簡単に答えたまま、また常のごとく、諸方への手紙書きに寡黙な内蔵助であった。

机にむかいつつ、心の底に主税のことがゆらいでいる。

「父上の机はなぜこんなに大きいのでござりまするか？」……まだ主税が幼かった赤穂での日、傍らにチンと坐り、そんなことをつぶらな瞳をあげて問うた姿まで思い出されてきた。

幼い子に意表を突いた質問をされるまで気付かなかったが、そう言われてみれば内蔵助は大きな机を好んだ。

「お父上は大切なお役目ゆえ、大きい机が要るのですよ」

「ハイ」

母がころころ笑いつつする説明に、わかったようなわからぬような面持ちのまま頷き、なお目の前の小柄な父と机を見比べている幼い主税（当時松之丞《まつのじょう》）であった。（じじつは、小さいと、手紙など全体を見渡せぬから、というのが内蔵助のおおマジメな理由である。）

山科に来てからも、机だけは赤穂と同じ寸法のものを誂《あつら》えた。幅は一尺半ほどで普通の文机とたいして変らない。が、長さは一間《いっけん》ある。左右両端に小さな引出しが一つずつ付いている。もしこの小引出しがなければ、ひとは女の裁《た》ち物台か、表具師の仕事台と思うかもしれない。

月日が前後するが、この机で、彼が豊岡の妻の父・石束《いしづか》源五兵衛毎公《つねよし》に宛てて、次のような手紙をしたためたのは、ちょうど一ヵ月前、七月二十五日のことだった。――あの円山《まるやま》会議の直前、すなわち故主内匠頭《たくみのかみ》の舎弟・浅野大学長広が、広島の浅野本家へお預けと幕命で決定した旨、山科へ江戸の同志から急報の届いたすぐあとである。

　このときすでに内蔵助は、時が来たこと、自分たちの江戸下向の近いこと、残る妻子の身を呉々も頼むこと等を、具体はぼかしつつ、岳父《がくふ》に告げている。――少々長いが、ところどころ端折って、彼のことばそのまま、原文で引いておこう。（（　）内は筆者による注である。）

　飛札《ひさつ》をもって啓上致し候。（注。飛札は、飛脚をもって届ける急ぎの手紙。）

　その表《おもて》いよ〳〵御別条なく、御勇健に御座なさるべく、珍重に存じ奉り候。去る二十日の貴簡、京より相達し、拝見仕《つかまつ》り候。女ども（妻リクのこと）儀もいよいよもって無病に肥《ひ》立《だ》ち、平生の通り達者に罷《まか》りなり、大三郎も息災に生い立ち（三男大三郎は、妻リクが山科から豊岡へ帰ってから七月五日生まれた。したがって、内蔵助はこの三男の顔を見ていない）、くう（長女）、吉之進（次男＝吉千代）、無事罷りあり候由仰せ聞けられ、大慶仕り候。爰元《ここもと》私、主税、源四郎（進藤）、さあ（源四郎妻、リクの姉。ただし、実はいとこだが、叔父石束源五兵衛の養女）儀も異議なく罷りあり候。……（中略）……

　一、江戸（より浅野大学についての手紙）十八日出、二十二日に当着仕り候。大学儀同日加藤越中守様にて閉門御免遊ばされ候。その身妻子家中、松平安芸守様（浅野本家、広島藩主）へ引取り国元へ差し遣わし候やうに仰せ付けられ、御預けのままに候。近々芸州へ相越され候旨申し来たり、定めて其元へも相違し申すべくと存じ候。
一、右に付き私儀も、爰元《ここもと》支度次第、父子とも江戸へ下向《げこう》仕るべくと存じ候間、左様御心得下さるべく候。在府中もし死亡仕る事も候はば、万に一妻子などへ何様《なによう》の儀御座あるべく候や、この段計り難くと存じ候。その節は見苦しからざるように、よろしく御申付け頼み奉り候。各々様御難儀の段、近頃是非に及ばず、迷惑至極と存じ候へども、今更仕るべきやう御座なく候。不慮に御縁家に相成り、かくの如きの次第、非本意の事ども、……
（中略）……幾重にも御免《おんゆるし》下されたく、頼み奉り候。

事改りたる申上げ事に御座候へども、ただいま迄《まで》かれこれ御懇情忝《かたじけな》き次第、御礼申すべきやうも御座なく候。一度貴顔を得ず候段、残念に存じ奉り候。
一、女ども方へはわざと申し遣はさず候。御手前様よろしきやうに気色《けしき》次第仰せ聞かせ下さるべく頼み奉り候。もしふかくご《（不覚悟）》にて取りみだし候風情《ふぜい》も御座候はば、いかんに《（遺憾）》存じ候。我人《われひと》武士の家に珍しからざる事情にて御座候。御父子の御挨拶の儀御頼み申上げ候。
主税儀、心底心元《しんていこころもと》なく存じ候ところ、存じのほかに丈夫に承り届け、この段千万私大慶に仕り候。御察し下さるべく候。

最早、念《おも》ひ残す儀御座なく候。この上ながら御手前様かれこれご苦身推察奉り候。忝き次第に御座候。何分にもよろしく頼み奉り候。
一、右に付き、かの地へ引っ越し候跡の諸道具、とんじゃく仕るべき儀に御座なく候へども、打捨て罷り越し候段もかへって見苦しく、いかがに存じ候。長持五七さお《（棹）》迄《まで》よりこれあるまじく候。これは其元様《そのもと》へ御引受け遊ばさるるよう、倅《せがれ》ども入用物も御座候はば、何様にも貴意次第遊ばされ下さるべく頼み奉り候。御同心においては、慥《たしか》なる若党下されたく候。……（中略）……

私、相立ち候は来月中と存じ候。支度次第早き事も御座あるべく候。……（中略）……屋敷はしろ物にて借銀仕り候。ほかはいらい（いじる・手入れをする）候事成りがたきやしきゆへ、右の通りにて御座候。

一、右の次第其元にて御さた御座なく候やう（おおっぴらにせぬよう）、何分にもこの上頼み上げ奉り候。委細申し上ぐべく候へども、追々用事取り込み、早々申し上げ候。御一家皆様へわざと申し上げず候。御手前様御了簡次第、御物語遊ばさるべく候。恐惶謹言。

七月二十五日　　　　池田久右衛門

石東源五兵衛様

同　宇右衛門様

（注　池田久右衛門は、内蔵助の変名。石東宇右衛門は、リクの兄・毎明《つねあき》である。）

但馬国豊岡（現、兵庫県豊岡市）は、当時、京極甲斐守高住《きょうごくかいのかみたかすみ》の領地（三万五千石）であり、石東家《いしづか》は代々その家老（千二百石）であった。

この手紙からすると、リクの実家石東家と内蔵助との間には、赤穂藩廃絶以来も密な連絡があり、今年の四月中旬頃、主税と四歳のるりを除く家族が石東家へ引取られたのも、むろん石束家の合意・バックアップの上だったことがわかる。

なお内蔵助はこののち十月七日、いよいよ江戸へ下るに先立ち、十月朔日《ついたち》付で、リクの正式離別状を、右の手紙と同様、舅と義兄の両名宛てで送っている。もちろん、自分と主税の断罪後、連座の罪の及ぶことを極力避けるためであった。

源五兵衛も内蔵助の意を受け、リクとはかって、次男吉之進（＝吉千代　当時、十二歳）を六月に地元の円通寺和尚に弟子入りさせていたが、十月に剃髪、名を祖練元快《それんげんかい》と改め正式に僧籍へ入れた。（在俗の男子十五歳以上になれば、親の罪に連座し、軽くとも遠島流罪は確実だったから。）

源五兵衛は女婿《むすめむこ》内蔵助の遺嘱によくこたえた。内蔵助・主税の死後ちょうど十年、十二歳になった三男大三郎が広島の浅野本家に千五百石で召抱えられることになり、リクや三女るりが共に広島へ出発するのを見届けてから、その年（正徳三年、一七一三年）、七十三歳で没している。（三女るりは、山科の進藤源四郎の養女となっていたが、のち豊岡の母の元へ戻ったらしい。くうと祖練は、上記の吉報をまたず、豊岡で早逝した。なお、二女りよは妾腹で、四歳で夭折していた。）

さて今、元禄十五年旧暦八月末、主税はひとり、母や弟妹に暇《いとま》乞いのため但馬へ旅立った。京都から桂、老ノ坂を越え、亀山、園部、福知山、さらに和田山、八鹿《ようか》と、山陰道を丹波路に入り、更に丹後路を遠方《おちかた》峠越えに、豊岡まで約四十里。半としまえ、身重《みおも》の母リクや吉千代・くうらが通った新緑の山路を、彼はひとり辿ったに違いない。冬は深い雪に蔽われる丹後路も、いま錦秋の装いに燃え立っていたか……。

豊岡城下の家老屋敷玄関に立った主税に対し、祖父石東源五兵衛も母リクも、「この期に及んで何の未練ぞ、早々山科へ引返すよう」と叱責した——と、三宅観瀾《かんらん》『烈士報讐録』をはじめ、諸書にある。

が、むろんこれは事実の全部ではない。玄関先で一応そのような儀式（!?）はふんだかも知れぬ（何という形式的なことであろう！）が、一人が叱責し、一人がまあ、まあ、と取成し招じ上げるという、まことに日本的「たてまえプラスほんね」の二段構え手続きによって、主税は、母や弟妹、祖父たち石東家の人々と、一夜の団欒に、双方暗黙の最期の一ときを惜しんだのであったろう。

主税は、春に山科で別れたときまだ母の胎内にいた末弟・大三郎とも対面しただろう。生まれて二月《ふたつき》たらずの赤ん坊ながら、のちの幕府お取調べのさいの供述書によれば、「色白、目付大きく、目鼻立きれい成《なる》生れ付《つき》、ふとり候て丈夫に相見え候」というこの大三郎の、まだよくは見えぬ濡れ〱とした瞳にみつめられ、また抱きあげてあやしもしたことであろう。

夜はふけた。主税は別室にとってもらった床に入った。眠れようはずもない。

そのときのことを主税は京へ帰ってからか、江戸に下ってのちか、小野寺十内に、次のように語っている。（筆者は、京の瑞光院内の小野寺夫妻の隠宅へ帰着してすぐではないかと想像する。理由はすぐあとで触れる。）——

「夜中に襖《ふすま》が音もなく開いて、誰かが入って来ました。薄目をあけて寝たふりをしておりますと、思いもよらずそれは母でした」

リクは暗がりの枕元ににじり寄り、寝顔をじっと見おろしているようだったが、やがてそっと主税の蒲団の端へ入り添え寝をしたという。

「蒲団を通して、母のあたたかみが通《かよ》って来たように思いました。私は声をかけて母にはずかしい思いをさせてはならないと思い、じっと目を閉じて寝たふりをしておりました。すると、私の目尻からも、涙がにじみ出て仕方がありませんでした」

十二月十三日――すなわち吉良邸へ討入る前日――江戸の小野寺十内から京の妻・丹《たん》に出した手紙がある。その末尾に、主税自筆の短冊《たんざく》を添えて送ることを記している。

「大石ちから歳十五にてせい(背丈)五尺七寸、よろず是にて相応のはたらき、さて〱珍ら敷事ゆへ、たんざくかかせおくり申候、手跡もたっしゃに御座候……。

十二月十三日　おたんどの　　十内」

短冊の歌は

あふ時はかたりつくすとおもへども
わかれとなればのこる言の葉　　良金《よしかね》

主税のこの歌がいついかなる時のことを詠んだものであるか、丹女にはすぐわかることを予想しての十内の書きぶりである。――おそらく主税は、豊岡から京へ戻り、父とのかねての打合せどおりそのまま紫野瑞光院の小野寺夫妻のもとに滞留している間に、十内・丹女老夫妻に、豊岡での母のことをも打明けたのではあるまいか？　少年の心理として、父・内蔵助には何となく告げにくいことも、小野寺老夫妻には言いやすかったのであろう。（もちろん父にも、肉親との団欒の逐一や大三郎のことは告げただろうが、母の添寝のことまでは……）

老十内もまた、明日討死するかもしれぬ主税の形見として、さりげなくこの短冊を、おのれの妻であり歌人でもある丹のもとへ遺すべく——ひいてはいずれ丹からリクの手元へ……と——心くばりをしたものと思われる。

なお大三郎について、内蔵助は、先に引いた手紙を舅《しゅうと》に書いたと同じ七月二十五日、リクに宛てても次のように、その出産とリクの産後の健康をよろこぶ手紙をしたためている。（舅には「女どもへは（江戸下向の近いことや一挙後の心構えなどについて）わざと申し遺はさず候」と書いた内蔵助も、同便でやはり妻宛にも筆をとったのだ。……この事実ほど、この夫妻の仲と、大石内蔵助という人を、おのずから垣間見せているものはないであろう。）

十九日の御ふみとどき、ひけん《(披見)》申候。いまだことのほかのあつさに候て、そもじどの、うちつづきちごころ《(血の道)》もなく、無事肥立被申《ひだちもうされ》候よし、何より〳〵悦入ぞんじ候。やや《(赤児)》事もそもじどの名付被レ申、大三郎と申候よし、ことに生付もよろしく、かハゆらしき子にて候よし、ひとしほの事、くれ〴〵見申たき事とぞんじ候。……（中略）……大三郎事、さだめて

しやわせものニて、のちく〳〵いかやうニ成申候もしれ不ㇾ申《もうさぬ》事とぞんじ候。にやハしき事、
もしいづかたへ成共（養子に）被ㇾ遣《つかわされ》候べく候かと、……（中略）……
いまほどやさかぎおん《（八坂祇園）》おどりゆへ、われら、ちから《（主税）》もまいりミ申候。なかく〳〵なぐさミ
事にて候。ふしミ《（伏見）》のかのおどりも見申、さてもさてもおどろき入たる事ども、そもじどの
へミセ申度《もうしたき》事と、しんとく〳〵ぞんじ出す事どもにて候。
そうめん《（素麺）》とどき参候。見事ニ候ままうれしく候。左兵などまいり候せつ、つかわし候ば、
ひとしおく〳〵見事に候まま、ふうミ《（風味）》もあしからず候。
江戸よりも左右在ㇾ之《これあり》候。さのミよろし《（良）》からずあし《（悪）》からず、きのどくのミにて候。とか
くいんくわ《（因果）》のめぐりあいと、おもふばかりにて候。

かしく

おりくどのまいる　　いけだ久右エ門

おおきな児ゆえ大三郎《だいさぶろう》と母みづからが名付けたという、ほほえましいおおらかさであったが、「殊にかハゆらしき」ときくその末子を「一目見たい」と言い、また、祭好きのリクに八坂祇園まつりなど見せてやりたかったと「しんとしんと（深度々々？　しみじみの意か）思ふ」と記したこの便りが、おそらく、内蔵助が妻リクへ宛てた最期の手紙だったとおもわれる。

豊岡から京に戻った主税は、大三郎について父にも事こまかく目を輝かせて報告したことであろう。

このとし元禄十五年は、八月が二度あった。すなわちふつうの八月と、閏《うるう》八月である。この前後、内蔵助は公私極めて多忙だった。

山科を引払う時が迫っている。ここより直接江戸へ下ることは何かと目立つおそれがあった。彼は、母方の従弟《いとこ》、岡山藩家老・池田玄蕃《げんば》を頼り、近く備前へ移住すると口外し、それまでのひととき、京四条金蓮寺塔頭《たっちゅう》の梅林庵を借りることにした。

私的には、山科西野山の屋敷の処分、生活用具の処分がある。上方同志たちの出発準備・資金ぐり、特に困窮同志への援助その他、これまでその多くは彼独自で用意した金子《きんす》を当ててきたが、それももはや底をついていた。方々の親戚へ借金申入れをしたのもこの頃である。物証にのこっているものでは、少なくとも岡山の池田七郎兵衛・同池田左衛門（いずれも母方の従弟、岡山藩重臣）に各百両ずつ借りている。その他にも同様の無心を他の親戚へ求めたであろう。

一つの話が伝わっている――

例の進藤の本家、京の摂関近衛家の諸大夫をつとめる進藤筑後守へも、内蔵助は百両、借金に行った。廓遊びの浮名をきいていた筑後守は、すこしいやみを言って断《ことわ》ったらしい。内蔵助はひきさがったが、その時、せめて山科の長持一棹《さお》を一時預ってほしいと願った。まあそれくらいは親戚端《ばし》のよしみにしてやってもよい、との返事である。

四ヵ月のち、江戸での吉良邸討入りを聞いた筑後守がハッとして、納屋に捨て置き同然の長持の封印を開けてみると、書画・骨董・書籍・刀剣の類、いちいち宛名の付箋をつけ、知人朋友への形見分けであった。なかにも、預り主の筑後守へは、内蔵助秘蔵の唐物《からもの》香爐《こうろ》が、丁重な贈呈書と共に出てきた、というのである。

閏《うるう》八月一日、内蔵助は京の梅林庵へ移った。まず小野寺十内方へ滞留させていた主税をそこへ置き、自身はなお山科西野山の旧宅へ後片付け傍々《かたがた》しばしば往来している。邸の処分だけでなく、彼にはまだ山科にいくつかの、なすべきことが残っていたのである。盆地の真向い音羽の山々も、この西野山一帯も、急速に樹々が色づきはじめた頃であった。

30　濘谷《しるたに》越え

（まるでおのれ自身の行実《ぎょうじつ》を見るような……）と、内蔵助は心に苦笑しつつ、泥濘《ぬかるみ》を歩いている。暮れなずむ山道に可能なかぎり足元を見定めて、湿りの少なそうなところに踏み出すのだが、それでも自分の体重だけ草履は沈む。右足を引抜くためには、更に左足を力んで踏み込まねばならぬ。どうやら袴から羽織の背にかけて、ずいぶん泥土が跳《は》ねかえってもいるようだ。

雨後すでに数日たっていると油断したのが失敗であった。難渋しつつようやく山越えに花山《かざん》道《みち》に出たころ、山科盆地の空は星がきらめき、向かいの音羽山の上に上弦の月がうかんでいた。

閏《うるう》八月も十日の夕べである。内蔵助は新たに借りた京の四条寺町、金蓮寺《きんれんじ》塔頭梅林庵から、山科西野山の旧居へもどるに、今日は、渋谷《しぶたに》越えの路をとったのだ。

渋谷越え——地元では古来「濘谷《しるたに》越え」と呼ばれている。峠の数丁、常に泥濘《ぬかるみ》がちゆえに、この名が生じたという。

山科盆地から東山山系をへだてた西の京都へは、四つの道がある。北から順に、①三条街道、②この渋谷越え、③滑石《すべりいし》越え、④伏見への勧修寺《かんしゅじ》道、である。

①は東海道で、山科盆地の北端を東の逢坂《おうさか》山から真西に横切り、日岡《ひのおか》、九条山を蹴上《けあげ》にくだ

り、京の七口《ななくち》の一つ粟田口《あわたぐち》から、三条大橋へ出る。②は山科の花山《かざん》から、北の清水《きよみず》山・南の阿弥陀ケ峯の間を抜け、五条大橋に至る。（現在は国道一号線となり、かつ、山の下を東海道本線の東山トンネルが通っている。）③は内蔵助旧居西野山から直接山へ取りかかる間道で、醍醐《だいご》道とよばれ京の七条へ出る。（東海道新幹線東山トンネルは、ほぼこの下。）④の勧修寺道は西野山から南下し、深草馬谷をへて伏見藤ノ森へ通ずる。

　山科西野山が一見、辺鄙な山かげにありながら、このように意外と多岐な交通路に恵まれていることは、事を策する隠栖の場として如何に立地条件がすぐれていたかを示すものだろう。逆に、内蔵助の動静を探る側には、厄介なことであった。

　西野山に住んでいた頃の内蔵助が、最も多く通《かよ》ったのはこの④と③で、④は伏見で同志との連絡や例の墨染撞木《すみぞめしゅもく》町笹屋妓楼への道（西野山からわずか一里である）。西野山から京の街中へ最も近い間道は③の滑石越えだが、金蓮寺梅林庵に仮寓をもってからは②の渋谷越えも使うようになった。梅林庵は四条寺町《てらまち》、錦小路と綾小路の間（現在の新京極）にあり、鴨川に沿って下り五条大橋を渡って五条坂から渋谷越えで西野山へは、もっとも自然な道すじだからであった。

　五条坂の西本願寺大谷本廟の墓域から、山道になる。この辺り「鳥部山《とりべやま》の烟《けぶり》立ち去らでのみ住み果つるならひならば、いかにもののあはれもなからん」云々と徒然草にも記された、昔から京一帯の死骸捨場・火葬場である。深い谷間（いわゆる「大谷」）を埋めつくす卒塔婆や墓石がのぞき見え、それを見おろしてくねる山道に樹々は鬱蒼と濃い。その鳥部山から清閑寺あたりまで数丁の山道が泥濘《ぬかる》むのである。

グジュと踏込む濘土《しるど》に難渋しつつ、（まるでわたし自身の行実をみるような）とひとり苦笑したのは、いかにも内蔵助流だった。

　すでに今という時点から、目の前に迫った一挙までの行実は、一すじの道が残されているばかりである。が、お家（主君と赤穂藩）に突如降って湧いたあの大変《たいへん》から今日《こんにち》まで、一歩進むために体重をかければその分だけ踏込む泥濘の道であった。一方の足を引抜けば次の一歩がまた同様だった。全体としては止むべからざる歩みではあったが、その中には、己れのアヤマチとひそかに臍《ほぞ》を噛むものも無いでない。……その最たるものを内蔵助は、この濘谷《しるたに》の泥に足をとられつつ反芻していた。

（なにゆえに一挙を決議するまでにかほど時日を要したか？　また、それゆえにその間《かん》、萱《かや》野《の》三平その他あたら赤心同志の幾人《たり》かを、犬死という犠牲に追い込んだか？）

（すべてはわたしが、二筋道をかけたアヤマチに発する。そのアヤマチを、大公儀からガッシリ足をとられたがゆえである）

　彼の自問自答はこういうことであったろう――赤穂開城のさい内蔵助は、幕府から遣わされた城受取り目付《めつけ》に、「浅野内匠頭舎弟・大学長広の面目の立つ恩命《おんめい》を」と懇願した。（つまり、いつの日か彼による浅野家再興をだ。）ふつう二度まで許されるところ、死を賭して三度嘆願した。（一説には、開城の翌日、宿舎に出向いて四度目までしたという。）そして遂に目付から「幕閣老中へ願いの旨を披露する」との口約を得たのである。……もちろん、徹底抗戦を！　殉死を！　と血気にはやる藩士を抑えるためもあった。が、嘆願の内容そのものは内蔵助の本心にちがいなかった。しかし、このこと——正式の場で嘆願したことと、目付の口約を得たこと——が、浪士たちの吉良への一挙に、重い足枷《あしかせ》となったのだ。

一方でみずからお家再興を願い入れておきながら、他方でこのことに関する幕府の処理決定を待たず吉良邸へ討入ることは、到底並び立つスジのものでない。(極言すればそれは、コソ泥棒のやり方である。)——もし大学処分の最終決定以前に吉良邸討入りが成功し、上野介の首級を挙げ得たとしても、それでは、彼ら同志の挙は、ただ幕府のウラをかいての私的報復(士ならざる徒党の)にすぎず、天下の公道と義を弄《もてあそ》ぶ結果にしかならない。

残念なことに、同志たちほとんどの頭には、この公理《ことわり》が理解されていなかったように、みえる。——彼ら同志のほとんどが、大学の処分決定以前にあのように「討入り」を逸《はや》り、内蔵助の優柔不断をなじり、遂には内蔵助を置去りにして事を運ぼうとまでしたのは、これを証してはいまいか?

これが発想源第一層(社会通念)からしても理にもとること確かであった。学びて思わざる罔《くら》さ、思いて学ばざる殆《あやう》さがそこにあった。——と言うのは易しいが、わたしども人間は誰でも、おのれを賭けた大事な切所《せっしょ》で往々、この暗さ・危うさに陥る。そして自身にはそれが見えぬ。……今わたしどもが彼ら四十七士個々の行実をみるとき、伝説的虚飾を剥いで見てもなおかつ、よくぞ赤穂浅野藩は小藩ながらこれだけ有能深心な人材を多く擁していたものよ、と感心せずにおられない。が、その彼らにして、なお、発想源においては右の如くであった。

江戸城、松ノ廊下における浅野・吉良双方への処分の片落ちを、天下公道にのっとって訴えるには、どうしても、大学の処分決定を見てのちでなければならなかった。その上で、整然たる出処進退による討入りを実行せねばならない。たとえ不成功におわろうとも、その挙動あってこそ、無言のうちに幕府政道への建設的批判となりうるのだ。ましてや、新しい士道の創出においておや。――これらは、第一層における行実《ぎょうじつ》の真価も、発想源第二層・さらに第三層の発想に深く支えられる必要のあることを示していよう。

いわば、世の人の行実が、ながい歴史の批判に耐えて、人間の志の「義」となるか、ならぬか、は、発想の深度によるのである。その成功・不成功などの結果によるのではない。

内蔵助は危く踏みとどまった。それは彼が、政道や士道を自分のなかで搗《つ》きなおし、世に問いなおそうとする発想源第二層と、自分を揺さぶり、「実」の世を「虚」の視座から相対的にみる発想源第三層をもっていたからだろう。

その上、彼は、同志らの難渋が、ひとえに、自分が放った「お家再興の嘆願」と「討入り」と――この両立しがたい二股かけたアヤマチに発することにやがて気づいた。

それゆえに、この七月末、大学の処分決定を見るまでの一年数ヵ月というもの、彼は世間の嘲笑はもちろん、同志の如何なる疑いも甘受せねばならなかったし、また、幕府が大学の処分を宙ぶらりんにして遺臣の行動を封じる構えに出ても、それを甘受せねばならなかったのだ。

山科の一年有余は彼自身にとっても砥石《といし》であり、同時に、彼らの一挙が義となるかどうかの岐《わか》れ道でもあったのだ。

内蔵助にしてみれば、ほかならぬ自分のアヤマチから発する自業《ごう》自得であった。だが、その業《ごう》が、生活に窮する同志やその家族に、不毛の犠牲の月日を強いた。

赤穂を去り、山科に来てから、西野山を照らす月影は幾度満ち欠けを重ねたことだろう。彼の心も、その月に応ずるごとく、さいなまれの夜々を重ねた。だが、今、かれの心にはっきりとわかっているのは、あの開城の当時まだ自分のアヤマチと気づかなかったことが、今はアヤマチと見えることであり、さらに、そのアヤマチ（＝業）の拡がりに耐え詫《わ》び、かつその波紋のおさまるのを待つことを通じて、「実」の世のすがた、人の心の流転の諸相もまた、全体として、一層たしかな陰翳をもってクッキリ見えだしていることだった。


内蔵助自身はてんで意識しなかったが、それは、古来この国の人々が「境地」とか「境位」とかよび慣わしているものの、ここ一年有余における、変化、であった。境地が深まるとか、境位が高まるとかいうふうによく使われる。が、高まるというのは誤解をよびやすい、と筆者はおもう。境位は、身を押上げる上昇気流のなかでは決して高まらない。むしろ、自《みずか》ら下降することにおいてのみ、真実の深まりを結果するものでなかろうか。

それは内においては「自らを揺さぶる」ことによって、外からの力作用としては「踏まれる」ことによって、——この二つによってのみ、はじめて砥《と》がれ・深められる、人間の、魂の領域にぞくすることがらである。

大石内蔵助四十五年の生涯において、最後の「山科の一年有余」がおおきな意味をもつのは、発想源第三層からいえば、一《いっ》に右の点——境位の急速な深まり——にある。

そして、かれがその歳月を置いた「西野山」の地は、昼行灯《あんどん》といわれた彼が同志を率いて日本民衆の心の行動史に残した唯一の作品たるあの一挙の、発想源——すなわち「実」において敗れ「虚」で勝つ「蜩《ひぐらし》の構え」(一九一〜一九二ページ)——を育てた直接の地であるゆえに、後世の民衆にとって忘られぬ、いわば「心の歌枕」ともなってゆくのだ。

人間は、仏種《ぶっしゅ》もふくめさまざまの種子《しゅし》をいだいている。一人の人間の資質は水界のようなものだ。種子は水を得て発芽する。が、いかなる種子も、さらには水界も、地界を得なければ、その種子を生長させ・増殖することはできない。逆に、いかなる地界も、水界を得なければ、もろもろの種子を生長させ・増殖させることはできないのだ。

大石内蔵助という水界と、山科西野山という地界との、出会いの意味はこういうことであった。

が、いま内蔵助は、そんなことなど思ってもいない。

(どうやら私のぶざまそのままであるような……)

と濘谷《しるたに》越えに背中へ泥をはねながら微苦笑の最中であった。(そうして、みずから「可笑」と号した彼のこのクセは、切腹の日まで変らなかったようである。)

じつは彼の微苦笑の底に、もう一つの私的事情があった。——きょう梅林庵で初めて明かされ知ったことだが、どうやら、お軽《かる》が身ごもったらしいのである。

春に妻リクらを但馬へ送ってほどなく、身の周りの世話をする女手のない西野山の宅へ、お軽を入れた。進藤源四郎と小山源五左衛門の世話であった。京二条寺町の二文字屋次郎左衛門の娘で十八歳である。実家から西野山へ通う日もあり、ときに泊めることもあった。内蔵助は、この控え目で芯の通った心くばりのできる初々《うい》しいお軽を、いとしんだようだ。つまりは側妾だが、山科を引払い四条寺町の梅林庵へ移るさいも、連れていった。実家も同じ寺町二条で近い。

そのお軽が身ごもったというのだ。

濘谷のぬかるみに難渋しながら、内蔵助の心の片隅に、ぽっとぼんぼりの灯《とも》った気配を彼はかんじる。(また一つ業《ごう》の種子《たね》を蒔いたか、この期に及んで……)。そうみずからの可笑《わらうべき》をかえりみながら、身の奥からほのぼのと立ちのぼるものを抑え得ないのだ。(但馬で生まれた三男大三郎の顔さえ自分は知らぬ、それが今またここに一つの生命《いのち》が、まさしく自分のこの世への置き土産《みやげ》のように、ひとしれず息吹《いぶ》きはじめているという)……ふしぎな敬虔なおもいが彼の心を湯のように溶かす。

余談になるが――、お軽は内蔵助の切腹後、出産した。男子だったという。討入り直前、彼は京の寺井玄渓《げんけい》(元、赤穂藩医。京に町医となって、終始同志らを援助した)宛に、「この期に及び二条出産のこと気がかり」であること、「生れ来る子が男子なら野郎(無頼者)や女子ならば売女などに身を堕《おと》すことのないよう、相応の金をつけ確かな処へ(養子として)つかわしてほしい」こと、

「ただこれのみが冥途の障《さわ》りに御座候」と頼み入っている。もちろんこの男の子は、父の名も知らぬまま、市井で平凡に天寿を全うしたことであろう。（一説に、長じてのち吉兵衛良知《よしとも》と名のり、筝の名手となって大坂でその道で立派に立ったという。その後、九州の伊万里《いまり》に下り、五十二歳で没した。墓もその地にある、と伝える。）

さて、山科西野山の旧居は、男山八幡宮大西坊の現在の住職・証讃《しょうさん》（先に述べた内蔵助の養子・覚運の師僧）に譲渡することとなり、その手筈も済んでいる。

江戸下向を目前に控え、またあわただしく京の街中に庵を借りたのは、この西野山から直接江戸へ向かうことは何かと目立つ怖れがあったからだ、と前に書いた。じっさいこの件について、具体的な困った事情が足元に出態していたのだ。

事情は次のようだ――

いわゆる同志たちのうち、京と山科に身を置いていたものは二十余人、伏見には十人ほど居たことは、「15　狐火」でふれた。京の玄関先であり東西交通の要衝である伏見が、彼らの連絡地として最もひんぱんに使われたのも先に見たとおりだ。ところで、伏見は幕府の天領で、伏見奉行の支配下なのだが、当時の伏見奉行（元禄十二年来）は建部《たけべ》内匠頭政宇《まさいえ》という人で、（近世伏見の発展の基礎を築いた名奉行として、昭和の現代まで地元から追慕されるほどの人だそうだが）、赤穂と近い同じ播州の林田（一万二千石）の藩主。だから建部と浅野双方の家臣のなかには親戚同士もいた。

ところがこの建部内匠頭が、何と、吉良上野介と親戚関係にあったのだ。同志のひとり糟谷《かすや》勘左衛門も、赤穂退去後伏見に居を定めていたのだが、糟谷の娘が建部の家臣に嫁いでおり、その聟《むこ》が主君について伏見に在番していた。お互い往き来するうち、仇討計画のあることが洩れてしまった。

すぐさま江戸の吉良へ通報がとぶ。そして伏見に居る同志たちへの奉行所の見張りは一段ときびしさを増していたのである。（さらに、伏見奉行の管轄外とはいえ、ほど近い山科西野山の大石邸も……。）

――これが、ちょうど浅野大学広島お預け決定前後、そして、内蔵助が、円山会議後ただちに大高源五・貝賀弥左衛門を使って、同志らの真意再確認に廻らせていた、七月末から閏《うるう》八月にかけての、伏見の事情であった。

現在、記録によって、上方《かみがた》同志の「脱盟」は続々とつづいたことがわかる。閏八月―九月の主な者は左のとおりだ。

閏八月七日　田中権左衛門　脱盟
〃　八日　進藤源四郎　脱盟
〃　九日　糟谷勘左衛門、岡本次郎左衛門　脱盟
〃　十日　小山源五左衛門　脱盟
〃　十二日　大石孫四郎、山上安左衛門　脱盟

〃　十五日　多川九左衛門　脱盟
〃　二十日　多儀太郎左衛門　脱盟
〃　二十四日　平野半平　脱盟
九月　五日　杉浦作右衛門、梶半左衛門、田中序右衛門、田中代右衛門、近松貞六ほか　脱盟
〃　十七日　井口忠兵衛、井口庄太夫　脱盟
〃　十九日　岸善左衛門　脱盟
十月　一日　佐々小左衛門　脱盟

すでに三々五々江戸へひそかに下りつつある同志がいる一方で、脱盟者はつづいた。

右のうち、進藤源四郎・小山源五左衛門・大石孫四郎は内蔵助の親族であり、その脱盟に到る事情は、「17　密約」で筆者の推理したところだから、繰り返さない。

おもえば、あの昨年三月十九日、赤穂へ主君の刃傷事件が早駕籠でもたらされて以来、毎日毎夜の会議もまとまらぬまま、ともかくも、城明け渡しの暁に「浅野家菩提所・花岳寺に於て追腹《おいばら》（殉死切腹）」、を申し合わせた重臣は、左の六人であった。

大石内蔵助、番頭（組頭）奥野将監、物頭河村伝兵衛、同進藤源四郎、同原惣右衛門、
同小山源五左衛門

このうち今、実動隊メンバーは、内蔵助のほか、すでに江戸へ下っている原ひとりとなった。

さて今、問題は「伏見の同志」たちである。

元来、伏見には、右の小山源五左衛門を筆頭に、糟谷勘左衛門・菅谷半之丞・田中序右衛門・岡本次郎左衛門ら、十人ほどいた。

それが何と、菅谷半之丞《すがのやはんのじょう》ひとりを除いて、すべて脱盟してしまったのだ。（菅谷は、内蔵助が梅林庵へ入ると同時に、同じ塔頭の永福庵へ移った。）

偶然、そうなったのか、ともあれ、あまりの壊滅ぶりである。——果して本人たちの意志そのものによる脱盟であったか？　それとも、（小山源五左衛門に広島の浅野本家韜晦《とうかい》の事情が伏在したごとく）、伏見奉行所の見張りのきびしさから伏見を動くことができず、これまた、伏見奉行所韜晦のための脱盟が、内蔵助との密約として存在せざるを得なかったのではないか？（伏見の同志たちが仮寓から次々と姿を消すことは、一挙そのものに致命的ヒビを入れる危険性があったゆえに。ただ菅谷半之丞（四十四歳）ひとりのみは京の内蔵助のもとへ移り、共に江戸へ下ったのは、彼が赤穂藩随一の山鹿流兵学者であり、いわば一挙の特攻隊にとって、不可欠の参謀要員であったためかもしれない、と筆者はおもう。）

記録は何も語らない。

その間《かん》の事情は一切不明のまま、ただ「脱盟」の汚名だけが、彼らの背に残った。

一つの志が世に出るまでの、濘谷《しるたに》越えのぬかるみは、内蔵助一人のものではなかったのだ。

31　山科晩秋

九月に入った。

閏《うるう》八月を設けて調整せねばならなかったこの元禄十五年というとしの季節の流れは、ことに後半期、残暑と爽冷が綯《な》いまざり、行きつ戻りつ、ながく感じられた。が、今ようやくに日本六十余州、海辺も町々も山里も、地域差はありながらそれぞれに、晩秋から初冬へのしずかな歩みのなかにあった。

ここ山科西野山岩屋寺一帯の樹々も、あるいは葉を落とし、紅《くれない》ばみ、その中で、他の季節には周りの緑に溶けこんで目立たなかった一本の公孫樹《いちょう》が、全身をあざやかな黄一色にかがやかせ、その巨きさを現わしていた。

内蔵助はあいかわらず京四条寺町《てらまち》の梅林庵と、この山科西野山の旧居とを往き来している。あちらに居ると見えていつのまにか姿を消す、そしてこちらに二、三日姿を現わす。

そうすることで、いずれかに居ることを（すなわち江戸へ下っていないことを）、外部へ印象づけるためもあった。

それほどに、伏見のことがあって以来、奉行所の見張りの眼が、たえず身辺に注がれている気配が感じられるこの頃であった。——山科は元来、京都代官奉行の管轄であった。が、それも中世以来の「禁裏御料」地の性格から、万事ごくゆるやかなものだったことは、「10 鮒（その二）」や「15 狐火」でふれた。しかし今、むしろ管轄外の伏見奉行所の方の眼が、山科西野山をヒタと凝視《みつめ》ていたのである。

昨夕からまた内蔵助は、西野山にいた。

むろん邸はすでに男山八幡宮の大西坊へ譲渡済みであり、家財道具もみな処分して、空家のまま戸を閉めきっている。が、離れ座敷のみは、留守番を装って下僕を住まわせてあり、いささかの日用品も置いてあった。

梅林庵へ移ってわずか一ヵ月あまりだが、下僕にもわざと手入れをさせず落葉の積もるに任せた庭は、いかにも人の栖み捨てた荒れを示していた。昨夜すこしぱらついた雨が庭草の上にまだ残っている。

昨年かれが此処に入ってから、赤穂でと同じく植付けた幾種もの牡丹も、今春一度その花を賞《め》でてからは、未だ霜除《よ》けもせず放置してある。葉を落としたまま乱れ交叉するその株々が、殊にも彼の眼にとまる。

しばらく庭を散策していた内蔵助は、ふと思い出したように離れ座敷へあがり、机に向かって硯箱をあけた。

この間は御無音に罷り過ぎ候ところ、御手紙拝見せしめ候。いよいよ御無難の御事珍重に存じ候。しかれば明十一日御茶の事仰せ下され候、まずまず忝く存じ候。参上をもって御礼申し述ぶべく候ところ、不本意に御座候へども、下拙《げせつ》儀も京住居《きょうずまい》成りがたく候ゆえ、近々在辺へ引っ越し申し候。右に付き何かと用事も多く、得参上申すまじく候間、御免下さるべく候。右御報ながら御礼かたがたかくの如くに御座候。

九月十日　　大石内蔵助

三宅多中様

返す返す自由ながらかくの如くに御座候。よろしからず候へども、ぼたん二、三種、御引き取り下さるべく候。明後日頃からにても、御勝手に御人遣はさるべく候。

三宅多中《みやけたちゅう》が何者かは現在わからない。おそらく此処に来て知りあった風流を解する人であったろう。山科を退去する内蔵助に、送別の茶席を設けようと招いたとみえる。内蔵助は謝辞と共に、遺愛の牡丹を、彼に掘起こしもらってくれるよう、認《したた》めたのだった。

机の前に東面して明け放たれた障子のむこう、梢に点々と赤い実をつけた柿畑越しに、近江との国境をかぎる音羽《おとば》の山々の嶺線が秋光をはねている。真正面に行者《ぎょうじゃ》ケ森、右手へ高塚山・醍醐《だいご》山、左方、なだらかに低くくだる一角は小山《こやま》、東海道の追分《おいわけ》、逢坂ノ関……。

そうして、その手前に山科七郷十七ヶ村——盆地の村々が、いま、収穫の季節を了え、刈田のところどころに藁焼く煙をなびかせながら、こっぽりと、晩秋の日だまりの中にあった。

一年余ではあったが、内蔵助にとってこの山麓のこの机から望む風光は、四季それぞれに、もはや身の一部となってしまっている。

ひそかな苦悶の日夜、月はあの嶺々から彼を照らし、新しい陽もまたあの嶺線から昇った。青くかわり黄に変る盆地の村々の風景もまた、彼の心を、悠久のなかの人間の営みとして慰めつづけた。

三宅多中へ短い書簡をかき了えた彼は、いつものように音羽の山々のうねる嶺線へと眼をはなった。

と、ちょうど正面の行者ヶ森の麓、大塚村のあたりの奈良街道を、蟻のように右方―南へ動いてゆく行列に気がついた。

奈良街道、と地元山科で呼んでいるその道は、この当時、東海道のいわばバイパスであった。――近江の大津から西行して昔の逢坂ノ関を越えた東海道は、山科の追分《おいわけ》で二手に分岐する。「みぎは京みち　ひだりはふしみみち」の道標が立つ。本来の東海道はむろん山科の北部を、四ノ宮―竹鼻―厨子奥《ずしおく》―日岡の村々を横切り、京の三条へ向かう。が、参勤交代でかよう西国大名たちの京都通過を嫌った幕府は、山科追分から盆地の東麓沿いに南下し、醍醐を経て直接伏見への道を開いた。伏見から船で大坂へ出たい大名にとってもこの方が近道でもあり、ほとんどの西国大名はこの奈良街道を使う慣わしとなっていた。（伏見のがわからは大津街道とよばれた。もともと古代に天智天皇の都が大津にあった頃、大和とをむすぶ古道がこれであった。）

むろん盆地の西端西野山の山腹からは、奈良街道をゆく人は粟粒《あわ》の如く、馬は米粒の如くにしか見えない。が、百人を越える行列となると、むろん紋所など見えぬまでも、それら粟粒・米粒の一団がゆっくりと街道を移動してゆくのは確認できる。

今日もまたそのような、おそらく参勤交代で国許へ帰る西国大名の、どこかの家中が、そこを通ってゆくらしかった。

そうすると、この九月一日、播州赤穂に、新しい領主が決定したことが思いだされて来た。幕府は、同日付で、下野《しもつけ》国烏山《からすやま》藩主・永井伊賀守直敬に、三万三千石を以て赤穂へ転封を命じたのである。昨年四月十九日の開城から一年五ヵ月、ここに浅野旧家臣団にとって、赤穂は全く帰るべき故郷ではなくなったのであった。

奈良街道をゆく大名行列の粟粒は、おかしいほどゆっくりと音羽山の麓を移動していた。

内蔵助の無表情の眼がそれを眺めている。


上方《かみがた》の同志たちは、この間《かん》、二人、三人、また単独でと、ひそかに東海道を江戸へ下っていった。それらの情報を逐一把握し指令も発しながら、内蔵助はまだ京を動かない。

九月中旬の或る日、彼は主税《ちから》を伴って男山（石清水）八幡宮へ詣でた。主税にとって今度の江戸下りはいわば初陣《ういじん》である。大石家とは累代縁の深いこの八幡宮へその報告と祈願に参詣することは、かねて主税との約束であった。おわって、主税を先きに京の梅林庵へ帰した内蔵助は、八幡宮山頂に近い一坊——大西坊の一室で、若い住僧といま一人老齢の武士と三人、何事か夜更けまで内談の刻《とき》をもった。僧は大西坊覚運——すなわち内蔵助の養子となっている従弟《いとこ》。老武士は内蔵助と覚運の双方にとっての叔父——すなわちすでに密約のもとに脱盟して上方《かみがた》に残留する、小山源五左衛門であった。

数日後、主税は、父に代り、江戸へ先行することになった。

内蔵助に対する伏見奉行所の眼は、依然、張りついて離れぬ気配であり、父子同行で東下することは殊に目立つおそれがあった。一方、江戸では同志たちが首領の来府を今日か明日かと待ちあぐねている。これ以上の延引は彼等の動揺をまた引き起こす懸念もあった。

そのとき、

「さし出がましい申し様ながら、私が先に下れば、同志の皆様も安堵されるのではありますまいか、父上の東下も確実に真近かと……」

主税がそう提案したのだ。

あっぱれの言い分であった。十五歳の子に教えられ、即決、実行となったのだ。

九月十九日、主税は、小野寺十内の息子・幸右衛門、大石瀬左衛門ら、五人の同志と共に京をあとにした。


十月一日、内蔵助はまた、ふい、と山科西野山に現われた。そうしていつものように離れ座敷にこもって筆を執った。

それは、妻リクへの正式の離別状であった。

宛名はリクの父と兄である。

一筆啓上致し候。其元各様《おのおのさま》　御堅固に成らるべく御座なり珍重に存じ奉り候。拙者儀、異《こと》無《な》く罷《まか》り在り候。

一、先比《さきごろ》も粗《あらあら》　申し進ぜ候とおり、拙者儀上方《かみがた》の住居段々勝手も難儀致し候、其上少々存じ寄りも御座候に付き、近日田舎へ罷り越すべくと存じ候。暫《しばら》く滞留致し候覚悟に御座候。夫《それ》に就き、妻女儀、其尽指《そのままさし》置き候も心落ち申さぬ儀御座候に付き、此度返進《へんしん》致し申し候。各様へ対し、又は妻儀、不届御座候て、かくの如く申すにて御座無く候。拙者一分《いちぶん》の存じ寄り御座候に付き、此の如くに御座候。

右、御意得べきため、八幡山より飛脚進上申候様、申付け罷立申す事に御座候。恐惶謹言。

大石内蔵助（花押）

十月朔日

石束源五兵衛様

石束宇右衛門様

人々御中

むろんこの「妻女返進」＝離別は、一挙後の連罪を極力避けるてだてであり、この書簡そのものが外部への証拠品となるのがネライだろうから、文面もそっけない。三三七―三三九ページに挙げた七月二十五日付石束父子宛書簡がホンネ、こちらはタテマエということだろう。注意すべきは、内蔵助がこの離別状を、主税が江戸へ下るのを見届けたのちに、はじめて認《したた》めていることだ。そして、江戸で合流してからも、主税にこのことを告げなかったらしい。討入り後、父子は別々の大名にお預けとなったが、切腹に先立ち提出させられた「親類書」の中に、主税は、母の事も記している。が、内蔵助はむろん妻の記載をしていない。さていま、西野山で妻リクの離別状をかき了えた内蔵助は、下僕をよび、これより直ぐ、大切な急ぎの封書二通を男山八幡大西坊へ届けるよう指示した。そうして「ながなが苦労をかけたが、今夜は男山で泊まり、その後のそなたの身のふり方は大西坊から受けてくれるよう」と言った。

その夜、月の無い西野山にフクロウの声がひびいていた。闇の中を無紋の提灯《ちょうちん》が登って来、離れ座敷へ吸われた。

うすぐらい行灯《あんどん》ひとつをはさんで、内蔵助と、先ほどの提灯の主——進藤源四郎との話は、途切れ、また低くつづいている。

「そうでござるか、数日以内にご東下と……。わかり申した。爾後の万般、お案じ召さるな」

「17　密約」で記したようないきさつで脱盟した源四郎は、①山科に残り、内蔵助ら五十人ほどによる「実働隊」討入りの首尾を見届ける。②もし不首尾に終ったさいは、奥野将監《しょうげん》（この人については、のちにふれる）・小山源五左衛門らと今後策（再挙の可不可など）を謀る。——もちろん失敗した愚挙はあくまで、内蔵助ら一味が、老臣らの諫《いさ》めをふり切り、たばかっての、暴走的企てであった、と表明しつつ、である。

——そういう暗々の段取りだった。そのさいの証拠となるような文脈で、あの八月の進藤・小山の「脱盟状」は書かれていた。（左のとおりだ。傍点は引用者）

私儀存寄《ぞんじより》御座候に付御手を離れ候間、左様御心得被㆑成可㆑被㆑下候。御身寄之私儀殊に預㆓御懇意㆒処、如㆑此存寄候儀無㆓是非㆒存候得ども、此度の召立是竟心底に落不㆑申候故如㆑此度御座候。以上。

壬八月八日　進藤源四郎

大石内蔵助様

拙者儀只今迄何も様御同志にて罷在候得共、各《おのおの》様思召寄《おぼしめしより》と拙者存念相違之儀共御座候。依㆑之存寄も御座候間、乍㆓心外㆒御手をはなれ、拙者儀は一分之了簡立可㆑申候。左様御心得可㆑被㆑下候。右為㆓御断㆒如㆑此御座候。以上。

壬八月十日　小山源五左衛門

大石内蔵助様

すでに繰返し述べたように、このたびの一挙、ただ実働隊のみならず、その周りに、卵の白《しろ》身《み》のような、二段三段の「陰《かげ》」なる集団の、情報・韜晦《とうかい》・支援をふくめた、重層作戦行動が存在した。（……というのがこの稿の筆者の考えだ。）

「あとあと、いこう御苦労をおかけいたしまする」

内蔵助は頭を下げた。

源四郎、どこまで予想しているか、……あのまだ残暑の七月末、源四郎宅で二人の間に「密約」が成ったとき、「かぶって下さるか、泥を！」と手をついて謝する内蔵助に向かい、源四郎は、こころ昂揚して、こう言った――

「いや、泥ではござらぬ。臆病者よ裏切りよ、と呼ばるるが何でござろう。人の値踏みは所詮はかないものでござる。短き人の一生、まこと己れに深くうなづく一つだにあらば足りましょう」、と。

まことに、可言《かげん》と号した彼の、その言や、良し。――源四郎には相手の赤心に感応するひとがらのよさはあった。それだけにまた、自分の言に酔う傾向も、なくはない。

だが、人は一時の極度の艱苦には耐え得ても、日常絶え間なく持続する人間《じんかん》の締めつけには疲れるものだ。まして十年、数十年、いや、おのれの一生のみならず、子々孫々まで臆病者裏切り者と指さされる汚名が、現実にどんなものか、……この時点で進藤源四郎には、まだ想像的実感が及ばない。

また、可笑《かしょう》と号し、うきと戯れに名のった内蔵助ほどに、自身をふくめた人間というものの弱さと、人の世の可笑《おか》しいかなしさを、ヒョイと虚空に泛《う》かべ観ずる、発想源第三層が発達してもいない。

源四郎の意識ではまだ、実働隊となって身を捨てる者も、生き残る自分たちも、共に一つの志の一味分担である。同じ一つの卵の殻の中の黄身と白身である。それはまさにその通りであり、あのとき内蔵助も「現実に討入る者は、志ある者の一部でござる。多くの心々に支えられての鉾先《ほこさき》にすぎませぬ。その思いしかとなくては到底われらが本懐《ほんかい》は遂げられますまい」――そう言った。

しかし、無責任な世の人心というものは、別だ。その集積である世間の口端の波涛は、予想せぬかたちと方向から人を襲い、足を攫《さら》う。そこで転倒したきりにならぬためには、よほど己れ孤《ひと》りの心の芯に、持続する波涛とは異質な発想源が据わっていねば、むずかしい。

だが源四郎には、仮りに一挙が成ってのちも、死者も生き残ったものも、世間から同質にみなされるという、安易な思い込みがある。（つまり、内蔵助のいう「泥」「苦労」の意味が、いまひとつわかっていない。）そのくせまた一方で、表向き脱盟した以上、連罪の可及からすら遠くにいるような意識もある。

そこに、源四郎という人の、どこか性根の甘さがあった。――世の人心というものが、一挙成就という卵の殻の割れた刹那から、同志のうち死者（黄身）と生者（白身）とを、「天の輝き」と「地の泥」とに分断しようなどとは、予想もしていないのだ。

それのみか、いま内蔵助とこうして二人だけで対座していて、死に往く者にたいして生き遺るものが本能的にもつ、一種のくすぐったい余裕的気分さえ、彼は感じていた。

「内蔵助どの——」

と、彼は神妙な抑えた声でいった、

「……何か私的にも承っておくことがござるならば……」

彼の顔はいつのまにか内蔵助にたいして、亡父（大石良昭）の従弟《いとこ》であり、叔母の夫（良昭の妹が源四郎の先妻）、そして今は相婿《むこ》＝義兄たる、近親長上者のわけ知りがおになっていた。

「——いささか。一、二、ござる」

内蔵助は目にまぶしげな笑みをふくんで、源四郎を見た。

「いや、これさえ妄執ながら……」


「じつは、伴う面々のことでござる。

冷光院様御霊《みたま》のご供養については、すでに赤穂の華岳寺、京紫野の瑞光院、江戸の泉岳寺、それに高野山。ともかくもそれがし、心及ぶかぎり仕《つかまつ》ってござりまする。

が、こたびの一挙、もとより陪臣《ばいしん》の身で大公儀に楯つく謀叛、隠れもなき大罪にござる。面々、身の極刑はもとより承知。まして、墓一つ望んではおりますまい。

されど、わが身はさて措《お》き、主謀のこの内蔵助としては、かれらの不憫《ふびん》、如何にも心に懸かります る。遺族とて皆生計《たつき》に窮する身。——できうるならば、共に死する面々合同の供養塚一つ、ゆくゆくは菩提《ぼだい》の庵一つ、ひそかに造り置きやりたく存じまする。

すでに赤穂は新しい御領主も決まられた無縁の地。江戸も京も、大罪の一味には憚《はばか》りがありましょう。

源四郎どの、――でき得ればこの西野山の此処の一隅、……いかがでござろうか。八幡山大西坊に譲渡いたしたも、じつは一つにはこのねがいもあってのこと……。

いや、名など遠慮いたしましょう。

合同の、小さき供養塚ただ一基。そう、さりげなく、自然石の……。しるしの文字も、四文字でようござる……」

「四文字、して、何と？」

内蔵助は微笑した、

「――倶會一處」

「くえいっしょ？」

「さよう。倶《とも》ニ一処ニ会ウ。――すぐとは申しませぬ。幾とせかののち。……そして、おそらくは三十三回忌を迎える頃には、世のうわさも風化されましょう。そのときは一庵となしても、さして憚《はばか》りはありますまい。

大西坊とおはかりいただけますまいか？　もし、貴邸にお預りいただきおります四歳のるり、長じてのち志あらば、剃髪、庵主として守らせてもようござりまする」

源四郎はしきりにまばたきをくりかえしている。――彼は頭の中で三十三年後の自分の齢を指折っている。すでにこの世にいる可能性はうすい、というふうに考えているのではない。ただ、生きていることを前提に、齢を数えているのである。八十を越えるか……と。

そして、微笑している内蔵助の眼にゆき当たって、またせわしくまばたき、とってつけたようにウーン、と言った。

「いま一つ、ござる」

行灯のむこうから内蔵助の声がした。

32　捨てられたものの道

「供養塚のこと、相わかり申した。

大西坊　証讃《しょうさん》どの、小山源五左衛門どの共々、この源四郎、しかとお引受け申す」

「忝《かたじけ》のうござりまする」

内蔵助は深く頭をさげた。

「して……、いま一つ、とは？　何でござる、くらどの」

源四郎の問いに、内蔵助はちょっと視線をはずして
「いや、たいしたことではござらぬ。

つまり、その、ザンゲでござる。言わでもがなの……。

ま、もそっと、おくつろぎ召され。

いろざんげでござるよ」

言いつつ立上り、厨《くりや》のほうへ姿を消すと、やがて一升徳利を片手に、もう一方で湯呑茶碗と味噌と箸を載せた盆を捧げて、席にもどった。口元がほころんでいる。

（一体、この内蔵助という男の構造はどうなっているのか）

源四郎は、翻弄されているような気持になってきた。が、トクトク、と茶碗に注ぐ内蔵助の手元をみながら、さりげなく声を低め

「二条のことでござるかな?」

と言ってみた。

もともと、妻リクを但馬豊岡の実家に帰してからの内蔵助に、二文字屋の娘お軽を世話したのは、この源四郎である。

「あ、それもござる」

内蔵助はあっさり受けた。

「じつは身ごもっておりまする。……が、あれのことは万事、寺井玄渓《げんけい》老に頼み置き申したゆえ、心配御無用にござる。

いや、拙者いま、ザンゲと申したは、むろんそれらを引っくるめての事でござるが……」

自身も茶碗を口元に運びながら、まぶしげに彼は、次のようなことを語り出した。

「あれは、そう、今年の正月すぎでござったか……、リクが急に、梅の樹を植えてくれ、と申したことがござっての。移植の季節でもなし……となだめても、一向に聞き入れませぬ。『いいのです』、きっぱりと思いつめたようにそう申しますのじゃ。——枯れてもいいというのか、何でもいいから二人して今そういうことを一緒にしておきたいというのか……。

とにかく、まだ苗木のような実生《みしょう》の一本を近くの藪で見つけ、掘り起こし運び植え申した。

さよう、好運にも根づいたようでござる。其処の、寺の崖下に」

内蔵助は顔を、障子越しに夜の庭へ向けて、言った。

「いや、むろん、来春も花はまだむずかしいと存ずる。……が、リクを送りましてから、どうもあの『いいのです』――それを言うたときの声や、まなざしや、ふり向いた身のこなしまでが、まなかいに立ってなりませぬ。

どう申せばいいか、――十六年連れ添うたリクの面影というものが、あの一瞬のすがた、いや、あの音声一つ、に凝って想わるるのでござるな」

源四郎、（これはこれは）と少し苦笑しつつ、顔をうつむけている。

内蔵助はまったくおかまいなしにつづける。

「ところがでござる。

つい先日、梅林庵でお軽から身ごもりを知らされた時、――そう、もはや二条の親元へ帰そうと話を決めたさいでござる――、その時、あれは、申してござる、いいいいのです、と。……置き捨つるを詫びるそれがしにむかって。

全く同じでござった。そう、全く……。

一瞬、身ぜんたいで発した、その声も、ふり向け仰いだまなざしも、身のこなしも……。

源四郎どの、笑われましょう。

たしかにそれは、リクという妻であり、お軽という女ではあり申した。――お軽の奥にリクを重ねて見たゆえと申されまするか。いや、それもあったやも知れませぬ。が、その時それがしの耳を搏《う》ったのは、そう、もっと遠いところから来た声でござったような……。

それ以来この内蔵助には、一つの声、いや、もはや音《おと》といってようござる――その音が、この山科の深い青空を見るにつけ、西野山の藪風を聴くにつけ、梵鐘の如くひびいてやまぬようになり申した。いいのです、と……」

「何をしてやれたか……そう思うと、一つに凝ったその音に、苛《さいな》まれるようにも思えまする。が、可笑《おか》しいことに、かたわら、その音一つにこの身が支えられているようでもある……。

源四郎どの。男とはつまるところ、女にとって何でござろうかの？　男はみな、女の身を過ぎてゆきまする。しばしその中に憩い、やおら身を起こすと、忘れものを思い出したごとく、己れの存念の懸かる虚空へと馳せゆきまする。女をふり捨てて。

そう、ふり捨てて……。が、置き去られる女のほうは、それらすべてを身の名残りと肯《がえ》んじつつ、己れの身のうちにそれらを引受け、育て、生きてゆくのでござろうか…。

いいのです――。その言葉、いや、ことばというには余りに透ったその音は、男のすべてをゆるし、世のあらゆるものごとを、究極、肯定するところから生まれる声、……女性《にょしょう》といういのちからじかに発する最奥の音色なのでござろうか……。とはいえ、それは余りにも、断絃《だんげん》の音《ね》に似ており申す」

内蔵助の声は、すでに目の前の源四郎の存在を無視するごとく、徐々に独り言のけはいをおびた。

「私ひとりではござりませぬ。同志、みな、妻あり、母あり、幼い子女あり。それら、ふり捨てらるるもの、みな、いいのです――この音を発さねばならぬ。源四郎どの、男とは、むごいものではござらぬか。たとえ世の定め、武士のならい、とは言い条……。この内蔵助、ずいぶんと男の罪をつくり申す」

語尾をくぐもらせ、声は途切れた。

「もともと、われらがこたびの一挙、無視され・切捨てられた者たちの、声なき声、その代弁とならんがための謀叛でござる。

だが、その立場に立つとき、更に、己れが捨つる立場にあることも見えて来申した。捨てらるる者の下に、まだ、その者からも捨てらるる者が、居り申した。女性《にょしょう》でござる。われら、捨てらるると同時に、捨つる者でござった。

源四郎どの、――世の底はなかなか見えぬものとみえますな」

内蔵助の瞳は、しづまったなかに一瞬、するどい光を放った。

彼は膝の傍らの徳利を引寄せ、そっと茶碗に傾けた。そうしつつ、また深い思念のなかへ沈んでゆくようだった。

「七月に、若い同志・橋本平左衛門は大坂新地の遊女と心中し申したが……。あれも又、己れの視点が盲点と重なるわれらへの、一つの批判であったやも知れませぬ……」

あんどんの灯がかすかに揺れている。

遠くの闇でフクロウの声が又した。

源四郎は、別の思念にとらわれだしていた。

（どうもやはり、まずかったのではなかろうか……、この内蔵助で果して実働隊が成功するであろうか？）という不安である。

浅野遺臣団の一挙というかたちである以上、筆頭家老を首領に置くのは最善にはちがいない。が、内蔵助は所詮、吏《り》（役人）だ。机の上の男だ。そのうえ、どうにも綿を掴むような頼りなさが抜けぬ。赤穂開城はあれでよかったろう。が、討入りは果敢な実戦だ、その統率者として果して……と源四郎は思うのだ。

――元来、全体が武士団である藩も、泰平のつづく世では、職制も、実質上、文（行政官）と武（軍官）の二系に分かれていた。

武の統領は、家老ではなく、組頭《くみがしら》（番頭ともいう）なのだ。（組頭はいわば連隊長で、その下に大隊長に当たる物頭《ものがしら》＝足軽大将があり、それぞれ、足軽頭・持筒頭などとなって、中士・下士・卒＝足軽　を率いて軍組織を形成している。進藤源四郎・小山源五左衛門らはこの物頭だ。）

当時の赤穂藩では、家老四人、組頭五人で、これが藩の最高重役。――だが、家老のうち、安井・藤井・大野は初期から盟約に加わっていない。つまり内蔵助一人である。一方、組頭のほうは、岡林・奥野・外村・伊藤・玉虫。これも、奥野将監《しょうげん》を除く四人は初期から脱落している。

つまり、一挙の首領と立てるべき最高重役としては、まず家老の内蔵助、次いで組頭の奥野将監しかいないことになる。

奥野は性寡黙、職分上、行政には預らぬものの、かねて人物識見とも将の器と見られていた。石高も組頭最高の千石。五十八歳、年齢の重みもある。（内蔵助とは姻戚にもあたる。母が大石分家の出身。）

昨年赤穂開城のさいは、逐電した家老・大野九郎兵衛に代って臨時家老代理となり、内蔵助を助け苦労を共にした（家老四人のうち、安井・藤井は江戸家老。赤穂国許《くにもと》は大石・大野の二人だけ。したがって大野逐電後、内蔵助の重責と実務は言語に絶した）。むろん盟約に名を連ねる重鎮の一人である。

その後も播州姫路にあって、山科の内蔵助とは一挙の計画にずっと連絡を保っていた。が、進藤源四郎・小山源五左衛門と同時期、陰《かげ》の工作者に廻った。内蔵助を首領とする第一次実働隊が失敗したときは、第二次隊はかれ奥野が率いて必ず成功させる――という内蔵助のたっての提案のもとにである。

（……が、一番隊の首領はやはり将監にすべきではなかったか？）

その思いがひそかに今、進藤源四郎の胸を噛んでいる。（原惣右衛門（江戸留守居役＝外交官）、吉田忠左衛門（郡奉行）ら、もと物頭の経験もあり、統率力・決断力に富んだ副領を付けているとはいえ、どうもくらでは……。）

その懸念は、なまじ近い血縁の年長者であるゆえに、濃かったのかもしれぬ。源四郎は五十二歳、内蔵助より八つ齢上である。

筆頭家老として内蔵助を立てて来てはいるものの、幼少時から知っている。近い親戚でこのくらいの年齢差ある間柄では、その頼りなさが最も目立つものだ。成人後もその人間を見るよりは、つい、幼少時の先入見にとらわれる。まして、長じてのちも、昼行灯と呼ばれた内蔵助だ。（奥野将監は逆に、源四郎からはちょうど六つ年上になる。）

その点、小野寺十内（六十歳）などは、更に年齢の開きは大きいとはいえ、京の仁斎塾の同門でもあり、内蔵助の青年時代から、も少しその人間を見ていたといえる。つまり、人としての親交があった。源四郎と内蔵助の間には、血縁という以外、踏み込んだものがなかったのだ。


源四郎は目の前の、箸で味噌をつまんでいる内蔵助を見た。そして、

「なるほど」

と、取りあえず話の穂を継いだ。

「が、まあさほど案じずともようござろうではないか。女性《にょしょう》には女性にしかわからぬ心のやりくり、仕舞いようもござろうほどに……。

たしかに、世の中の表《おもて》はともあれ、内奥は所詮、男は、女という花の周りをとびまわるだけの、はかないものかも知れ申さぬがの……。」

「なるほど」

と今度は、かるく内蔵助がいった。

しょせん、源四郎とこのような話題を、このような発想で共にするのは、無理というものであったろう。が、内蔵助という人には、時にそれを平気でするところがあった。のみならず、通ぜぬ相手の言葉の中からもまた、彼流《かれりゅう》に楽しみつつ何かを汲みとってゆく、奇妙なクセもあるようだった。内蔵助はゆっくりとまばたいた。

「いや、この期に及んで、おはずかしいことでござる」

可笑《おか》しいことに、可笑と号しうき様と呼ばれた内蔵助自身は、女性《にょしょう》というものの次のような心の襞《ひだ》を、一向に意識していないらしいことだった。――つまり、彼が先ほど言ったように男というものは所詮、女をふり捨てて過ぎゆくものであるにしろ、女は、相手の男がその刹《せつ》那《な》々において、ほんとうに自分のいのち（＝魂）を大事に扱ってくれているかどうか、判別する動物的直感力をもっており、もしそれが感じられるときは（それはじつは、ほんとうに稀ではあるのだが）、己れの身も心も――つまりいのち全体――をつくして、その男に報いようとするものであることを。……なべて女性《にょしょう》のいのちとは、かかる男の真実《まこと》の中に、この世の最も充足を得るものであり、身に残るその思い出は彼の死後までも、自身の生涯をつうじて育てうるものであることを。――そうしてまた、女性《にょしょう》のいのちを真実いとおしむ男でなくては決して、先ほど彼が口にした「男の罪」などということを考えもせぬものであることを。

いいのです――そのいわば女性《にょしょう》の梵音を聞くことは、男として稀れな資格であり、そこにまた、何事かをこの地上にとどめる男としての資質（一種のいろ気）が、われしらず匂っていた証拠かも知れぬのだが……。

西野山の夜が更《ふ》けていった。フクロウの声も絶えたようだった。

「それがし」と内蔵助が再び口を開いた。

「この四十四年、なにやら、幼き頃、おのれの予感したものの方へ、吸い寄せられて来たように思えてなりませぬ」

彼は茫漠と眼を漂わせ、一ト月程まえ瀬田川畔の旅宿で主税に語ったあの「三井の晩鐘」のことを源四郎にいった。——幼い日、婢が寝物語にしてくれた話である。

「……それを聞いて、いつか自分もその子坊主のように母を苦しめることになりはせぬか、と、無性にやるせなく、冥《くら》い怖れにとらわれたものでござったが……。どうやらこの身に現《げん》じたげにござる。多くの女性《にょしょう》に無慙な……。

人の一生とはふしぎなものでござるな」

内蔵助は、ふ、と顔を上げ、沁みるようなまなざしを源四郎に向けた。

「それがしの今生、どうやらこれ一つに向かってでござったような……」

内蔵助はいつになく多弁であった。

「それはそうと」と彼は言った。

「先日、小山《こやま》の白石《しらいし》神社へ詣でてござる」

「小山の？」

「さよう。小山大石山《こやまおおいしやま》の谷かげの……」

それはこの同じ山科盆地の、西南麓西野山とはちょうど反対の、東北の隅、東海道追分《おいわけ》に近く、音羽山中から発した山科川が、平地部に入る地点の、片蔭にある小社である。

「ご存知で？」

「いや、一向に。なるほど小山大石山……」

「さよう。……ほとんど打捨てられたけはいの小祠となっており申すが、いまだ細々と守る人々は居るようす。小さな餅など供《そな》えられておりました。陰《いん》々とそびえる老杉に囲まれ、丈二《たけに》間《けん》、長さ三間ばかりはあろう巨きな白い磐座《いわくら》が坐って居り申した。明らかに〈白山《はくさん》〉でござるよ、源四郎どの」

「ほう……」源四郎は初めて強い視線を向け、内蔵助がだまって頷くのをみた。

「祭神はイザナギ・イザナミ両神とは伝えているそうな。が、その元の主神たる女神・菊理《くくり》姫は、もはや隠れ、忘られており申す。

どうやら、捨てらるるは人のみでなく、神もまた、捨てらるるもののようでござるな。

われら、生きんがため、人のみか、おのが神をも捨て、すりかえて来申したらしい。

されどその白石神社、やしろ創建の年のみはシカと記憶されているげにござった。大同二年、、、

——と」

「？　都が大和より山城に移されてまもなく、……九百年ほど昔でござるな」

「さよう。この六十余州で、公家と夷《えびす》の決戦があった年。夷の総大将アグロ王が謀殺され、敗者らが諸国に分散隔離されたその年でござる。夷の長い苦難の始まったその……」

「……」源四郎は黙然と腕を組んだ。

源四郎の進藤氏は利仁《としひと》流藤原氏。遡れば北陸の大族である。加賀の白山比咩《しらやまひめ》神社・越前の平《へい》泉寺《せんじ》をはじめ、六十余州に二千七百社をかぞえるという白山系社寺。その衆徒を統べる白山長《はくさんちょう》吏《り》の多くは、この利仁流藤原氏、また秀郷《ひでさと》流藤原氏（大石氏も属する）であった。

「……が、くらどのはまた、珍《ちん》なことにまで興味をおもちでござるな」

内蔵助は澄んだ微笑をうかべた、

「過去のむこうには常に未来が透《す》き見えましょうでな。政《まつりごと》のありようも……。われらが志《こころざし》、その視野をもたずば、卑小になりましょう」

独り言《ご》つように眼を伏せていうと、また、まぶしげに顔をあげた。

「……源四郎どの、貴殿のお世話にてそれがし、この山科の地にしばし置かれたことにしてからが、今は不思議の思いにたえませぬ。

四隅、東南大宅《おおやけ》に岩屋明神《いわやみょうじん》、西南にはこの西岩屋明神と岩屋寺、東北に白石明神、西北・日ノ岡に夷谷《えびすだに》明神……。

山科――。奇しくも此処はエビス千年の隠れ里、いや、いつとも知れぬ遠い昔、海辺より川さかのぼり来た人々が、この円《まど》かな竈《こもり》地を見つけ住みはじめて以来、幾千年と整《ととの》えつづけた聖地であったげな。

それがし、この一年有余、まもられ・癒され・たたかれ・育《はぐく》まれたのでござる。この、おのずから一天地なす胎、四隅のエビスの神々に……。去り行く今になって、初めて気づき申した。お礼もうしあげまする。

しかもなお、大宅・岩屋明神の奥山には、巨きな二つの陰陽岩《めおといわ》が坐わり、北方安朱《あんしゅ》の諸羽山《もろはやま》頂きの鞍部には、みごとな白い磐座《いわくら》が露出している、と聞くではござらぬか。機会《おり》あらば、ゆるゆる探りとうござった。

が……もはやこの内蔵助、時間がござらぬ……」

微笑とともに謎のようなことばを残して、かれは語るをおさめた。

源四郎の顔にもいつか、さきほどになかった真率なものが加わっている。

ほどなく、二つの影が柴折戸に立った。

「では――」

「御首尾を」

月の無い西野山の闇が、その低い声をたちまち吸った。

33　首級の臭い　野梅の香

進藤源四郎と深夜まで語った翌日、十月二日朝、内蔵助は、西野山の旧居を去った。

さし昇る陽光が渦巻き、前栽の足元はなおしっぽりと露をふくんでいた。

柴折戸の脇に、リクと共に植えた梅の若木が、もうすっかり葉を落とし、鞭ほどの枝先が微風をうけ、かすかに揺れている。

彼は足をとめ、それを眺めた。つ、と掌をのばし、朝露に光るほそい幹を撫でた。

それから、いつもと変らぬさまで、柴折戸から、すっと出ていった。

十月六日、内蔵助はひとり、紫野瑞光院にある内匠頭の墓に詣でた。その帰途、二条の二文字屋へ立寄った。お軽《かる》の実家である。

このとき軽は、内蔵助の求めに応え箏《こと》を弾いたという。曲は「松風《まつかぜ》」だったという。――藻塩焼く須磨にわび住む配流の貴公子によせる、海人《あま》の姉妹（松風《まつかぜ》・村雨《むらさめ》）のいちずな恋。源氏物語に取材し、同名の能をもふまえた、秘曲である。軽は箏をよくした。

浦のとまやに秋ふけて、うちもねられず海人《あま》びとは、
　しほなれ衣そでさむみ、砧《きぬた》の音もうらみなり……
名残りはつきぬ筑紫琴……磯辺の松を吹く風も……心をすます波の音……

内蔵助の心に、はるかな赤穂の潮ざいが、塩田の光景が、立たなかったかどうか…。

（このとき軽の胎内に息づいていた児は、一説によれば、長じて吉兵衛良知と名のり、大坂で箏の師匠として一家をなしたことは、さきに述べた。）


翌十月七日朝。

内蔵助は京四条梅林庵の仮寓を発った。

伴う者——潮田又之丞《うしおだまたのじょう》、近松勘六《かんろく》、菅谷半之丞《すがのや》、早水藤左衛門《はやみ》、三村次郎左衛門、そして大石家の家僕室井左六《むろい》。

これが上方《かみがた》同志の、最後の東下メンバーであった。

一行は三条大橋を渡り、粟田口《あわたぐち》から東海道をゆるゆると徒歩《かち》で往った。

日ノ岡をくだると、青空の下に晩秋の山科盆地が穏やかにひろがっている。

丘つづきの右手遠く、山腹に一本の大公孫樹《いちょう》がロウソクの炎のごとく黄に燃え立ち、西野山の彼の旧居の在りかを示していた。

内蔵助はチラと視野にそれを納め、黙々と歩き、やがて山科追分から旧逢坂《おうさか》ノ関を越えた。

むろん、内蔵助にこのときの記録はない。

が、数日前、彼らに先立ち此処を東下した小野寺十内は、一首の歌を遺している——

立ちかへりまた逢坂とたのまねば
　たぐへやせまし死出の山越え

その後の、彼ら同志の行動は、あまりにも知られており、もはや本稿の主題でもないから、簡単にとどめよう。

吉良邸討入りは、二カ月のちの十二月十四日夜、寅《とら》の上刻。（現代ふうにいえば十五日午前三時から四時までが寅の上刻。当時は、明け六ツ、すなわち午前六時から、翌日の日付にかぞえた。）新暦になおすと一月三十日の厳寒である。

月こそ異なれ、内匠頭の命日。

十三日に霏《ひ》々と降った江戸の雪は、その日やみ、夜に入って満月皎々と、のちに小野寺十内の遺した手紙によれば

「きのう降りたる雪の上に、あかつき霜おきそへて氷り、足もとよく、火のあかりは世間にはばかりて、提灯も松明《たいまつ》もともさねども、有明の月冴えて道のまがふべくもなく」

であったという。さてそれから

「道のまがふべくもなくて、敵のやしきの辻まで押つめ、ここに東西と二十余人づつ二手

にわかれて取かけ、家《（屋）》根よりのりこへ申候」

とき、午前三時半――

吉良邸では、夜ふけまで茶会のあったあと、片付けを了えた皆がようやく熟睡に入った時刻。

そうして、大空を渡りおえた有明の月が、本所《ほんじょ》界隈に連らなる大名旗本屋敷の甍《いらか》の波のむこうに、光度を納めようとする時刻。

その一刻の、いわば天と人の空亡《くうぼう》を、あやまたず狙《ねら》っての、奇襲であった。

北隣り邸の旗本土屋《つちや》主税《ちから》が、翌日、幕府目付らの取調べに差出した答申状によると

> 昨夜七ツ時（寅ノ刻、午前四時）前、吉良左兵衛屋敷騒ぎ致し候間、火事にて候やと存じ、罷《まかり》出て候へども、喧嘩《けんか》の体《てい》に相聞へ候故《ゆえ》、家来《けらい》共召連れ、境目まで罷出で、固め候て罷在候処、塀越に声を掛け『浅野内匠頭家来片岡源五右衛門、原惣《そう》右衛門、小野寺十内と申す者にて候。唯今主人の敵《かたき》上野介殿を討取、本望を達し候』と呼ばり申候を、塀越に承り申し候。
>
> 夜明時分、裏門より人数五、六十人程罷り出て候様に相見へ申候も、いまだ闇く候故、聢《しか》と見留申さず、何れも火事装束の様に相見へ申し候。　以上

東天、かすかにしののめの予徴がきざす頃、事は、おわっていた。

江戸城「松ノ廊下」の刃傷事件から一年九ヵ月。――わずか二時間たらずの闘いであった。

面々、二度、むせび哭《な》いた、と伝えられる。

一度目は吉良邸で。乱闘のさなか、暁闇を裂いてするどくひびく呼子笛に、一同、雪踏みにじられた庭に馳せ集まり、蓆《むしろ》の上に横たえられた上野介の肉体を取囲んだとき――。

それは、心理がまだ追いつけぬ、生理的な、身のうち突き上げる、むせび哭きであったろう。

四十七人の輪の中の誰かの咽喉が、噴くように音《ね》をあげ、たちまちに輪のそこここへ伝播した。

二度目は、高輪《たかなわ》の泉岳寺《せんがくじ》まで二里近い道程を引揚げ、故内匠頭長矩の墓前に首級を供え、次々と香を焚いたとき――。

彼らはここでもう一度、哭いた。ひとりひとり、うつむき、黙って……。過ぎ去った時間が体内を逆流するのを噛みしめながら。

午前八時すぎである。冬の朝日が、墓域と彼らのうえに注いでいた。

焼香を了え、むせび哭きを了えた者のうちには、早くも切腹の用意をする者もいた。

皆の者が順に香を焚き了えたとき、一同を見渡して内蔵助が、低く、短く、いった。

「自刃は、いたしませぬ」

数時間まえ、彼らが吉良邸の表門から押入ったとき、先ず玄関前に九尺の青竹を以て挟み立てた「口上書」は次のようだ。（なお、用意周到にも、主《おも》だった七、八人が、同じ文面の写しを、懐《ふところ》に入れていたという。）

浅野内匠頭家来口上

去年三月、内匠儀、伝奏ご馳走の儀に付き、吉良上野介殿へ意趣を含み罷《まか》りあり候ところ、ご殿中に於て、当座遁《のが》れがたき儀ござ候か、刃傷に及び候。時節、場所を弁へざるの働き、無調法至極に付き、切腹仰せ付けられ、領地赤穂召し上げられ候儀、家来どもまで畏《かしこ》み入り存じ奉り、上使のご下知を請け、城地差上げ、家中早速離散仕り候。右喧嘩《けんか》の節、ご同席におん押し留めのお方これあり、上野介殿討ち留め申さず、内匠末期残念の心底、家来ども忍びがたき仕合せにござ候。高家《こうけ》の御歴々に対し、家来ども欝憤を挾《さしはさ》み候段、憚《はばか》りに存じ奉り候へども、君父の讐《あだ》、ともに天を戴《いただ》くべからざるの儀、黙止《もだし》がたく、今日、上野介殿御宅へ推参仕り候。偏《ひとえ》に亡主の意趣を継ぐ志までにござ候。私ども死後若《も》しご見分《けんぶん》のお方ござ候はば御披見願ひ奉りたく、かくの如くにござ候。以上。

元禄壬午十五年十二月　　日

浅野内匠頭家来

（以下、大石内蔵助から寺坂吉右衛門まで、四十七人連署名）

ここで言っているのは、喧嘩のさい邪魔が入って相手を討果せなかった故主の無念を、家来達が代って果すということ。——父の讐《あだ》を子が果すごとく、君臣を父子に擬《なぞら》えて、その行為心情の正統性を訴えているのである。

時節・処をわきまえず刃傷事件を起こした故主の「無調法」には重々恐れ入ったがゆえに、切腹・お家断絶という大公儀の裁きには、われわれ家来一同、従順にしたがいはした。が、「右喧嘩の節」と明記することによって、喧嘩両成敗の原則をはずれた大公儀の「無調法（吉良への無処罰）」をもまた、暗に指摘して、「黙止しがたく」今回の行動となった、という。

「偏《ひとえ》に亡主の意趣を継ぐ志までにござ候」――継ぐのは「徒党」でなく、「子」であり「臣」たる者の当然の「志」であるからだ。

今、亡主の墓前に供えられた「讐《あだ》」の首級を包んだ白小袖から、わずかに血がにじみ、ふりそそぐ朝陽のなかで、かすかな、なまぐさい臭いをはなっていた。

同時にどこからか、早咲きらしい野梅の匂いも、墓域に流れ入っていた。

讐討ち。――すなわち、子として臣としての「志」は、ここに完結していたのである。

一同が次々に、此処で切腹を、と身づくろいしだしたのは、発想源第一層の満月の志からすれば、当然の心行きであった。

――讐討ちにはふつう認可が要《い》った。かれらのばあい無認可である。のみならず、公儀の裁きを不服とする行為だった。（さらに遡れば、世の常識からは吉良が「君父の讐」といえるかどうかさえ確かでない。切付けたのは吉良でなく浅野だから。それを讐とし、さらに公儀の裁きを不服とする今回の行為であった。）――明らかに、法にもとる罪である。

それを敢てした以上、彼らのいう本懐《ほんかい》を遂げた今、自裁《じさい》するのがスジであった。天下の政道を重んずる武士であるならば……だ。

武士の切腹とは、自分の法的罪を、他を待たず自分で処理する判断力と能力をもつとされた、士分にのみ許された、特権だった。

その意味で、「彼らはこの泉岳寺で自刃すべきだった」と、当時の儒者、佐藤直方《なおかた》・太宰春台《だざいしゅんだい》らが言ったのは、りくつでは正しい。

直方はこういう――（「復讎《ふくしゅう》論」）

《四十六人の者、わが主の大罪を哀しまず、上《かみ》の命《めい》を背《そむ》き兵具を帯し、相言葉相印《あいじるし》・戦場の法をなし、上野介を討つこと、これもまた罪人なり。しかれども主の憤りを想い、心の昏惑するより、一筋にこれを討てども、上の命を背くの罪を負うて泉岳寺にて自殺せば、義理に当らずといへども、その志、憐むべし。

然るに、仙石《せんごく》氏に訴へ、上の命を待つと言ひ、捧ぐるところの一書にも上を重んずるの意をのべ、仙石氏の面前においても重上《ちょうじょう》の意を第一と述ぶること、これ人の恋賞《れんしょう》を待って、死を遁《のが》れ禄を得るの謀《はかりごと》にあらずや。……死を窮めたる者の、決してすることに非ず》

「然るに仙石氏に訴へ」以下についてはすぐあと（三九五ページ）で触れるが、いずれにしろ甚だ手きびしい。

春台もほぼ同様の論旨だ――（「赤穂四十六士論」）

《良雄らすでに吉良子を殺す。捷《しょう》（勝利）をその君の墓に献げ、則《すなわ》ち其事済《す》みたるなり。その塞責《そくせき》（責任を満たす）おはれり。匹夫（いやしい者）、朝士（高貴の官人）を攻殺す。その罪、死に当る。ここに於てか、四十六士自裁すべし。なほ何《いかで》か官命を待つ有らんや。……鄙哉《いやしきかな》、良雄ら、

大義を仮《か》りて以てその利欲を済《な》す（作意する）者なり。……》（傍点はいずれも引用者）

春台は文中二度、「鄙哉《いやしきかな》」といっている。

かれらは儒者であった。学者である。この十二月十五日以後、かれらの論はかまびすしく湧いた。評論家となった。（こういうことはなにも、この時代とこの赤穂浪士の一件にかぎらないが。）多くは赤穂浪士を「義士」とした讃美論だった。中に異彩を放つのが、右の直方・春台だ。

下々《しもじも》の庶民間で、赤穂浪士の人気はまたたくまに大江戸から全国へ波及していた。直方や春台は、その世情の尻馬にのる如き讃美論者を、苦々《にが》しく思ったかもしれない。そこに彼らなりの正義の刃をふるったかも知れない。……だが、どうだろう？　右に引用した文の、傍点の部分にまで彼らの想像力の筆が及んでしまうところをみると、私ども人間というものは、他者を論ずるさい、つまるところ、「蟹《かに》は己れの甲羅に似せて穴を掘る」ことになってしまうのかも……。

話を、泉岳寺にもどそう――

内蔵助は自刃を「いたしませぬ」といった。

なぜであったろう？

――そこに、大石内蔵助という人間の、昼行灯といわれた男の、端倪《たんげい》すべからざる、発想源の重層性、があったといわねばなるまい。

さきに掲げた『浅野内匠頭家来口上』は、発想源第一層で書かれている。が、内蔵助の、書かれざる発想源第二層は、大公儀政道批判――「謀叛《むほん》」にあった。

――このわれらをどうお裁きあるか？　松ノ廊下事件で喧嘩両成敗の原則を自《みずか》ら破り「無調法」を演じた大公儀よ、あのウラに何があったか？　今回は如何が召されるか？

……ここに四十六個の、捨てられたいのちがござる。公儀に楯つく「徒党《ととう》」として成敗いたさるるか、徒党にこもる人間の声なき声をいかが致さるるか。天下に、いのちを懸けて、とくと拝見つかまつる……。

彼は、自裁せぬことによって、大公儀を重んじその処分を従順にゆだねたのではない。――四十六個のいのちという白刃を抜き放って、そのまま幕府権力へなだれかかった、というべきだろう。

おそるべき慇懃不逞《いんぎんふてい》である。

かねてこの発想源第二層あったがゆえに、実働隊四十七人のうち、吉良邸を引揚げる途中、三人の者を、直ちにそれぞれの用に向かわせたのだろう。――まず、一同のうち最も身分のかるい足軽・寺坂吉右衛門を、内匠頭未亡人・瑶泉院《ようぜい》のもとへ報告に。（寺坂はその後、さらに赤穂などへ秘命をおびてとぶ。事実がモミ消され、他の四十六人ことごとく声を封じられて死したとき、事件の真相を世に遺す生き証人としてである。）次に、吉田忠左衛門・富森助右衛門の両名を、幕府大目付《おおめつけ》・仙石伯耆守《ほうきのかみ》屋敷へ――。一挙の趣意をつぶさに言上し、一党への沙汰を仰ぐ、として。……浪人の事件は町奉行所の管轄である。このまま町奉行所の役人に捕えられては、そこで処理されてしまう。先手を打って大目付（諸大名を監察する役職）へ自首することによって、幕府は大名にかかわる事件として、老中じきじきの裁き（ということは、将軍に事件を報告する必要も生じる）を迫られたわけだ。

内蔵助のこのたびの采配《さいはい》のみごとさは、右をはじめ、殊にその引き際・事後布石の周到さにあった、とよくいわれる。

さらに彼は、前日十三日、当日十四日昼にかけて、大津の三尾豁悟《かつご》、京の寺井玄渓《げんけい》、赤穂の華岳寺と神護寺の住職へ、重要な書簡をしたためている。さきに「20 主税」でみたとおりだ。この三者は、事件後幕府の詮議の及ばぬ、影の協力者であった。しかも、的確な時期に必ず届く算段と、受取人に迷惑のかからぬ深い配慮のもとにである。

おそらく、他の誰をもってしても、これだけ行届くとは思われぬ布石ぶりであった。――山科西野山の最後の夜、進藤源四郎がフト案じたような、他の武官を以てしても……。

発想源第一層は如何に精緻をつくしても第一層にとどまる。第一層に現われた内蔵助の周到さは、彼の隠れた第二層にあった、と見ねばならない。その発想のためには、泉岳寺で一同切腹しては元も子もなかったのだ。

あとで評論家が何といおうと……。

討入りの成功については、幾つかの謎がある。好運とだけでは割りきれぬほどの……。

たとえば――、あれほど一時に五十名もの赤穂浪人（変名とはいえ）が江戸市中にもぐり込み、しかも数ヵ所にまとまって仮寓しながら、町方役人に怪しまれなかったのか？

幕府は彼らの動きを、十四日決行のことを、果して知っていなかったのか？

筆者《わたくし》が殊に不思議におもうのは、細井広沢《こうたく》の動きだ。――さきに引いた「口上書」を作成するに当って、『礼記』の「父ノ讐《あだ》ハ倶《とも》ニ天ヲ戴《いただ》カズ」を「君父ノ讐ハ…」と変えて用いることについて、作者である堀部安兵衛は、誤用の無知を笑われぬか、と、剣術の同門の友・細井広沢に相談したことは、よく知られている。

広沢は儒学者だった。しかも何と、彼は、幕閣第一の権勢家、将軍綱吉とほとんど一身一体といってよい老中上座側用人《そばようにん》・松平美濃守（柳沢吉保）の、家臣なのである。

その広沢が、十二月十四日夜、堀部安兵衛宅を訪れ、続々と集結する浪士たちに生卵《なまたまご》をふるまっている事実がある。（本所林町の安兵衛仮宅が、集結場所の一つであった。）

しかも広沢は席上、友人の安兵衛の壮途を祝って五言絶句を賦してもいる。

結髪奇子タリ
千金ナンゾ言フニ足ラン
離別　情尽ルナシ
胆心　一剣存ス

一体これはどういうことだろうか？

細井広沢の主君・柳沢吉保がこれを知らぬわけはないだろう。

すべては柳沢吉保のさしがねだったか？

内蔵助はどこまでそれを知っていたのか。あるいは、知りつつ敢えて乗ったのか？

「謎」は深い。おそらく永遠に閉ざされた謎が、一挙成就の背後には、ある……。

筆者はおもう——内蔵助はあえて乗った、と。そこに彼の重層的発想があった、と。

たぶん柳沢吉保は、内蔵助らに「水引き」をした（「16 蜩の構え」でみたように）。しかし、泉岳寺で切腹してくれるものと思っていたのではないか？

内蔵助はその手にのりつつ、裏をかいた。幕府の力をも逆に、使った——と私はおもう。弱い浪人の立場で、他に策はなかったろう。

かれ大石内蔵助は、同志らの発想源第一層「満月の志」を率い、彼自身の発想源第二層を尽くして、「実《じつ》」の世の政道に迫った。

なまぐさい。

見えざる火花の散る、たたかいである。

その奥に、じつは発想源第三層（「虚《きょ》」の視座）もまた、かおる。

地上とは、そのような鉄火場らしい。

——いま、四十余人が亡主の前にぬかづく泉岳寺の墓域に、首級のなまぐささと、野梅の香が、入り乱れただよっているように……。

34　あら楽《らく》や

元禄十五年十二月十五日――

今暁《こんぎょう》、ひとつの「事《こと》」が、江戸というこの国の地上権力の足元で、刻《きざ》まれおわっていた。

それはこの列島に人間が人間を支配する仕組みが生まれた遠つ世いらいの、支配する者とされる者、勝者と敗者、――それら集団の情念のうごきや行動のクセというものを、深く身におびた種類の「事」であった。

同時に、それをなし遂げた首領である一人の男によって、意識して一つの、目にみえぬ種子《しゅし》がこの土《ど》に播《ま》かれた「事」でもあった。

が、その「事」が、そのとき同時に生きている人々と、のちの世の人々とに、どのていど波紋をひろげ、どのように受けとられ育てられてゆくかは、まだわからなかった。

その日の時間は刻々とながれ、冬の太陽は浪士らのこもる泉岳寺の真南を過ぎようとしていた。寺の惣門《そうもん》はかたく閉ざされている。

幕府大目付《おおめつけ》へ自首に派遣されていた吉田・富森の二人が泉岳寺へ戻った。午《ひる》まえ、寺側から思いがけず白粥《かゆ》と茶漬の接待がでた。

覚悟した上杉家の追手《おって》も来ず、大目付からの沙汰もまだない。面々のなかには討入り装束のまま、疲れに仮眠する者もあった。

ひるすぎ、寺僧の一人が内蔵助のもとに来て、小声で、庫裡《くり》に訪問者のあるを告げた。深編笠・着衣の紋・左手に花山稲荷《かざんいなり》のお守り札、――それを問い確かめて内蔵助はかるくうなづき、本堂の疊からすっと立ち、廊下を渡っていった。（花山稲荷は、山科西野山の近くにあり、内蔵助がよく詣でた社。同志らの山科会議もここで開いた。）

深編笠を被《かぶ》ったままの男と内蔵助は、人を避け、庫裡の土間の片隅に立ったまま、しばらく低声で語を交わした。やがて双方うなづき、深編笠は、寺の裏口脇戸から去った。

洗面所に立った浪士のひとりが偶然、深編笠の後姿をチラと見た。そして、オヤとおもった。本堂にもどったかれは、おのれの錯覚を羞《はじ》て黙っていたが、心の中でどうもその後姿と歩きぶりが、あの脱盟者・奥野将監《しょうげん》のように思えたのを打消せないのだった。

おそらく、それは事実だったろう、と筆者はおもう。――内蔵助はかねて将監と打合わせ、此処で第一次実働隊の成功報告・確認と、のちの手配を簡潔に語り合ったのだろう。

（奥野将監は、播磨の加西郡《かせい》で帰農していた。その後も淡々と歳月を重ね、二十四年後、享保十二年、八十二歳で世を去った。）

陽がやや西に傾く頃、本堂では再び茶菓が出た。同時に寺僧たちが、紙筆をもって浪士たちの間をめぐり、一筆を請うていた。

内蔵助も筆をとった。ちょっと考え、こう書いた——

あら楽や　思ひは晴るる身は捨つる
　　うき世の月に　かかる雲なし

この歌について、二百年後、明治のジャーナリスト福本日南《にちなん》は、その著『元禄快挙録』の「二四二　泉岳寺の一日」で、冒頭を「あら楽し」と改めて引き、こう付言している——

《鳩巣《きゅうそう》翁、往々国風《こくふう》を解せず、良雄の歌を「あら楽や……」と『義人録』に読ませたのが傭《よう》となり、爾後の諸書概《おおむ》ねこれを套襲《とうしゅう》した。ために璧《へき》上に一瑕《か》を加えた。今は詠者の原意によって「あら楽し」に改めおく》、と。（岩波文庫本では下巻一一七ページ）

室《むろ》鳩巣の『義人録』は、一挙のあった翌元禄十六年十月に脱稿している。赤穂浪士関係の書物では最も早い成立だ。その中で、儒者であり、和歌《やまとうた》の道を深く解せぬ彼が「あら楽《（らく）》や」と読ませたのが悪例のハシリとなって、後代までこれをそのまま受継いで誤った。それを日南が、内蔵助の原意《もとのこころ》を生かし「あら楽《（たの）》し」と改正しておく——というのである。

むろん、和歌の真筆が遺っていないので、「や」か「し」か、確かめようもない。

——それにもともと、鳩巣の『義人録』は漢文なので、この和歌も、わざわざ

《良雄歌曰。嗚呼（二音　阿羅《あら》）楽哉（音　耶《や》）思波（思、音　於毛比《おもひ》）…》

と、万葉集の原文のように、いわゆる万葉仮名で表記しているのだ。

が、この高名な日南のワサビはすごく効いたとみえ、事実、かれ以後、大正・昭和に書かれた汗牛充棟をなす諸作品では、ほとんど「あら楽《たの》し」と引用されているようだ。

「あら楽《らく》や」と訓《よ》むのは、筆者《わたくし》の管見では、ただ一つ、真山青果《まやませいか》の連作戯曲『元禄忠臣蔵』のうちの「泉岳寺」（昭和十六年発表）。この名作戯曲のみ。（念のため記すと、岩波文庫では下巻二〇七ページ）

前ページで引用したのは、この真山青果の読みにしたがったのである。

――最近、室鳩巣の『義人録』を収めた、岩波「日本思想大系」27の『近世武家思想』（昭和四十九年刊）では、ご丁寧にも、「あらたのしや…」と読み下している。

しかし、どうであろう？

私は、日南の言うところに、どうも賛成できない。

なるほど、和歌としては「あら楽《たの》し」の方が格に入っているのでもあろう。が、「あら楽《らく》や」に、私は、えもいえぬ魅力をおぼえる。

むしろこちらの方に、大石内蔵助その人をかんずる。内蔵助が其処に居て、その肉声・その心音の、哀切なリズムを聴くおもいがするのだ。

――彼は、画心《えごころ》ではゆうに素人離れしていた。が、歌のほうはそれほどでもなかった。ことばの表現技巧では無造作なところがあり、その上、どうも小唄や都々逸《どどいつ》ふうになるクセもあった。つまり、それほど個性的表現の域には達していないのだ（和歌の小野寺十内・神崎与五郎、俳句の大高源五らに比べて）。しかし、そういうなかに、つくろわぬ・ありのままの心情も、ゆったり・品《ひん》清くとおっている――それが内蔵助という人の歌柄《がら》だ。

――そして彼はまた、周到な心づかいのできるひとであった。本望を達した気のゆるみのなかにいるとはいえ、人を殺してきたのである。「楽し」というような感情をナマにしるすことはなかった可能性が高い、と私は忖度《そんたく》する。げんに、吉良邸で上野介の遺体を罵倒した主税の不礼をキツクたしなめている。また、この泉岳寺でさきほど粥の接待をうけつつ、給士の僧から吉良父子の働きはどうであったか、と尋ねられたさいも、「ずいぶん見事なお働きをなされた。御家来衆も皆、臣下として恥しからぬ働きであった」と、口数すくなく答えている。

そういう彼が、この時、三十一文字を詠んだ。とすると、……その冒頭の流露はどんなふうだったろう？

「あららくや」――これが内蔵助流ではあるまいか？

――今でも、一日の労苦を了え、風呂の湯にとっぷり身を沈めて、ああ極楽々々、と心にひとり言つ《こ》人がいる。それは「楽し《たの》」という積極的な気分とは、微妙にちがう何かだろう。色どりある他の感情の入りこむ余地のないほど、ジンと全身に沁む「やすらかさ」だ。それが「ごく楽《らく》」というものだ。
ましてやこの時、内蔵助の心は、かなしいまでの虚脱（した楽《らく》さ）のなかにあったはずだ。それがそのまま、しぜんに流れでた。

「あららくや……」

この、ほとんどア段ばかりで一息に吐かれた五音の、えもいえぬ哀切さ。しかも無造作に似て、語の喚起力は強い。一年九ヵ月の重みの迸《ほとばし》りがある。「あら楽《たの》し」よりも、肉声の出どころが、格段に深い、――と私には見える。

　あららくや　おもひははるるみはすつる

――ここまではほとんどつるつると一息に吐露されたか、とおもわれる。

まことにその通りの心境だったろう。

そうして、ここにいう「おもひ」とは、発想源第二層・第三層の双方であろう。その二つが、共に、はればれと吹き抜けたのだ。「捨てた」身のかるさ・やすらかさに、彼はおどろいている。

（が、ここでちょっと筆をとめて眺め、どうもまずいナ、と、心の片隅に羞らいの笑みを洩らしたかもしれないが……。）

一呼吸おいて、後半もまたおのずから、するすると紙上にしるされたろう――

　うき世の月にかかる雲なし

発想源第二層の策謀に心魂を削りつつ、同時に、同志らの発想源第一層「満月の志」をのせて証《あか》しのない第三層彼岸《ひがん》へと漕ぎ渡る、その櫂《かい》の重さから彼はいま解き放たれていた。

かかる雲なし――このなしは強い。いさぎよい。初五が「楽《たの》し」と切れず、「あららくや…」から一気につづくゆえに、この「なし」は強く訴える。

大石内蔵助は、この時、はっきりとおのれの心の中に、欠けることなき・かかる雲なき「発想源第三層の満月」をつかんだ、とわたしはおもう。――たとえ今回の「事」が、この「うき世」からどう扱われ、「実《じつ》」の世の権力からどうスリカエられようとも、もはや、かれの内奥の「虚《きょ》」の視座からは失せることのない、満月を……。

それこそは、うき世に支点なく、ただ、かそけき「蜩《ひぐらし》の構え」によって、この世に投じられた、「志」というものの姿であった。

あららくやおもひははるる身はすつる
　　うき世の月にかかる雲なし

元禄十五年十二月十五日夕べ、現実の十五夜満月が、やがて大江戸の空《そら》に、そしてあの、はるかな山科西野山にも、赤穂の海辺にも、但馬の家族の上にも、昇る時刻であった。

幕府から三人の目付が泉岳寺に到着したのは、酉《とり》ノ下刻（午後七時）。処分申渡しは大目付仙石《せんごく》伯耆守《ほうきのかみ》の役邸でおこなうゆえ一同打揃い同邸へ罷り出るように、との通達である。

折りから冬にめずらしく、激しい雨が来た。その中を十二時間ぶりに泉岳寺を出た浪士らは、戌《いぬ》ノ下刻（午後九時）愛宕下《あたごした》の仙石邸へ入った。

大目付の申渡しは次のようだ。

「公儀におかせられ御詮議中、当分四家へ御預けなされるにつき、神妙に御沙汰を待つように」

そして、内蔵助に対し、非公式に昨夜来の情況聴取があった。

仙石邸周辺にはすでに、「お預かり」を命ぜられた四家の大名――細川（肥後熊本藩）・松平（伊予松山藩）・毛利（長門長府藩）・水野（三河岡崎藩）の、受取陣立総勢千五百余人が、豪雨の中にそれぞれ家紋入り高張提灯・箱提灯数百を連らね、続々と詰めかけていた。

なかに、内蔵助はじめ主《おも》だった十七人を預かることになった細川家など、江戸家老じきじき指揮をとり、士分はすべて騎馬、迎えの駕籠十七梃に予備五梃をつらね、歩小姓《かちこしょう》から足軽まで、八百七十五人を繰出す物々しさであった。浪士一人の駕籠に五十人余の護衛という計算になる。――万一、浅野の本家四十二万石が浪士の身柄を奪還に出動したさいに備えてだったかも（上杉については後で触れる――四一〇ページ）……。

元来、「大名預け」というのは、幕府が、直臣身分《じきしん》（大名・旗本）の罪人に対してとる格式措置だ。藩士（大名の家臣）のような、将軍から見て陪臣《ばいしん》に当る身分の者にすることではない（陪臣＝マタモノ、いわば家来の家来）。しかも、現在赤穂浅野藩は消滅、かれらは一介の浪人者である（陪臣ですらない）。クールに言えば、その浪人（浮浪）たちが幕府高官の邸へ乱入し、当主（ごく最近退官、隠居したとはいえ）の首を取った上、十七人を殺害、二十四人を負傷させた犯罪なのである。

幕閣の今夜の処置じたい、まことに異様であった。すでに将軍をはじめ幕閣一同の心が、そして、預かりを命ぜられた大名たちの心も、政道やしきたりといった理の表層のクールさを置去り、ある種のホットな状況にまで押上げられていた、といわねばならない。

それは、この泰平の世に晴天の霹靂《へきれき》のごとく突如生起した今晩の「事」――つまり、書物や頭の中で画いていた忠や義や士道といった観念が、現実の猛《たけ》々しい武闘集団の姿・水際だった出退節度をまとって、忽然と目の前に現われた、――そのことへの、驚愕と酩酊をともなう心熱の感応であったろう。

まったく偶然にもこの日は、参勤交代などで在府の大小名全部が、江戸城へ登城するお礼日（毎月の一日、十五日）に当っていた。今晩の「事」のうわさは、各溜間《たまりのま》（石高・家格のランクごとの諸大名控え室）でまたたくまに彼らへ伝わった。まるでこのホット・ニュースを聴くために諸侯が江戸城へ参集したような結果になった。――その中から「お預かり」四家が命じられたのである。「名誉の囚人を預かる名誉の武門」、その思いに、直ちに自家の精鋭を選《すぐ》り、迎えの陣立競争となったのは、いかにも日本列島に栖む者の心性のあらわれであった。（右の細川五十四万石の太守、越中守綱利《つなとし》などは、みずから陣頭指揮を幕府に願い出、そこまでせずとも、と抑えられたほどだった。）

亥《い》の刻（午後十時）、篠つく雨がばったり止んだ。仙石邸の玄関に煌《こう》々とかがやく大燭台のなかから、四十六人は次々と出る。

親子・兄弟らはそれぞれ他家へ分散預けである。細川家への内蔵助と、松平家への主税も此処で別れた。（細川へ十七人、松平・毛利へ十人、水野へ九人。四十七人目の寺坂吉右衛門についてはすでに述べた。）

内蔵助は駕籠にのるさい、ちょっと夜空を仰いだ。駕籠はすぐ閉ざされ、細川邸へ向かう。

中天に走る雲間から、ぬぐったような満月が、地上のときならぬ喧騒を眺めおろしている。

お預け後の内蔵助について、筆者はもはや記す興味をあまりもたない。多くの名作がこの間《かん》の彼および他の同志の心理の揺れうごきについて想像のかぎりを尽くしているから。

彼はまた元《もと》の、外見「昼あんどん」めいた内蔵助にもどっていた。

御馳走ぜめと無聊《ぶりょう》をかこつ同志もいたし、小野寺十内のようにせっせと京の妻へ手紙や歌をしたためる者もいた。

が、内蔵助――赤穂へ早駕籠が入って以来、吉良邸討入り当日まで一年九ヵ月というもの、日々、書きづめに八方へ手紙をかいた内蔵助は、細川邸に来てからは、ほとんど筆をとることをしなかった。

十二月十八日、細川家へ預けられた主《おも》だった者が合議して、討入りの「覚《おぼえ》」書きをまとめた。正確な記録をのこす意図であろう。そのさいも、自らは筆をとらず原惣右衛門にゆだねた。同二十四日、さらに翌年二月三日（切腹前日）、小野寺・原・大石の三名連署で、京の寺井玄渓《げんけい》に一書をしたためたさいも、同様だった。

ただ十二月二十四日の手紙には追記があり、これは内蔵助が書いている。――右の「覚」をも玄渓に送ること、後日玄渓が一挙の正確な顚末《てんまつ》を記述し時節をまって編むさいの資料としてもらうために、――と記し、この手紙と「覚」は、細川家の浪士接待役・堀内伝右衛門が、私的好意により、手づから（われらの死後）私的ルートで届けてくれるものであり、この人の名はそちらで沙汰せぬよう、と書いている。堀内に迷惑の及ぶを避ける配慮の追記であり、いかにも周到な内蔵助らしい。

こういうこと以外、彼は終日、何もしなかったようだ。話しかけられれば応揚に断片的な談笑はするものの。――おそらく彼は、自分のなかの発想源第三層の世界に栖み遊ぶたのしさを、おぼえはじめていたのだろう。

ただ一つ、同室の者たちが可笑《おか》しなことに気づいていた。内蔵助が極端な寒がり屋（頭部の）だということだ。夜、皆の寝しずまった頃を見はからい、彼はそっと寝床の中で頭巾《ずきん》をかぶる。殊に冷える日は炬燵《こたつ》布団を頭に引っ被《かぶ》る。――内蔵助という人は低血圧だったのかもしれない。月代《さかやき》を剃らねばならぬ武士に生まれたことを、可笑しい因果とおもっていたかどうか……。

彼らは預けられた部屋から出ることはない。

外《そと》の世間では彼らのうわさが、おおげさにいえば六十余州へとひろがっていった。主《あるじ》たる武士（将軍から、大小名まで）が、あのような家来たちを持ちたきものよ、と嘆じたのはマア虫のいい自然だが、庶民までが沸《わ》きに沸いたのは、彼らの行動のすべてがよほどこの列島の民衆の、うちなる隠れた情念を共鳴させ、カタルシスをもたらす性質のものだったからにほかならない。（その出どころについては、すでに本稿前半でいくつかの角度から述べたので、繰返さない。）

民衆はただ沸《わ》いたのみでない。みずからそれを表現した。十五日以後、落首《らくしゅ》・川柳の類は、大江戸八百八町、さらに諸地方で無数につくられていった。（半月後には、芝居にすら組込まれていった。もちろん題や人名は、例の仇討＝曾我兄弟を借りてだが。）

以下は川柳のうちよく知られる一部だ。

鮒《ふな》のたとへに鯉口《こいぐち》を抜き放し
（本稿8、9参照。鯉口とは、刀の鞘《さや》口のこと。楕円《だえん》形で鯉の口に似ているからいう。）

百目《ひゃくめ》をば百本つける昼行灯《あんどん》
（百目＝重さ百匁《もんめ》、当時最大のロウソク）

忠と義の備わる二つ巴なり
（「二つ瘦巴《やせともえ》」は大石の紋所）

五万石背負って立ったいい男

赤穂塩四斗七升にせんじつめ

山科にいて関東の脉《みゃく》をとり

山科は能ある鷹の隠れ里

さっぱりと掃除をさせて首を取り
（師走十三日は煤掃き行事の日）

目印は殿《との》がひたいにつけておき
（内匠頭が切りつけた上野介の額傷）

笛の音にちりぬるいろは寄ってくる
（いろは歌は四十七文字）

いろは武士かねて散りぬる覚悟なり

大石のちからともなるよい息子

その晩に雀が出ると鷹も出る
（これにはちょっと注が要る。――「竹に雀」は上杉十五万石の紋所。「違《ちが》い鷹の羽」は浅野本家四十二万石。当日、上杉が泉岳寺へ追手をかけなかったのは、浪士の側が大目付に自首するや、幕府は即刻、上杉を抑えたからだ。上杉の当主は吉良上野介の実子である。幕命とあって、涙をのんで控えたのが実情であった。もし上杉が出動すれば、浅野本家も出、東西大大名の乱闘となるは必至だった。）

十三日までは小石のやうにみえ
内匠《たくみ》とは家老の方へつけたい名
孝よりも忠義二十三多し　（中国では「二十四孝」）
惜しい哉《かな》惜しい哉とて御評定

さて、その御評定が、「死か生か」決しかねているあいだに、元禄十五年も暮れ、四家お預けの浪士たちも元旦を迎えた。

思ひきや今朝立つ春に長らへて
未《ひつじ》の歩みなほまたんとは（原惣右衛門、元禄十六年は未どし）
今日も春　恥しからぬ寝武士かな（富森助右衛門）

幕閣はなお揺れていた。——情を採《と》れば政道（掟）が立たず、政道を立てれば、逆に、封建制を支える根本の「忠」情をつぶす。

上野寛永寺・日光輪王寺の門跡、公弁《こうべん》法親王（後西天皇の皇子）が年始の挨拶に江戸城へ見えた。

その機をとらえ将軍綱吉が「政治を執る身ほど世につらいものはござりませぬ」——そう歎き、暗々に浪士の処置につき法親王の「助けてとらせ」の一言を乞うたのは有名な史実だ。

親王は沈黙の微笑で応えられたというが、為政者が皇統の人に「聖断を仰ぎ」たくなる（つまり、裁定の責任を転化したくなる）のは、余程窮した時である。ながい歴史の中で、昭和二十年の終戦処理のさいまで、その例はかぞえるほどもない。

——その意味でも、ひとりの「昼行灯」氏は、たしかに大事《おおごと》を政治権力に投じたのだ。

細川邸では、浪士たちに与えられた部屋の前庭の池畔に、梅が盛りだった。（泉岳寺とは道一つ隔てた背中合わせ。のちの高松官邸、現在の高輪プリンスホテルである。）

内蔵助は日々それを眺めていた。

そして、あの山科西野山で一年前、リクと共に植えた若木——ついにその花の色を知らずにおわる梅のことを、チラとおもった。

35 余聞

裁定がくだった。

吉良邸討入りから一ヵ月半。さきの松ノ廊下事件が即日数時間で断罪実行をみたのに比べ、幕閣がいかに今回の「赤穂事件後半部」の処理に苦慮したかを示していよう。

元禄十六年二月四日の朝、老中からの使者が浪士を預る四大名家へ発せられ、「本日未《ひつじ》ノ刻（午後二時）大公儀御上使（宣告使と検使）差遣《さしつか》はさる」旨、あらかじめ通達があった。

その日、江戸は寒気冴えかえって晴れ、芝高輪《たかなわ》の細川邸、三田《みた》一丁目の松平邸、麻布《あざぶ》北日《ひ》ケ窪《くぼ》の毛利邸、芝田町《たまち》の水野邸、の四屋敷では、物音を抑えたあわただしさのなかに、土圭《とけい》が刻々と時をきざんだ。

定刻——上使到着。

庭前に梅の咲きさかる細川邸お預けの間《ま》でも、装束をととのえ平伏する十七人を前に、上使が将軍の宣告文を読みあげる。

御上意《おじょうい》

浅野内匠頭儀、勅使御馳走の御用仰せつけおかれ、その上、時節柄殿中を憚《はばか》らず、不届きの仕方につき、御仕置仰せつけられ、吉良上野介御構ひなくさし置かれしところ、主人の仇《あだ》を報じ候と申立て、内匠頭家来四十六人、徒党《ととう》を致し、上野《こうずけ》宅へ押込み、飛道具など持参、上野を討ち候始末、公儀を恐れざる段、重々不届きに候。これによって、切腹申しつくるものなり。

上使は、荒木十右衛門。奇しくも、赤穂開城のさいの幕府収城目付その人であった。（あのとき、浅野大学によるお家再興を三度まで嘆願した内蔵助の衷心を容れ、老中へ取次ぎを約束し、実行したその人である。）

上意書を読みおえた十右衛門は、紙面をパッと十七人の方へ向けかえ、グルリと左右へ、相違ないむね披見《ひけん》のかたちをとる。

その時——、最前列中央で面《おもて》を起こす内蔵助の眼とはっきり合った。

「四十六人徒党を致し」——その字のあたりを真すぐに貫きつつ、淡々とまた平伏してゆく内蔵助の瞳の光を、十右衛門は、のちのちまで忘れまいと吸いこんだ。

役命とはいえ彼もまた、「事」の発端から結末まで、百五十五里・一年九カ月——その天・地・人と深くかかわったのである。

幕府は結局、天下の御法度《ごはっと》に触れる「徒党」「飛道具」をもって押入った「公儀を恐れざる」「重々不届」の犯罪として、彼らを処断した。——徒党であるか？　君意を継ぐ臣らの一心同体の志とみるか？　幕府は前者を採ったのだ。飛道具については、彼らのうち二人が弓を、他の二人が半弓《はんきゅう》を携えたのは事実だが、当時の常識として飛道具とは鉄砲をいう。彼らは一梃も持参していない。

しかし、それらは枝葉のこと。天下公儀政道への反逆として（認め）処理した点では、内蔵助の無言の真意に応じたことになる。

助命を、という世論に幕府は克《か》った。切腹を以てしたのは、武士として遇する形式のうちに、松ノ廊下事件のさいの幕府の片落ちを清算する意識がはたらいたといえよう。

この裁定に、幕閣の最高責任者として事に当ったのは、むろん老中上座（大老格）・松平美濃守＝柳沢吉保（当時、武蔵国川越《かわごえ》藩主）であった。

彼は、自藩の少壮の儒臣・荻生徂徠《おぎゅうそらい》に諮問《しもん》し、答申書を提出させていた。（徂徠の「擬律書《ぎりつしょ》」という）。これを参考に、熟慮して当ったらしい。

吉保は、専制君主・綱吉の尻拭いにいつも苦慮し、みずから世評の泥をかぶるを常としたとはいえ、自身は元来、幕政では老中合議制を重んじ、一方、藩政でも領民に慕われる誠実沈毅の人であったようだ。細井広沢・荻生徂徠などを召し抱え、意見をひろく聴いた。

徂徠はもと、綱吉が若い日に上野《こうずけ》国館林《たてばやし》藩主であった頃、藩医を勤めた者の子である。少年の日、父が綱吉の機嫌を損ね、一家は上総国に流罪となり、そこで赤貧のうちに独学、根本的に考える習性を身につけた。許されて江戸に帰ってからも、私塾を開き・豆腐のおからで飢えを凌ぎつつ、研究に打ち込んだ。小姓《こしょう》の頃から綱吉に仕えた吉保は、その後もひそかにこの青年を視ていた。幕政に参画するようになった元禄九年、徂徠を召し抱えたのだった。

吉保は「裁定」の閣議をリードしつつ、五十日、辛抱づよく結論の熟成を待った。

――幕閣もまたここにきて、心の背筋をシャンと伸ばした。やはり、みごとというほかない。

そしてそれを内奥から触発したのは、ほかならぬ大石内蔵助の、時空にひろがる発想源第三層……「蜩の構え」であったろう。


徂徠の「擬律書」と、それに基づく「裁定」は、国家＝法治国家　における「法と人間」という観点からみるとき、やはり当時として、この上ないほど情理を尽くした結論と（私のような素人には）感じられる。国政を預かる者の、骨太い・成熟した・粛然たる爽やかさを感じる。政道は、先にみた人々のような「評論」次元では済まないのだ。徂徠は、吉保の求めるところによく応《こた》えた、とおもう。

その法理念と立論の骨子は、およそ次のようであった――

●この事件の「前半部」は、「長矩《ながのり》が義央を殺そうとしたのであって、義央《よしひさ》が長矩を殺したのではない。赤穂藩は長矩の不義（犯罪）が原因で、国法によって滅んだのであって、義央が赤穂を滅ぼしたのではない。だから、主君の仇《あだ》とは言えない」。むろんそもそも喧嘩両成敗（という戦国時代以来の武士間の不文律）の余地ある事件ではなかった。

●「後半部」は、四十七人の者が「主君の邪志《じゃし》を継いだ不義」の行為であって、義とはいえない。一般に敵討《かたきうち》は義として認可されているが、長矩は国法によって処刑された者だのに、吉良氏を以て仇とみなすのは「法ニ於テ許サザル所」である。

ただ、家臣の情はおおいに憐れみ得る。しかしそれも、その党（旧家臣の一部分、四十七人の「徒党」）に限ってのことで、ひっきょう「私《わたくし》ノ論」に過ぎない。

もし、本来 公《おおやけ》の性質上「不義」な行為を、私情私論からみた「義」を賞して助命などし、「私論以テ公論ヲ害セバ、此レ以後、天下ノ法ハ立ツベカラズ」。

——ヨッテ全員切腹。

むろん、「法」はいつの世にも万全ではない。ましてこの時代、タテマエは、公《おおやけ》が私《わたくし》を完全に圧倒していた。（現代の法廷でいう「情状酌量」は「私的情状」へのおもんばかりだが……）

しかし……、歴史の長いスパンからみれば、この「裁定」あったがゆえに、「赤穂事件」はこののち長く、この国の民心にさまざまな形で深く浸透し、また、社会の問題・さらには「日本人とはどんな民族か」を考えるさいに振り返る、一つのよすがともなってゆく。

——内蔵助も、吉保・徂徠も、それぞれの立場と存念を懸け、真っ向からガッキリと切り結んだ。そこにこの元禄という時代の「成熟度」の深さが映っていようか。

（ちなみに、元禄十六年二月、柳沢吉保・四十六歳、大石内蔵助・四十五歳、荻生徂徠・三十八歳、五代将軍徳川綱吉・五十八歳——いずれも数えどし——である。）

四十六人の切腹は、今の時刻にしてだいたい午後四時—六時頃のあいだに了ったと公文書は記録している。

十人が預けられていた松平邸では、主税《ちから》から始まった。呼ばれて立上った少年に、堀部安兵衛が「すぐ参りますぞ」と声をかけた。記録によれば首が離れた瞬間、身体から、他のおとなの誰よりも多量の鮮血が勢いよくほとばしったという。

十七人の細川邸では内蔵助からであった。粛然と畳に居並ぶ十六人の瞳がヒタと彼を見上げた。彼はかすかに頷《うなず》き、

「お先に——」かるく、そういうと、案内役のうしろに付いて出て行った。

十六人の中に、赤穂藩の重役はひとりもいなかった。もしいたら、たぶん憶い出したにちがいない。——かつて昼行灯《ひるあんどん》といわれた頃の内蔵助が、あの赤穂城書院での重役会議で、藩主内匠頭長矩が退席したあともなお議論や談笑をつづける他の家老や組頭《くみがしら》をのこして、そっと姿を消すさいも、いつもそんなふうに言い、そんなふうに出ていったことを……。

＊　　＊　　＊

四十六人の遺体はその夜、四家から、ふたたび泉岳寺へと集《つど》った。ゆるされるなら同志一処に葬られたい——お預け中、若い一人が接待役にそう洩らした希望が、四家協議のうえ、幕府

に容れられたのだった。

　したがって、内蔵助が山科を去る日、ひそかに進藤源四郎に託した配慮――西野山岩屋寺下《した》、かれの寓居のあった一隅の木陰に、さりげなく四文字「倶會一處《くえいっしょ》」のみを刻んだ小さな一基の合同供養塚を――は、実現せずに済むこととなった。

　泉岳寺では、ひとりひとりの戒名に「刄」と「劔」の共通字を入れ（内蔵助は「忠誠院刄空浄劔居士」、主税は「刄上樹劔信士」というふうに）、四十六基の墓がコの字に並び建てられた。「泉岳寺よこに歩いてくたびれる」と川柳によまれたとおりである。討入り後、内蔵助の指令で姿を消した寺坂吉右衛門だけは、秘命を果したあと八十三歳の長寿をおえたが、のちに彼の墓も四十七基めとして加えられた。戒名は遂道退身信士である。

　赤穂浪士処刑おわる――その報はまたたくまに諸国へ伝わっていった。

　二月二十四日、近江の大石富川村・往生寺では、例年のごとく「大石義民祭」が大石五ヵ村合同で行われていた。九十年前、村民を苛税から救うため直訴し磔《はりつけ》刑となった庄屋、彦治・源吾兄弟の慰霊祭である。（「24　憤り、第二の根」で述べた。）

　兄弟の働きについて、ちょうど半年前の昨年八月下旬、偶々自坊に大石父子を泊めたさい物語った、信楽杵原《しがらきほそはら》・真徳寺の若い住職も、いつものように伴僧として加わっていた。

　人々のうちには今回の赤穂浪士事件についてうわさする者もあった。その頭領がこの大石出身の内蔵助であることを興奮して語るものもあった。本日は浪士らの三七日《さんしちにち》に当る、と言出す僧もあった。「が、われらはわれら、身を捨て村びとを救った義民こそ、本日の慰霊祭の尊霊でございましょう」――主僧のことばで、祭りはいつもと変らず始まった。

真徳寺の若い住職も末席で読経をつづけた。

「…舎利弗《しゃーりーほー》、衆生聞者《しゅーしょうもんじゃ》、応当発願《おうとうほつがん》、願生彼国《がんしょうひーこく》。所以者何《しょーいしゃーがー》。得与如是《とくよーにょーぜ》、諸上善人《しょーじょうぜんにん》、倶會一處《くーえーいっしょ》…」

ふだん誦みなれた阿弥陀経が、今、幾千万億の人間の悲願の声として湧き起こり、身に沁み入ってくるのを、彼は瞑目和誦しつつかんじていた。……まぶたの裏に、あの朝まだき、本堂から草鞋《わらじ》を結び立ち、「来春の義民祭には私どもの心も共に参らせていたゞきましょう」――ゆったりと言って去った士《さむらい》と、大柄な少年の姿が泛《うか》んで消えた。（彼らはあれから石塔寺《いしとうじ》へ行ったろうか……）

若い住職はなぜか、自分が偶然、たしかに大石内蔵助・主税と名のる親子を一夜泊めたことを、今日の席上でも、これからも、心のうちひとつに納めておこうと思っていた。

「弥太郎《やたろう》よ」

江戸駒込《こまごめ》の六義園《りくぎえん》――柳沢吉保別邸へ、今日もお微行《しのび》で来た将軍綱吉は、吉保がまだ彼の小姓であった頃の呼名で語りかけた。

「余はまこと疲れた。それにしても、白山《はくさん》同士の戦いではないか、何ということか……」

「おこころ、お察し申上げまする」

綱吉の生母桂昌院《けいしょういん》は、江戸小石川の白山神社への信心が篤かった。それというのも、彼女は京の夷《えびす》川一帯の町衆の娘で、押小路麩《ふ》屋《や》町にある白山神社の衆徒だったからだ。三代将軍家光が朝廷へ挨拶に上ったさい、駕籠の中から見染めた女性《にょしょう》である。むろん、ある由緒ある武家の娘ということにして大奥へ入れたのだ。（これらのことは「17　桔梗の水」でも触れた。）

綱吉の人一倍の母思いも、彼女の出自（の当時でいう卑賤さ）と無関係でなかった。元禄期に入って、小石川の白山神社が、社殿・摂社・末社・神官の居宅にいたるまで、すべて幕府じきじきの御下賜金で修築されるに至ったのも、彼なりの母への孝心に発していた。

徳川家自身、隠《ふ》せてはいるものの、同じ白山神徒の流れであることを、綱吉は知っていた。彼が異常なほど学問を好み、観念を好んだのも、そこに因があった。人間を透明な存在として把えたかった。万民を治めるという普遍行為である政治もまた、血の相剋を離れた抽象道義に拠《よ》らねばならぬ、と彼は考えた。

若く、まだ上野館林《こうずけたてばやし》藩主であった頃から、小姓・柳沢弥太郎と、二人は己れの抱負を語りあった。青年期の二人の間には、当時の慣習《ならい》として男色関係もあった。だがそれは、一つの「志」を政治に顕わすため一心同体となろうと契《ちぎ》った二人の、若き日の姿の一面でもあった。

異母兄・四代将軍家綱の早逝後、綱吉は将軍となり、弥太郎は最高執政官（老中上席側用人）となった。元禄時代とはこのような二人が地上に画く作品である、との自負が暗黙のうちに二人にある。――同志の結び・主従相恃《あいたの》む武士の心情は、この二人のものでもあった。

吉保が綱吉の憩いのために造ったといってよい六義園の広大な回遊式庭園に、いま、菖蒲がさかりである。池畔の亭《あずまや》に風がたち、鬢に白いものが混じりはじめた二人の頬をなでてゆく。

「内蔵助とやらに会いとうござりました」

淡々と吉保がいった。

「もし冥土で会ったなら、語り明かしたく思いまする……」

「うむ……。あれが一《いっ》以て貫いた『憤り』の操《みさお》は、世々の民々には見えやすかろう。じゃが、己れ一個の望みを断念し、普遍の願《がん》に生きる士道は、ひと知れず多様《さまざま》にあろうものを……」

水鳥の浮く池面に視線を遊ばせたまま、綱吉がつぶやいた。


人心は気まぐれだ。大勢《たいせい》へどっと流れる。

ことに無慙なのは、脱盟者たちだった。

討入り後旬日余の十二月二十八日、元組頭《くみがしら》の一人・岡林杢《もく》之助（禄高千石）は、旗本である兄弟から一門の面汚《つら》しとして詰腹を切らされた。息子が討入り前に逐電したことを知らずにいた小山田庄左衛門の老父は、恥じて自害した。

山科の進藤源四郎もまた一入《ひとしお》の嵐にさらされていた。――内蔵助の山科住みに身元保証人となったのは彼である。

「なんたってムホンですからね。天下幕府へケンカを売ったんだから、大石らは……。

今のヤワな反政府行動とはわけがちがう」

現在の山科区西野山桜ノ馬場町に、当時からのままお住まいの進藤家の当主・備教《とものり》氏は、この稿の冒頭に掲げた、源四郎が地元庄屋衆へ差出した自筆の「請書《うけしょ》」を、筆者に見せてくださりながら言われた。

《…此者慥《たしか》成る者にて御座候。万一此内蔵助儀に付、何様の六敷《むつかしき》儀出来候共、我等罷《まかり》出《で》、急度《きっと》埒明《らちあけ》、中へ少も御苦労に掛り申《もうす》間敷《まじき》候……

元禄十四年辛巳七月
進藤源四郎　印　》

墨色はまだ褪《あ》せていない。

「……地元連帯責任のおもわくもある。内蔵助の旧居は速刻、解体されたそうですよ、庄屋衆の手で。……が、やっぱり、だんだん、偉いやっちゃ、ということになっていった。

無慙なのは源四郎ですわな。謀叛人の身元保証人として地元を騒がした上に、内蔵助ともっとも近い親戚の重臣でありながら脱落して生きのびた……。両方への裏切者ヤとなった。

世間はキツイもんです。……到底、此処には居れんかったでしょう。墓さえ、山科の進藤一族の寺には入れてもらえず、彼ひとり、向こう側（と、備教氏は、西野山の山ごしに、西方をさされた）の泉涌寺《せんゆうじ》来迎院にポツンとあるそうです。私も行ったことはないが……」

伝承では、やがて越前・加賀方面へ遍路に出てしまったともいう。——なぜ北陸路へ行ったのか？　世をはかなむなかにも、あるいは、内蔵助が山科での最後の日に語った、「夷《えびす》」の血、「白山神徒」への思いがフトきざし、彼の足をおのずから、かれらの霊山・加賀の白山のほうへと向かわせたものか……。

晩年、京にもどってからも、彼は山科には住まず、泉涌寺の塔頭《たっちゅう》・来迎院に、掛人《かかりびと》としてひっそり暮らしたらしい形跡がある。

唐突ながら……ここで私は、余談をさしはさむ誘惑をしりぞけることができない――まことに気の毒というほかないが、脱盟した浪士たちのうちでも源四郎ほど、後世に汚名を着た人はいないかも。……というのも、この「討入り」から約五十年後に歌舞伎の『仮名手本忠臣蔵』が創演され、さらに百二十年後に『東海道四谷《よつや》怪談』が創演されるが、この『四谷怪談』にかれは、実名で出てくるのだ。『――四谷怪談』といえば「お岩さん」だが、じつはこの芝居、『――忠臣蔵』の裏芝居として構成されていた。つまり、討入りに加わらず・市井に生活を求めた平凡な赤穂浪人のその後の物語で、むろんフィクションだが、もともと『仮名手本忠臣蔵』とセットにして上演されたのだ。江戸での上演では、ずばり「進藤源四郎」。最初は「不義随一」の者として紹介されるので、さすがに上方《かみがた》で上演のさいは、「新藤」「民谷」と姓を変えて演じた。

――父の仇を討ってもらおうと、お岩さんは、赤穂浪人・民谷伊右衛門《たみやいえもん》と夫婦になる。しかし嫌われて、「面態《めんてい》崩れる薬」をのまされ、無慙な顔になり、あげく殺される。そして幽霊となって復讐するのだが、この民谷伊右衛門が「進藤源四郎の先妻のつれ子」で、江戸藩邸に勤務していたという設定だ。伊右衛門じしん、あの「討入り事件」後は、「不義随一の進藤が悴《せがれ》」とうしろ指をさされていた。その彼が、お岩殺しののち、彼女の幽霊に悩まされ、最後の第五幕では「蛇山《へびやま》庵室」にこもる。そこへ、老いた進藤源四郎が六十六カ国霊場の巡礼姿であらわれ、伊右衛門の悪態を受け、また去って行く。

おおくの生き残り浪士のうち、源四郎だけが、主君と同志たちの菩提をとむらう旅にすごしている人物として、さいごは描かれているのだが……。

筆者《わたし》は源四郎の墓を見たいとおもい、京都市東山区の泉涌寺へ行った。泉涌寺《せんゆうじ》は御寺《みてら》ともよばれ、皇室の菩提寺である。そのなかの来迎院はすぐわかった。が、院内に墓らしいものは一基もない。ご住職に尋ねると、「そんな……あんた、女一人でいけるとこやないですで。あの山の中腹の……杣《そま》道しかあらへんとこや」――そう言われ、断念した。小さな墓で訪う人もないとのこと。（住職は私を、進藤家ゆかりの変り者、とおもわれたらしい。）

が、なんと、今、住職がアゴでしゃくられた山のむこう側は、岩屋寺だという。――つまり、この来迎院と、西野山の内蔵助寓居とは、一つ丘陵（京がわからは東山、山科がわは西野山）を馬の胴にたとえれば、左右の鐙《あぶみ》の位置にあった。鞍部の杣道越しに、わずか十数丁の距離である。

住職の話では、じつは内蔵助が山科へ来た当時の、泉涌寺長老で来迎院住職・卓嵓韶興《たくがんしょうこう》宗師は、進藤家の出身（源四郎の叔父）で、源四郎と共に訪れた内蔵助は「寺請書《てらうけ》」をここで作ってもらったという。（寺請書――当時、里住み浪人や農民は、居住地近辺の寺の、壇徒登録が必要で、それが現在の戸籍簿に当った。さきに「1　山科」であげた庄屋衆への「請書」に《寺請状、此方に取置申候》とあるのがそれだろう。藩士のばあいは「藩分限帳」に登録された。）

内蔵助はその礼に、来迎院のなかに小さな茶室含翠軒《がんすいけん》を寄進し、ときおり一、二名のごくかぎられた人物と茶室にこもったという。

この密会所についてはほとんど知られていない。

皇室菩提寺としての広大な泉涌寺領地は、幕府支配を一切受けつけなかった。来迎院はその奥の幽翠な谷間にある。……今更のように彼らの策謀の二重三重性をおもったことだ。

晩年の源四郎もここへ傷心の身をひそめたのだろう。

討入りから三十年たった享保十六年の春。八十一歳の源四郎は、山科西野山に残っている自分所有の山林を、すべて売却した。

七月にかれは死んだ。（衰亡に瀕していた岩屋寺に、ささやかながら本堂の修築がされたのは、その年から数年間のことともいう。合力者などの名は伝わっていない。）


人のこころは、嬉しさや楽しさをつうじてよりも、むしろその反対の種々の悲しさ・苦しさや、憤《いきどお》ろしさというものを、じっと抱き、濾過《ろか》することで、深められるものらしい。

かつて内蔵助が赤穂から山科へ来往しての短時日のなかで、急速に目ざめさせられ・深められていった、人の世のふかい悲しみや、世の仕組への憤りというものが、三十年をかけて、老いた源四郎にも見えそめていたか……。

それにしてもここまでの泥をかぶるとは……そう恨みごとの一つも言ってみたい気持はむろんあったろう。が、そんなときも、あの、脱盟「密約」のさいの内蔵助の声が、今は彼なりにうなづけるようにもなっていたか……

「ひとは皆、使わるるものでござる。一つとして無駄なく使わるるものでござる。生かさるるものでござる。志は一つ、われらが個々のものではござるまい。大いなる一つのものに、われらすべて使われての一生でござろう。……倶會一處《くえいっしょ》……倶《とも》に一處に會うその日まで……おゆるしくだされ源四郎どの、――」

岩屋寺は幕末の嘉永年間に至り、尼僧・堅譲《けんじょう》の立志と、当時の京都（西）町奉行・浅野長祚《ながとし》（浅野左兵衛長武――一七ページ［大石系図］――の裔である旗本）らの寄進によって、現在みるような姿に再興され、明治三十四年（一九〇一年――内蔵助がこの地に来住してから二百年後）には、四十七士の木像堂も加えられた。

さらに昭和に入って十年（一九三五年）、多くの民間人の協力によって、北に隣る竹藪をひらいて「大石神社」も創建され、「岩屋寺」、その一段下に整備された「大石一家寓居の跡」、とともに、山科における赤穂義士遺跡の一角をかたちづくっている。

京都の北区紫野の「瑞光院」（内蔵助が生前建てた内匠頭長矩の墓と、のちにつくられた四十六士の遺髪墓があった）すら、二十年ほどまえ（昭和三十七年）、四十七基の墓ごとそっくり山科盆地の北端・安朱《あんしゅ》に移転して来て、毎年十二月十四日の「山科義士祭」には、そこから盆地西南隅のこの西野山まで、義士行列が練り、大石神社・岩屋寺周辺は千余の人出や露店で賑わう。

裏山一帯の竹藪は、今も進藤氏一族のどなたかのものとみえ「筍とるな竹切るな　進藤」の立札がひっそり立つ。

私どもは、討入りが成功し、すでに世間の公認となった「義士」のお祭りゆえに、安心してそれに参加し、愉しみ、かつ育てる。——そこに私どももこの列島に栖む民衆のクセも、いくらかにおっていようか。

が、もしあのとき……

「三度、隈なく探し申した。しかし上野介様のお姿は見えざったのでござる。殆どそれがしも断念いたしました。

もしあのとき……同志の一人が炭部屋の暗闇へ今一度、手槍を突入れてみる気にならなんだなら……、その穂先が偶《たま》々上野介さまの膝にささらなんだなら……。

世の嘲笑は未来をかけてわれらが上に降ったのでござる。源四郎どのらの代りに……。

危い企てでござった。それがし、お預けとなってから死を賜る日まで五十日、夜毎ふり返り、鳥肌立たぬときはござりませなんだ。……僥倖でござった。怖いほどの、むなしいほどの。

志《こころざし》や義《ぎ》と、「実《じつ》」の世の成功とは、何のかかわりもなきものでござる。……ただわれら、不可知のおおいなるものの志に、あのとき・ああいうかたちで用いられた、粟粒《あわつぶ》の一つにすぎませなんだ。ふみにじられ・忘れられていった、世々の無数の粟粒と同様に……」

内蔵助の発想源第三層、「虚《きょ》」の視座からは、そういうことになる……だろう。

山科西野山の岩屋寺境内、本堂から北へ十数歩、

「大石大夫《たゆう》お手植の梅」

がある。

これがあの、内蔵助がリクと共に植え、ついにその花の色を知ることなかった、あの若木であるか、どうか……。苔むした幹の大半が洞《うろ》となっている古木だが、樹勢はなおたしかで、丈《たけ》も、再建された茶室可笑庵《かしょうあん》の屋根をはるかに越え、新枝を八方にひろげている。

それは、凜然たる白梅でなく、羞《はじ》らうようにわずかな紅《べに》を含む薄紅梅で、毎とし春浅いころ、ほとんど桜とまがうほど、西野山の青空を背景に、樹ぜんたい淡《うす》くれないにけぶっているのが、遠くからも望見される。


（完）

型はずれの

あとがき――二十年をへて出版にさいして

（一）情念史としての赤穂事件

いまなおテレビの大河ドラマで繰り返し取り上げられる「赤穂《あこう》事件」。歳末ともなれば、どのチャネルかでやっている「忠臣蔵《ちゅうしんぐら》」。

先の大戦後、占領下にあった七年間、歌舞伎でも「忠臣蔵」の上演は禁止されていました。しかし、日本の庶民のあいだに張ったこの地下茎は枯れることなく、やがて復活しました。戦前まで私ども民衆の暮らしに充ち渡っていた情感や風儀の多くが、失われ去った今なお、この江戸時代・元禄期の一事件をめぐって、これまで膨大な数の書物や劇作が成され、聞くところによれば、一千冊を収めた私立図書館も生まれているとのこと。

そして今年は、事件の「後半」（浪士四十七人による「吉良《きら》邸討入り」。――元禄十五年〔一七〇二年〕十二月十四日）から、三百年を迎えます。

一体、この「赤穂事件」をめぐる、絶えざる民間人気はどこからくるのか？――そこに興味がありました。わたしども日本民衆に底流《そこ》れつづけるどのような情念が、そうさせてきたのだろう？　と。

「赤穂事件」。――その「後半」のリーダー・大石内蔵助《おおいしくらのすけ》が、あの事件の「前半」（前年三月、江戸城内・松ノ廊下における「主君浅野内匠頭《あさのたくみのかみ》の刃傷沙汰」と、その結果としての「一藩取潰《とりつぶ》し」）によって目覚めさせられ、赤穂退去ののち身を置いた洛外「山科《やましな》の一年有余」に彼の内部に育っていったものとは、何だったのだろう？　つまり事件の「後半」（「吉良邸討入り」）にこめた大石内蔵助の最奥の「悲願」とは、ほんとうは何だったのだろう？　というのが、本書のテーマです。

この作物は、二十年ほど前に、史談「飛花残心」シリーズの一つとして書きました。
連載誌――『花泉《かせん》』（華道専正池坊・月刊機関誌）
期間――昭和五十七年一月号から五十九年八月号まで。
連載時の題名は、「倶会一処《くえいっしょ》――薄紅梅の人」でした。

同じ系列の史談「元禄師弟道中――芭蕉星座」（「花泉」連載、昭和四十八年四月号から五十二年七月号まで。平成七年〔芭蕉没後三百年〕野草社刊『芭蕉星座』）につづくものです。
今回出版にさいし、ふりがなを増し、ことに前半部にかなり加筆しました。

また、書名を端的に、『内蔵助《くらのすけ》、蜩《ひぐらし》の構え』としました。

元禄時代——それは、この列島民族全体の「感性の熟成」という点からすれば、おそらく最大の深度に達していた時代ともみえます。蕉門《しょうもん》の連句が示しているように。

そして熟成のさまは、一見みえるもの・みえないもの、のすべての枝々に樹液のように沁みわたってゆくものでしょう。してみれば、農・工・商のなりわいにおける精緻な工夫、また、文芸・美術・芸能はもとより和算・囲碁といった方面にまで、庶民の日常生活の中に裾野広く・高度の果実をもたらした同じ樹液は、「文と武」と一見へだたった姿をとったとはいえ、あの「赤穂事件」の中にも流れている、と考えるのは、さほど荒唐無稽とも断じられますまい。

この思いが、あえて同じ史談シリーズに、芭蕉と内蔵助をとりあげた理由でした。

理想といい・理念といい、行動の哲学・美学といっても、つまるところその底は、人間の感性であり情念でしょう。それをもたらし・未来を創る血肉となるのは、血につながる先人たちが身を以て生き継いできた、歴史の具体です。

芭蕉において私はそれを、次のようにみました。

《松尾芭蕉は、〈伊賀心術《しんじゅつ》〉が日本に贈ったおくりものであった。古代から聖徳太子の情報機関たる志能便《しのび》を生み、中世、楠木正成のゲリラ戦術を生み、観阿弥・世阿弥の芸能を生み、忍者集団を生んだ〈伊賀心術〉は、さいごの末裔として、松尾芭蕉その人を、日本の文化に送った。これが詩人・芭蕉の、衷《うち》なる史的血脈らしい。この血脈は日本の長い政治史の底の、痛覚を伴う「陰《かげ》の道」の一つでもあり、そこから幾十代をかけて磨き出してきた、森羅万象への洞察力＝心術であった。》

《人間は誰でも、この根のうえに自覚して立つとき、他《ひと》と共に協働して世へ何ごとかを贈りうるようだ》と。（『芭蕉星座』あとがき）

人は相集まって歴史をつくります。人間の歴史とは、とりもなおさず、人と人との間に交わり生きる人間の、人間《じんかん》に醸《かも》される関係動態の軌跡でしょう。そして一人の人間の自覚と成熟をよぶのは、人間《じんかん》における一人々々の痛覚と、危機の体験、と言っていいでしょう。それを底力あらしめるのは往々、おのが史的血脈の発見です。

芭蕉はそこから、俳諧連衆と共に、「日本のこころ」表現の、ひとつの極まりを創造しました。すなわち「蕉門《しょうもん》星座」です。のみならず、（私考によれば）彼は「もう一つの星座」の種子をも、実業の世界に遺していったようです——初期行商時の近江商人への「交易売買法、栖《す》み分け、民間自主独立」の示唆・助言がそれです。

内蔵助においてはどうだったのだろう？ 同じ元禄びと、かれの発見・創造とは？・寡黙であったろう内蔵助に、本文では後半、ずいぶん語らせてしまいました。最後の江戸下り寸前、主税《ちから》のために割《さ》いた、大石家先祖のふるさと近江への、三日間の旅の中で……。読者はどうお考えだろう？ 雑誌連載後、二十年も穴蔵入りさせてあったこの作物を、久しぶりに読んで、自身ちょっと心細くなくもありません。

しかし芭蕉においては、俳諧も、近江商人への助言も、すべての生けるものに「無意識の深層で通底する〈心〉というもの」の協働をつうじて描く、心の世界の真髄＝「曼陀羅《まんだら》」でした。同様に、内蔵助もまた、あの行為をつうじて、四十七人（本稿でいう「鶏卵《たまご》の黄身《きみ》」）、さらに背後の進藤源四郎ら脱盟者（「鶏卵の白身」）、吉良《きら》方をふくめ事件にかかわったすべての人々、また、この国の歴史の底に封じられつづけてきた、世々の声なき声々、と協働して、「人の世に差別というものがあってはならぬ」ことを命を懸けて証す、一つの《士道曼陀羅》を描いたのだとおもいます。共に、大いなるものの志に使われて、「倶会一処《くえいっしょ》」の意識のもとに。

そこに、ピンポイント吉良上野介《こうずけのすけ》個人への復讐（本稿でいう「発想源第一層」——同志たちの満月のような志も、その発想源の殆どはここにありました）でもなく、大公儀幕府（国家権力）の政治力学を「理不尽なり」と感じ、敢えて、蟷螂《とうろう》の斧を振り上げた内蔵助の「発想源第二層」と、それを内から支える彼ひとりの秘められた「発想源第三層」蜩《ひぐらし》の構え——悲願の世界——があった、と私は考えています。

このの ち昭和六十年代からの私は、さらに地底の流れを遡り、《日本「国つ神」情念史》シリーズの諸作へと向かったのでしたが、この『内蔵助、蜩の構え』はそこにいたる橋掛かりのような位置にある作物といえます。

従来の大石内蔵助からかなり逸脱した人間像を書いてしまった、それも二十年昔のこのような作物に、出版をかって出てくださったのは、全く、海鳴社の辻信行さんの義侠心によります。

海鳴社さんとのあいだで出版の話が具体化しだしたのは、昨年の八月二十九日でした。二週間後あの、アメリカ合衆国の心臓部を舞台とする「同時多発テロ」が起きました。夜十時、テレビニュースで目の当りにした、第二機めが超高層ビルに突っ込む同時生《なま》映像。漠然と二十一世紀についてもっていたやわな願望的イメージを粉砕された瞬間でした。

ふりかえってみれば、この赤穂事件の後半部（「討入り」）も、たしかにテロという側面をもっています。人間以外の動物の、厳しくはあれ大自然の掟《おきて》に従う世界には、存在しないだろう、人間社会特有の、テロというもの。テロを生む土壌。

それはおそらく人類《ホモサピエンス》という、かなり大型の体型をもち・一匹々々の寿命が数十年にもおよび・しかも大脳の発達した動物が、限りある地球《グローブ》の表面のほぼ全域に（その大脳による工夫を駆使して、熱帯から寒帯まで、他の生物の同種にはありえないほど）、余りにも多く繁殖したゆえの、智的欲望がらみで同種せめぎあう暴力性《テロ》に、根を発するのではあるでしょう。

そこに、他の動物の世界には存在しない人類固有の、心的遺伝子「X」が胎まれた。

X、——いにしえのひとが、無明《むみょう》、あるいは、原罪《げんざい》、などと呼んだものがそれです。

むろん、「内なるX」抑制の工夫はさまざまに続けられてきました。社会のスタンダード（価値の物差し）は、皆、その現れと言えるかもしれません。が、そこにもまた陥し穴があったようです。――一つのスタンダードがより力をもち、グローバル化するにつれ、それは本来の「自己抑制」から、「他者抑圧」へと、つまり「二次的X」の様相を改めて帯びだしたことです。

こうして、「自己肥大、力」のグローバル・スタンダードなるものは、たとえそれ自身が、他者のテロを呼びこむ・見えない「テロ性」を孕んでいるとしても、決して自身を、テロとも・ファシズムとも・帝国主義とも・原理主義とも認識せず、みずからをそう呼ぶこともありませんでした。

この、力が正義である政治力学は、さまざまに形と装いを変えながら、人間の歴史のなかを貫いています。

対等に物言えず・渡り合えない立場の「生命《いのち》」がどのようにしてつくられるか…。どのように悪循環して、際限なく、無視され・声封じられ・すりかえられ・また無機物のように屠《ほう》られる人々の群れが、創りだし続けられてゆくか…。

その具体の種々相の中にこそ、私ども人間界固有の、根本的X＝「無明」の、赤裸々な表出があろうか、とおもわれもします。

そして、私ども人間という名の社会的生物がこの地上で歩み創る歴史に「希望」というものがあるとするならば、それは、「わが内なる無明」に気づき、そこから、人間社会において立ち現れる「無明性」を、衆智を集め試行錯誤を重ねつつ・克服してゆく成熟の過程にこそあるのではないか。もしそうなら、「赤穂事件」を振り返ることもまた、未来を孕む現代の一石とならないか。

赤穂浪士の「討入り」後、世論は、「よくやった、胸がすいたよ」と、「卑劣なり」、の二つに分かれました。直後から双方が存在し、声として巷《ちまた》に出、しかもさまざまな芸能となり・書物となって、いわば当時の「民衆総参加」で考えつづけ得た、という事実が、まだしも社会の底の健全さと成熟度を示していましょうか。

（総参加といったって、これら第三者（＝観客）はまだしも、討入りメンバー自体、七十六歳の堀部弥兵衛から十五歳の大石主税までを含み、さらに全員処刑後も、十五歳（成人）以上の男性遺子は、連罪で伊豆大島へ遠流。――吉田伝内・間瀬定八・中村忠三郎・村松政右衛門の四人で、なかには他の藩にすでに仕官していた者もありました。そのうち間瀬定八は、七年後の赦免を待たず流罪地で亡くなっています。文字どおり、家族の生命を懸けた、一挙＝一揆《いっき》＝謀叛　でした。）

「山科」の大石内蔵助は、表面では「閑居」です。しかしもし彼が、最期の「道行き」ともいえる一年三、四ヵ月、身を置いたこの小天地で、本稿で推考したような「発想源第三層・〈虚《きょ》〉の視座」に目覚めさせられ、「血につながる隠された長い民衆史」を掘り起こし、そこから新たな「士道」を樹てることを発願《ほつがん》し、ひそかにわが内部に熟成させつつ、これらの犠牲をあえてして、あの「行為」に臨んだのだったなら…。

もしそうなら、史実の表層からは見えぬ情念史的リアリティにおいて、

「そのとき歴史は、しずかに動いた」

といえるかもしれません。

かつてこの風土は、このような、私ども自身の内にひそむ「無明」への、成熟した抵抗のかたち＝文化をもった。――三百年、衰えぬ「忠臣蔵」人気の謎は、私ども市井の人間がそのことを「無意識の深層」で感知しているところにもあるのでは…。

(二) こころと社会の「成熟」とは

「あとがき」は簡を旨とすることは承知しています。が、作から二十年を経て書く「あとがき」の性質上、もう少し蛇足をお許しいただけるでしょうか?

私どもの「こころと社会」の、「成熟」ということをめぐってです。人間、そして人間の社会は、時間さえ重ねれば――つまり個人なら加齢するにつれ、社会なら後世になるにつれ――果実のようにしぜんに熟成へ向かうものかどうか……への疑問です。私自身、健康保険証に「老」印の捺されてある昨今、忸怩《じくじ》たる思いが正直のところですから。

① 史的烙印《らくいん》の暴力性

毎年歳末、テレビの「忠臣蔵の季節」になると、改めて沈みくる屈託が私にはあります。まことに幼稚で気はずかしい想いながら。――これほどつづく国民的人気は、まぁよい。赤穂浪士は義士となり、この点について三百年後の私ども庶民の最大多数はもはや、茶の間のコタツに入ってテレビで観る、いわば史的グローバル・スタンダードの座布団の上にいるのですから。

しかし今もって、（a）毎年々々、その度毎に、いつも悪役を振られる吉良さん（とその御子孫）の身になってみれば随分と……との想いです。また、（b）当時の幕閣の代表として、とかく準悪役を振られる柳沢吉保《よしやす》（とその御子孫）についても同様です。（三百年といえば、もはや世代にして十代を越えていましょう。）以下、具体のいくつかを…。

（a）吉良さん

●先の大戦時、この国の舵取りをした或る方は、自家が吉良氏の裔であることを口外することを、子息に堅く禁じられたと仄聞《そくぶん》します。（本稿、七一・一一三ページ参照）

●昨年、たまたま私は、吉良氏の本領であった三河国（現・愛知県）幡豆《はず》郡を旅しましたが、地元にとっては（史料から考えるかぎり）おおいに優れた民政者であったらしい上野介義央《よしひさ》について、語る観光パンフレットも・バスガイドさんも、ありませんでした。史的遺産を使った町起こし・村起こし流行の、実際は存在しなかった天守閣まであちこちに建つ、平成の世に…。

●だが…、明治四十三年（一九一〇年）刊行の三田村玄龍著『元禄快挙別録』は、「赤穂事件」から二百年のちの当時の右の地の人々につき、次のような実地調査を録していました。

――かれらは忠臣蔵の芝居を決して観ようとしないこと。かれら地元農民が、あの事件から少しのち、吉良家の血縁の母子を村挙げてひそかに庇護したこと。また吉良上野介義央そのひとを、造った堤のゆえに今も「名君」として深く思慕していること。などなど。

その堤（幡豆郡吉良町岡山）は、義央が私財を投じ、地元の地勢・諸川の性質をじつによく考察して作られたものでした。（こういうことはながねん洪水に悩んだ地元の農民なればこそ、その真価がよく分かる。）

三田村玄龍はこの堤につき、同書で数ページにわたり詳細な土木工学的検討を述べた上で、こう記しています――

《此築堤は義央が采地《さいち》（領地）たる諸村のみならず、堤防の正南《まみなみ》・渥美《あつみ》湾に至る（他領を含めた）約八千石《ごく》の田地を安全ならしめたり。所在の農民は此築堤を感謝し、……、遂に黄金堤《こがねづつみ》と呼びたり》

《付近の堤塘《ていとう》は明治初年より数回の修治を要せしが、獨り此塘は損害を受けたることなし》

水田稲作を基本とするこの風土において、古代であれ・封建時代であれ・近代であれ、治政者がまず心くだくべきは「治水」であったこと、いうまでもありません。

しかし、右の明治末からまた百年の歳月を経た、平成の現在、かつての地元の「名君」を観光パンフで語ることすら、逡巡させる方向に流れる。

……とすれば、善玉悪玉の単純な「グローバル化」というものが、末広がり的に（或る場合は洪水のように）現実へ及ぼす影響の怖さを、いや、もっと根本的には、私ども民衆自身がその未熟性において洪水の一滴々々と化す実態を、振り返らせもするようです。
●じつは幡豆町には、このことと関連する、もうひとつの遺跡があります。

――先の第二次世界大戦後、勝者が敗者日本を裁いた「東京裁判」において、昭和十年代の日本の指導者の代表七人は、昭和二十三年十二月二十三日夜、死刑となりました。処刑後、遺骨はもどされず、アメリカ軍が横浜市の久保山火葬場の共同骨捨て場に捨てたことを知った弁護人たちが、翌二十四日、折りからクリスマス・イブで米軍の警戒の薄いのを幸い、骨灰を掬《すく》いとり、ひそかに持ち帰り隠しました。いつの日か、七人合同の墓をつくるためです。その後、曲折がありましたが、最終的に墓域を受け入れたのは、首都東京ではなく、この愛知県幡豆町でした。「殉国七士墓」は、太平洋を望む名峰・三ケ根山の山頂にあります。

いまなお靖国神社合祀問題に揺れる世情を超えて、赤穂事件後二百五十年のあいだに被った史的烙印の痛みが、幡豆郡地元の人々に、ふところの深さという成熟をもたらしたといえましょうか（たとえ七人の一人が吉良の裔とはいえ）。――歴史の底の、隠れた民心の事実です。

右はほんの一例に過ぎませんが、グローバル・スタンダードがもつ「二次的X」＝目に見えぬ暴力性は、過去のものでも、他国のものでもなく、足元の私ども一人々々の心の中に、日常さまざまなかたちで、唯今も潜《ひそ》むといえないか？

●江戸時代の民衆芸能（歌舞伎）は、名作『仮名手本忠臣蔵』を生みました。しかし一方で、その裏芝居として、同じ赤穂浪人がらみの、「光と影」の「影」の面といえる『東海道四谷怪談』をも用意しました（本稿、四二四ページ）。むろんフィクションですが、仇討ちに参加しなかった赤穂浪人である主人公・民谷《たみや》伊右衛門の、その後の市井での凄じい「悪」の姿に、「事情によって激変する」人間一般への「成熟した」洞察が、この時代のバランスある感性として示されているようにおもわれます。

（b）は、柳沢吉保についてです。

●「赤穂事件」の前半部は、老中たちの閣議の間もあらず、将軍・綱吉の一声で即決。そこから後半への重いしこりと課題が残ったのでした。「後半」——浪士の討入り成就——これへの「裁定」が実質、最終的に老中上座・柳沢吉保の肩にかかりました。結果は周知のとおりで、本稿でもその家臣・荻生徂徠《おぎゅうそらい》の答申とともに「35　余聞」で述べました。

幕府のこの時の「裁定」には、元禄という時代文化の総力を挙げての、鼎《かなえ》の軽重が問われていた、といえます。そして裁定は、私には、みごと、とみえます（内蔵助らがみごとであったと同質の成熟度において）。鐘は大きく叩けば大きく鳴ったのです。

ともすれば浮華撩乱の側面でみられる「元禄」の、凛《りん》たる芯——。豊かさが、真の豊かさに締《し》まりました。これは後世にかけて大きなことです。そしてこの見えざる功績の少なくとも重要な一部分は、最高執政者・柳沢吉保の識見と決断に帰せられるべきでないでしょうか。彼は悪役を引き受けることで、内蔵助にも最も深く応えました。

儒者・学者としてのみならず思想家として大成してのちの荻生徂徠は、「人材トハ疵物《きずもの》ナリ。コレヲヨク使ウガ名君ナリ」といっています。

裁判という点からみれば、私どもこの国の民衆に人気のあるのは「大岡裁き」です。しかしこれはレコード盤に喩《たと》えればB面で、国家レベルのA面としては、この「赤穂浪士裁定」はのちの明治二十四年（一八九一年）の「大津事件」における児島《こじま》惟謙《いけん》の裁定とともに、記憶されるべきものでしょう。

裁判は単に裁判にとどまりません。その時代の風骨が現じます。

（大津事件――日本へ来遊中のロシア皇太子を沿道警戒の日本人巡査が刃傷に及んだ事件。

こちらの場合は、内外の圧力に屈せず国法に基づき、死刑にしなかった。）

●将軍・綱吉の「生類憐れみの令」は確かに極端な悪政となりました。しかし彼には、（若い頃の舘林藩主時代もふくめ）、長い眼でみて地味な良政も少なくない。その一つが、歴代徳川将軍の中で唯一といってよい、朝廷と史的文化遺産との尊重です。柳沢吉保の家臣・細井広沢《こうたく》（本稿、三九七ページ）の建言を容れ、荒れ果てていた歴代皇陵の修理を命じたのは、元禄十年のことです。（「元禄の皇陵修理」と呼ばれた。広沢（知慎《ともちか》）の兄・細井知名《ともな》が、当時、大和郡山《やまとこおりやま》藩主・松平信之に仕えており、多くの皇陵の荒廃を目のあたりにし、弟をつうじて柳沢吉保に建言させたもの。）

この事業は、のちに享保九年、甲府から、禁裏守護を兼ねる大任の地として、大和郡山へ国替えとなった柳沢吉里《よしさと》（吉保の子）以来、大和郡山・柳沢藩によって、幕末の安政五年まで、百三十余年間、自発的に、営々と受け継がれます。

もし江戸時代後半をつうじ柳沢藩のこの地味な営みがなかったなら、多くの皇陵、ひいては古墳も、さらなる荒廃や盗掘に放任されたことはまず間違いありません。

とすれば現在の古代史・考古学研究はいかに貧しくなっていたか。今、これらのことに言及する学者・文人に殆ど全くお目にかかりませんが…。

●②**成熟と、自前の物差し**

●おもいがけぬところで「赤穂事件」の史的波紋に会うことがあります。

最近、氏家幹人《うじいえきみと》氏著『江戸人の老い』（PHP新書、二〇〇一年発行）を読みました。

その第三話で、著者は、江戸時代後期・文化年間の人、江戸・小日向《こひなた》の廓然寺《かくねんじ》の元住職である御隠居、大浄敬順の『遊歴雑記』を引き、この闊達で生気にみちた江戸老人に「老い」の一つの理想像をみておられるようですが、その一節に偶々次のようなエピソードが記されています。

《江戸牛込の万昌院は吉良上野介義央の墓があることで知られるが、もとは義央の墓の周囲に赤穂義士討入りの際に討死にした家来の墓も並んでいたという。ところが以前の住職が、縁者も絶えた無縁の墓だといって撤去し、敬順が訪れたときは跡形もなくなっていた。寺にとっては金を生まない無縁の墓だとしても、義央にとっては命を捨てて主君を守ろうとした「真忠の者」たちなのに…。その墓をあばき捨てるとは「無慙といふべし」と敬順は件《くだん》の住職を非難するのだった。》（同書一九三ページ）

江戸時代の僧も、その「発想源」「物差し」は人それぞれだったようです。

●①で前記した明治末の三田村玄龍『元禄快挙別録』も、特に考証に筆を尽くしたのは、吉良家および上杉家の「当夜の忠死者」についてでした。《浅野氏の遺臣は忠義にして吉良家の僚属は奸譎《かんけつ》（よこしまな悪者）なりしか》と。

そして『元禄快挙録』の著者・福本日南は、三田村の書にみずから序文を書きました。

《史は両端を叩きて、始めて其実を見る。……二書（『元禄快挙録』と『元禄快挙別録』）並び行はれて、而《しか》る後ち始めて当年史実の表裏を口《こう》す可《べ》きのみと。……我著にして読まれざれば、それまでの事なり。若し幸にして読む人あらば、必ず併せて此書を読め。》

（傍点、引用者）

明治の史家・文学者には、江戸以来の「感性の成熟」が、なお気骨隆々と伝統されていたかとみえます。

③もうひとつの「グローバル・スタンダード」

●和歌山県の高野山金剛峰寺《こんごうぶじ》の奥ノ院墓地に、「高麗陣《こうらいじん》敵味方戦死者供養塔」があります。これは、あの豊臣秀吉の朝鮮出兵（文禄・慶長ノ役）のさいに戦死した将兵を、敵味方の別なく、その霊を平等に弔《とむら》った供養碑として知られています。この戦いに出陣した薩摩の島津義弘・忠《ただ》恒《つね》父子が、戦後・慶長四年（一五九九年）に建立したもので、琉球石の一枚石、高さ三・五メートルのかなり大きな碑面には、「為高麗国在陣之間敵味方闘死軍兵皆令入道仏」とあり、怨親平等《おんしんびょうどう》、悉皆成仏《しっかいじょうぶつ》、倶会一処《くえいっしょ》、の発想によるものでしょう。

（但し、同じ島津氏が、元禄ころの島津藩主・綱貴の妻・鶴子が、吉良上野介の長女であることを、「寛政重修諸家譜」の自家の系譜では、ぼかしていることも、また事実なのです。）

●また、時代が少し遡りますが、本稿でもふれた「弾正《だんじょう》」族・楠木正成にも、同様の供養行為がみられます。――元弘ノ乱が一応沈静し、建武ノ新政が成った、一三三四年、正成は、自身の拠点、河内金剛山の千早《ちはや》赤坂村森屋に、元弘のさいの敵味方の戦死者の供養塔二基を建てました。

あえて「敵・味方」という文字を使わず、「寄手《よせて》塚」「身方《みかた》塚」という。

しかもこの二つの五輪塔は、「身方塚」のほうが一回り小さく作られてあります。――十万の大軍をもって孤城千早に迫った鎌倉幕府の軍勢は、正成のゲリラ戦術に翻弄され、はるかに多くの戦死者をだした。これを悼《いた》んだ彼の志による、と伝えます。彼が湊川で討死にする二年前のことです。

私どもの風土には、このような感性・情念の伝統もまた、ありました。現今の欧米式思考によるグローバル・スタンダードとは全く異質ながら、これらはいわば、日本式「発想源第三層」思考にもとづく、成熟した一種の形而上的・積極的な「地球的《グローバル》・スタンダード」の雛型を示してはいますまいか。二十一世紀の今日、これらを振り返っておくのも無駄ではあるまいとおもわれます。

④**「差別」と、社会の「成熟」**

人間社会のあらゆる根深い「差別」は、すべて歴史のなかで人間によって創られてきました。その意味でみな「史的いわれある」差別といえましょう。……が、それゆえにこそ、あらゆる差別は、「いわれ」を解明する、より成熟した感性によって、それによってのみ、真に克服し得るものでないでしょうか（たとえ、百年、千年かかって形成された差別は、その克服に二倍の歳月が要るとしても…）。また、そうでない一時の表層の陰蔽や、すりかえでは、決して、根本的になくならない。つぎつぎと、テロ的ガス圧を生む。

元禄の赤穂事件は、日本の歴史社会のじつにさまざまな「二次的X」課題を孕んだ、象徴的な事件でした。それゆえに、私どもに常に未来からの問いかけをもつ、現代のグローバルな問題でもあります。

事件から三百年を経て、そろそろ、よりひろく・深く、このような人間史的背景からの掘下げが望まれる時点に来ているのでは？

（三）山科の内蔵助と、『二つの竹』

本稿の校正をしていて、ふと、想い出したことがあります。

もう三十年余の昔になりましょうか、江戸時代の文人たちの随筆を読んでいて、たまたま出会った建部《たけべ》綾足《あやたり》『折々草《おりおりぐさ》』。そのなかの「大高《おおたか》子葉《しよう》、俳人汀沙《ていさ》をつかひしをいふ条」です。（『日本随筆大成・第二期11』昭和四年刊、所収。子葉はむろんあの大高源五です。）

赤穂事件と四十七士について書かれたものは数知れません。右は、たった三ページ足らずでした。…が、そこにでる「山科の内蔵助」は、『仮名手本忠臣蔵』などとはまた違った、ふしぎな存在感をもって印象に残っています。

江戸の隅田川のほとりに住む俳人・汀沙が、時雨《しぐれ》のしめやかにふる十月のはじめ、俳句友達の大高子葉から、急ぎ山城ノ国の山科の里まで行ってくれ、と黄金五枚で頼まれる。「柴垣《しばがき》仕渡し、黒木の屋根葺《ふ》いた門」が目印《めじるし》だ。「その家の主《あるじ》はたぶん心友を集めて碁など打っているだろう」と子葉はいう。たどり着くと、はたして竹藪の中にそのとおりの家があり、奥で碁を打つ音がする。

友の手紙を差し出すと、主は「こちらへ」と引き入れて、「よく来てくださった。貧しい住まいなので何のおもてなしもできませぬが、ごゆっくり。一両日のうちにはお頼みすることがありましょう」とばかりで、また碁に向かう。翌々日、友人らしいのが「一巻の下書きなる冊子」を持ってきた。あの主に「冊子の名は何と?」と問う。主は、碁の一手を止め、しばらく思いめぐらせていたが、「二つの竹、がよかろうか」。座の人々も、ああ、それがいいでしょうと和した。

「さあ、それでは木に刻もう（版木《はんぎ》印刷しよう）。このことをお頼みせよと、江戸の子葉が手紙で言って寄越したのですよ。私らはこういうことには疎《うと》いので、あなたがしかるべく形を整え・お取り計らい願いたい。奈良の町に巧みな彫師《ほりし》がいるそうで、頼んでおきました。明日にでも行ってくださって、冊子を五十部ほど作り、馬でここまで持ち帰っていただけますまいか」

主は汀沙にそう頼むと、黄金十枚を出し、往復の料にしてください、と言った。

重ね重ね、いいアルバイト、と汀沙は十里の道を勇んで奈良へ行き、しばらく逗留。

やがて冊子はできた。そこで五十部を馬にのせ山科へもどってみると、頼んだ人々はどこかへ旅行にでたとかで、家は他人が住んでいる。近所で尋ねても行先は誰も知らない。

随分こき使ったな、悪いやつらだ！　しかし金ももらったのだ、江戸まで帰って子葉にきけば事情も分かろう。と、十一月の木枯らし吹く中を、五十部の冊子をまた馬に積み、東海道を急いでくだる。

さっそく子葉を訪ねたら、これがまたどこかへ転居。隣人も知らない。汀沙は今度こそほんとに怒ってしまう。そして……あの（元禄十五年）十二月十五日暁がきた。……

この随筆の内容が、事実を踏まえた当時の伝聞に基づくものか、あるいは、建部綾足のまったくの創作か、私は今もって知りません。なんだか神韻縹渺、山科・西野山の竹藪の葉擦れの音とともに、狐がコンと鳴きそうな気もしますが…。
ただ、子葉・大高源五の俳書『二つの竹』は、元禄十五年の序・跋《ばつ》をもって実在です。
筆者・綾足は随筆のおわりに、『二つの竹』とは謡物の「うちおさまりし」からとったものだそうだ、と書いています。——ちなみに、謡曲『放下僧《ほうかぞう》』の台詞《せりふ》に
《こきりこは放下《ほうか》に揉《も》まるる、こきりこの二つの竹の、
世々を重ねて、うち治まりたる御代かな》

とあって、「小切子《こきりこ》」は中世の放浪芸人「放下師《ほうかし》」たちが使った竹製楽器。長さ二十〜三十センチほどの二本の竹棒で、手玉にとったり・打ち鳴らしたりしながら、種々の歌舞や曲芸を演じたようです。

綾足は「討入り事件」の十七年後（享保四年）に生まれた、津軽藩家老の次男で、本名・喜多村金吾久域《ひさむら》、俳人（号は涼袋《りょうたい》）・画家・国学者として知られます。

謡曲『放下僧』は、兄弟が僧形と俗体の放下師に身をやつして敵討ちをする物語。この題が、大高源五自身が付けたにしろ、右の随筆のようないきさつが伝えられていたにしろ、改めて元禄という世と、みずからを「こきりこ」と観じた感性の成熟が、じかにこころに当り、「討入り」をしたのはこういう人達だったんだな、と印象に残ったのでした。

今、ふと想いだし、蛇足に蛇足を加えました。

月見つつ歌う放下のこきりこの
竹の夜ころゑの澄みわたるかな

（「七十一番職人歌合わせ」より）

*

過ぎし日、未熟な作物に発表の場を与えてくださった「花泉」誌の編集長・中塚伸さん、そして今回、ふたたび息を吹き入れてくださった海鳴社さん、に感謝いたします。

二十年前、山科・西野山桜ノ馬場町の進藤備教《しんどうとものり》家へ私を伴って下さった、竹鼻四丁野町《たけはなしちょうの》の佐《さ》貫《ぬき》竹次《たけじ》翁。内蔵助の机や進藤源四郎自筆の請書、その他もろもろの遺品を前に語り尽きなかった備教氏。お二方ともすでに「倶会一処」の世界へ旅立たれました。まことに後れ馳せながら、〔山科・義士三百年祭〕の今年、御恩深い方々へ、ささやかな香華ともさせていただきたくおもいます。

平成十四年（二〇〇二年）八月十五日

山科竹鼻四丁野の居にて　　津名　道代

著　者：津名　道代［つな　みちよ］

昭和８年（1933年）８月21日、和歌山県海草郡川永村川辺に生まれる。

昭和31年　奈良女子大学文学部史学科卒業。専攻・日本思想史。

　　　　　同文学部助手・同大学付属図書館司書をへて
昭和40年　帰農。傍ら文筆と塾主宰。その間　昭和46〜58年　神戸松蔭女子学院大学非常勤講師として日本宗教史を担当。

昭和60年頃からようやく〈日本「国つ神」情念史〉の視座をつかみ、書き継ぐ。

著書：『シャロンの野花』（第一文芸社　昭和43）
　　　『日本の宗教的人間』（河出書房新社　昭和48）
　　　『交わりの人間学』（河出書房新社　昭和60）
　　　『芭蕉星座』（野草社　平成６）

なお、10歳で聴力のほとんどを失っている体験から、障害者福祉運動にもたずさわり（社）全日本難聴者・中途失聴者団体連合会（略称　全難聴）の創立に参加、機関誌編集長、副会長をへて、現在は相談役。
この分野の著書：『聴覚障害への理解を求めて　発言①』（全難聴　昭和62）
　　　　　　　　『聴覚障害への理解を求めて　発言②』（全難聴　平成６）

内蔵助、蜩の構え

2002年９月10日　第１刷発行

発行所：㈱海鳴社　http://www.kaimeisha.com/

〒101-0065　東京都千代田区西神田２－４－５
電話：（03）3234-3643（Fax共通）　3262-1967（営業）
Eメール：kaimei@d8.dion.ne.jp　振替口座　東京00190-31709
組版：海鳴社　印刷・製本：㈱シナノ

出版社コード：1097
ISBN 4-87525-209-9